UMA NOVA HISTÓRIA DE HITLER
E DOS NAZISTAS

UMA NOVA HISTÓRIA DE HITLER E DOS NAZISTAS
O PESADELO DA ASCENSÃO E A QUEDA DE ADOLF HITLER

PAUL ROLAND

M.Books do Brasil Editora Ltda.

Rua Jorge Americano, 61 - Alto da Lapa
05083-130 - São Paulo - SP - Telefones: (11) 3645-0409/(11) 3645-0410
Fax: (11) 3832-0335 - e-mail: vendas@mbooks.com.br
www.mbooks.com.br

Dados de Catalogação na Publicação

ROLAND, Paul
Uma Nova História de Hitler e dos Nazistas: O pesadelo da ascensão e
a queda de Adolf Hitler/ Paul Roland.

2017 – São Paulo – M.Books do Brasil Editora Ltda.

1. História 2. Segunda Guerra Mundial 3. História da Humanidade

ISBN: 978-85-7680-294-5

Do original: The Illustrated History of the Nazis

Publicado em inglês pela Arcturus

©2009 Arcturus Publishing Limited

©2017 M.Books do Brasil Editora Ltda.

Editor: Milton Mira de Assumpção Filho

Tradução: Celso R. Paschoale

Produção editorial: Lucimara Leal

Editoração e capa: Triall

2017
M.Books do Brasil Editora Ltda.
Todos os direitos reservados.
Proibida a reprodução total ou parcial.
Os infratores serão punidos na forma da lei.

SUMÁRIO

Introdução – Uma Questão Demoníaca 8
    A Mente de Adolf Hitler...9
    O "Homem Infalível...10
    Algo Natural ou Estimulado...11

Capítulo 1 – A Infância e Juventude de Hitler 13
    Sangue Contaminado 14
    A Mãe de Hitler 15
    Amor Materno 17
    Uma Educação Brutal...18
    Trauma Infantil..22
    Vida Escolar...22
    Anormalidade Física...25
    Complexo de Castração 25

Capítulo 2 – Retrato do Tirano quando Jovem Artista 29
    Adolf em Crise 30
    A Força do Destino...32
    Poder sobre as Massas 33
    Amor não Correspondido...34
    Viena...35
    Desilusão...35
    A Morte da Mãe de Hitler 36

Capítulo 3 – Influências Insidiosas 39
    Origens do Antissemitismo de Hitler 40
    Filosofia Pervertida 41
    Preconceito e Plágio 43
    Arianos e Atlântida 45
    Wagner 46
    Uma Natureza Turbulenta 47
    O Desertor 47

Capítulo 4 – Tempos Turbulentos 51
    Declaração da Guerra 52
    Apunhalado nas Costas 54
    Versalhes...55
    Nascimento de uma República..56
    Uma Epidemia de Extremismos 56
    Uma Absurda Pequena Organização...58
    Aproveitando o Momento...59
    O Bando de Hitler 63
    Radicais do Salão dos Fundos 67
    Lutas Internas..69
    Disseminando a Palavra 71
    Golpe na Cervejaria...71
    Blefe e Erro 72
    O Blefe Final..75

O Julgamento de Hitler 76
Mein Kampf 78
A Reinvenção de Hitler 80
Num Local Ermo 80
Atração Fatal 81
Um Segredo Vergonhoso 82

Capítulo 5 – Irrupção até o Poder...87
Atingindo as Massas 88
Chanceler Hitler...91
Da Democracia à Ditadura...93
O Incêndio no Reichstag..94
Noite dos Longos Punhais 95
Acertando Contas Antigas...99
Consequências 101

Capítulo 6 – O Reich dos Mil Anos 103
O Arquiteto de Hitler...104
Germânia 105
Uma Catedral de Luz 106
Centro do Império 107
Bormann, a Eminência Parda 108

Capítulo 7 – A Vida Privada de Hitler 113
Chá com um Tirano...114
Hitler na Privacidade...115
O Messias Tresloucado 117
Por Trás da Máscara 118
Infalibilidade...120
Inflexibilidade...121

Capítulo 8 – Por Dentro do Reich 125
Primavera para Hitler..126
Juventude Hitlerista...127
Força através da Alegria...129
O Papel das Mulheres no Reich 129
Eutanásia...130
Suspeitas..132
Uma Voz Dissidente 133
Genocídio e os Judeus 134
Perseguição Legalizada 135
A Noite dos Cristais Quebrados (*Kristallnacht*) 135
Não Ouço Nenhuma Maldade. Não Vejo Nenhuma Maldade 137
Os Judeus São a Nossa Destruição 138

Capítulo 9 – Doutrinação e Ideologia...141
Nazificação..142
Propaganda 143
Arte Ariana e a Ciência Nazista...144
Eminentes Emigrantes 145
Crescendo sob Hitler...147
Mito das Pessoas Perseguidas...148

SUMÁRIO 7

Capítulo 10 – O Caminho até a Guerra 153
- *Lebensraum* 154
- A Necessidade de uma Guerra 155
- Amigo do Tempo Ameno 156
- O "Cachorro Louco" Europeu 157
- O Plano Quadrienal 158
- A Reocupação da Renânia 159
- Áustria 161
- Amigo Tcheco 163
- Paz a Qualquer Preço 164
- Rumores de Guerra 166
- Traindo os Tchecos 167
- Paz em Nosso Tempo 168
- Pequena Demais, Tarde Demais: o Destino da Polônia 169
- Véspera da Guerra 172

Capítulo 11 – Guerra Total 175
- O Ataque do Homem Morto 176
- Polônia 177
- Guerra no Ocidente 179
- Hitler Assume o Comando 180
- *Blitzkrieg* 182
- Atormentado pela Dúvida 183
- O Espírito Buldogue 185
- O Dia da Águia 186
- A Hora mais Sublime 187
- Batalha pelos Balcãs 188
- A Raposa do Deserto 189
- Creta 190
- Barbarossa 192
- Uma Guerra de Extermínio 193

Capítulo 12 – Punição Merecida 195
- O Avanço Alemão 196
- Os Russos Perderam a Guerra 199
- Stalingrado 200
- Derrotas 202
- Tentativas de Assassinato 203
- Operação Valquíria 204
- Consequências da Trama de Julho 207
- Batalha por Berlim 209
- Ataque ao Reich 211
- A Casamata 213
- Crepúsculo dos Deuses 214
- Suicídio 214
- A Guerra de Hitler 217

Conclusão 218
Linha do Tempo 220
Referências 225
Agradecimentos 226
Notas 226
Índice Remissivo 227

INTRODUÇÃO
UMA QUESTÃO DEMONÍACA

Este livro difere das histórias mais convencionais sobre o Terceiro Reich pelo fato de argumentar que o Estado nazista foi mais do que um fenômeno sociopolítico. Ao contrário, ele foi a manifestação da personalidade fatalmente doentia de seu *Führer*.

Criminosos sádicos, assassinos em série e ditadores brutais são rotineiramente referidos como "demônios", e Adolf Hitler geralmente é citado como a personificação do espírito malevolente manifesto no homem. No entanto, espíritos malignos são criação da mente irracional, primitiva. O bom senso sinaliza que o mal é uma entidade inteiramente fabricada pelo homem, e que se trata de um ato deliberado, intencional de indivíduos que buscam a satisfação na destruição por puro dioó e falta de empatia por suas vítimas.

Alguns historiadores afirmam que Hitler foi uma aberração, o produto de uma era violenta e instável da história europeia, que apenas poderia florescer na sequência da Primeira Guerra Mundial. Eles procuram nos tranquilizar alegando que o meio do qual ele emergiu foi uma forma de choque interior coletivo, que provavelmente não ocorrerá novamente.

Haverá sempre ditadores impingindo seu poder, subjugando seu próprio povo e ameaçando seus vizinhos, dizem eles, mas Hitler e seu "Tio" Josef Stalin, seu aliado igualmente sanguinário, ocupam o final de uma lista de conquistadores que remonta ao antigo Gengis Khan. Alguns historia-

dores nos faz acreditar que esses homens seriam um anátema no século XXI.

Os mesmos acadêmicos sugeriram que a ascensão do Partido Nazista ao poder se deveu exclusivamente a fatores sociopolíticos. Mas o objetivo deste livro é apresentar o argumento de que Hitler não optou pela guerra unicamente como uma revanche contra a derrota humilhante da Alemanha em 1918. Será mostrado que seu insaciável apetite por conquistas não foi impulsionado apenas por ambições territoriais nem pelo desejo de restaurar a honra e o orgulho germânicos.

Em vez disso, o ex-cabo austríaco foi consumido pela crença de que a Divina Providência tinha lhe confiado uma sagrada missão, que era subjugar todas as raças "inferiores" e erradicar os judeus da face da Terra.

Hitler criou e fomentou um clima de suspeitas, temor e engano que gerou antagonismo entre seus próprios ministros. Ele acreditava que seus ministros ficariam muito ocupados com essas lutas internas e que não tramariam nada contra si próprio. Mas, quando a euforia inicial da vitória fácil e rápida contra França e os Países Baixos arrefeceu e a realidade de uma guerra planejada contra a Rússia começou a ganhar corpo, os alemães acordaram para o fato de que estavam vivendo em uma ditadura fascista. Qualquer pessoa rancorosa poderia acusar anonimamente um familiar, amigo ou vizinho. Elas sabiam que suas suspeitas sofreriam a ação implacável da Gestapo, que rotineiramente recorria a torturas

Linhagem de conquistadores: Gengis Khan, Stalin e Hitler.

para extrair confissões. Essas condições não eram criadas por uma combinação única de eventos históricos aleatórios. A Alemanha nazista era o pesadelo manifesto de um homem.

Assim, se quisermos entender a existência do Terceiro Reich – e por que os alemães adoravam Hitler como seu salvador, mesmo quando suas cidades desabaram em torno deles no final de 1945 – é preciso apreciar que tipo de mentalidade concebeu o Estado nazista.

A MENTE DE ADOLF HITLER
Hitler tinha uma personalidade neurótica, instável e paranoica, cujos acessos infames de raiva eram uma manifestação de seu maligno narcisismo e megalomania – que proibiam qualquer pessoa de questionar sua autoridade. O narcisismo maligno é uma psicose comparativamente comum exibida por criminosos e tiranos violentos que têm uma visão distorcida da realidade e que não conseguiram desenvolver o senso de moralidade. Os componentes centrais do narcisismo maligno são o egocentrismo patológico, comportamento antissocial, delírio persecutório e agressividade.

Uma das características comuns entre os narcisistas patológicos é a falta de empatia pelos outros. Incapazes de sentir emoções genuínas, eles a dissimulam imitando as expressões faciais e a linguagem de quem os rodeia. Essas pessoas são psicologicamente instáveis, pois sofrem de "difusão da identidade", ou seja, não têm uma percepção real de si mesmas. Em vez disso, se mostram como se estivessem desempenhando um papel. Elas não completaram o processo de integração que caracteriza o indivíduo saudável – cuja autoimagem é formada pela interação com os outros.

Similar ao camaleão o narcisista patológico revela que estar meramente desempenhando o papel que considera conveniente para uma dada situação. Essa condição normalmente manifesta-se como excesso de autoconfiança e egocentrismo, em um nível que o torna incapaz de ter empatia pelas outras pessoas. Essa falta de empatia o dessensibiliza de tal modo que ele pode cometer atos violentos sem nenhum sentimento de culpa.

O narcisista patológico é destituído de consciência, e estimulado por interesse próprio. Sua amoralidade pode levá-lo

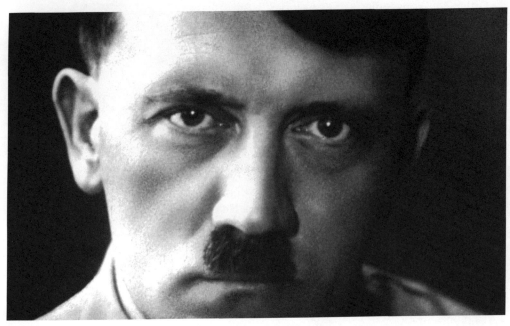

Adolf Hitler. Poucos conseguiram escapar de seu olhar penetrante.

a explorar as crenças e convicções de terceiros de modo a consolidar seu próprio poder. Ele não é impedido pela ameaça de castigo merecido ou por punição, o que o torna resistente à condenação, censura e – no caso de tiranos – às sanções econômicas. Somente a ameaça da força pode detê-lo, pois isso o obriga a questionar sua crença em sua própria supremacia.

De acordo com o psicólogo político norte-americano Aubrey Immelman, o narcisista patológico abriga uma mentalidade sitiada por trás de sua fachada de grandiosidade.

Eles são insulares, projetam suas próprias hostilidades nos outros, e não reconhecem seus próprios papéis na criação de inimigos. Esses inimigos reais ou imaginários, por sua vez, são utilizados para justificar suas próprias agressões contra terceiros. Os narcisistas patológicos são frios, implacáveis, sádicos e calculistas cínicos, mas habilidosos em esconder suas intenções agressivas por trás de uma máscara pública de civilidade ou preocupação ideológica.

O "HOMEM INFALÍVEL"

Hitler foi o que é conhecido na psicologia clínica como "homem infalível"; isto é, alguém que teimosamente acredita estar certo o tempo todo e não consegue conceber que sua perspectiva pode ser distorcida ou que outra pessoa possa ter opinião válida. Diz-se que essas pessoas "decepariam o nariz para preservar o rosto". Essa desconcertante percepção revelou-se qualidade durante a infância de Hitler, pois seu fanatismo estava focado em um único objetivo. Mas essa visão incapacitada, quando aliada à inflexibilidade, somente poderia levar ao conflito interior e, finalmente, a uma desintegração psicológica e à autodestruição.

Hitler não conseguia aceitar a derrota, e quando isso aconteceu, vociferava e se enraivecia, dizendo que iria arrastar a nação para o abismo com ele, pois o povo alemão era evidentemente "indigno" de seus sacrifícios. Sua solução para todos os problemas era o uso de ameaças e violência.

Ele era destituído de consciência e não tinha nenhuma concepção de moralidade. A "consciência", dizia ele, era uma invenção judia e, portanto, o dever dos alemães era desconfiar dela e se libertar da "imunda e degradante [ideia de] consciência e moralidade".

Até a juventude, ele esteve em um estado de negação constante e sua adesão à realidade era extremamente tênue.

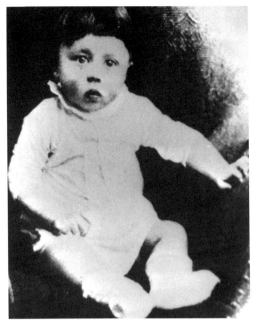

Adolf Hitler com cerca de 1 ano.

ALGO NATURAL OU ESTIMULADO?

A questão quanto ao caráter do indivíduo ser determinado pela natureza ou estimulado pelo ambiente continua um assunto de debate acirrado entre psicólogos, sociólogos e criminologistas mundo afora. A saber, se malfeitores agem de acordo com suas naturezas, são compelidos por algum impulso fisiológico a buscar satisfação em atos antissociais ou se são condicionados a agir dessa forma devido à criação.

E embora tenha sido comprovado que o cérebro de sociopatas e psicopatas exibe certas anomalias físicas que contribuem para seus comportamentos aberrantes, que poderiam responder por sua incapacidade de sentir empatia por outros seres humanos, não há nenhum estudo definitivo comprovando que tendências criminosas são o resultado direto de falha genética ou de alguma outra anormalidade. Contudo, há evidências empíricas convincentes indicando que indivíduos que foram submetidos a abusos na infância têm maior probabilidade de demonstrar comportamentos abusivos em relação a outras pessoas quando atingem a adolescência ou a idade adulta. E mais, eles cometerão esses atos conscientes de que estão errados e apesar das consequências.

Se Adolf Hitler teve uma infância abusiva do modo como muitos de seus biógrafos descrevem, ou se ele foi simplesmente um produto dos tempos turbulentos em que viveu é algo passível de debate. No entanto, é evidente que faltava a ele a força de caráter para aceitar suas experiências iniciais e o temperamento para exorcizar ou pelo menos controlar seus demônios pessoais. Ele parecia ter sido atormentado por sua criação e sua própria natureza perversa, que o fizeram nutrir ressentimentos até o consumirem – mas sem antes que ele tivesse espalhado sua raiva pelo mundo.

CAPÍTULO 1
A INFÂNCIA E JUVENTUDE DE HITLER

SANGUE CONTAMINADO

Entre as muitas reviravoltas do destino que afetaram a vida do futuro *Führer*, talvez nenhuma foi mais significativa do que aquela ocorrida 13 anos antes de seu nascimento. Seu avô paterno alegadamente reconheceu seu próprio filho bastardo Alois (pai de Hitler) de 39 anos, alterando seu sobrenome de Schicklgruber para Hitler de modo que Alois pudesse compartilhar uma herança deixada em testamento por um tio. Se ele não fizesse isso, é concebível que Hitler jamais poderia ter chegado à proeminência, pois há poder nos nomes e é difícil imaginar o povo alemão venerando Adolf Schicklgruber como fizeram com Adolf Hitler. (A saudação "Heil, Schicklgruber!" não teria exatamente o mesmo impacto.)

Vários autores especularam que a mudança de nome foi efetuada por uma razão mais sinistra. Isto é, a fim de silenciar os persistentes boatos locais de que o verdadeiro pai de Alois era um judeu de Graz chamado Frankenberger, que havia contratado a avó de Adolf, Maria Anna Schicklgruber, como empregada doméstica. Isso poderia explicar por que Hitler ordenou quatro investigações secretas sobre seus ancestrais entre 1932 e 1940, e por que os achados jamais foram revelados. Isso também responderia, de outro modo, pela inexplicável des-

> "ESSAS PESSOAS [JORNALISTAS] JAMAIS DEVEM DESCOBRIR QUEM EU SOU. NÃO DEVEM SABER QUAIS SÃO MINHAS ORIGENS OU O MEU HISTÓRICO FAMILIAR."
> *Adolf Hitler*[1]

truição do local de nascimento, Dollersheim, de seu pai e do nivelamento da sepultura em que sua avó fora enterrada, bem como a queima dos registros da paróquia. Tem sido discutido que Hitler cultivou seu bigode chapliniano para disfarçar o que acreditava ser seu nariz tipicamente semita, e que ele próprio se submeteu a purgações periódicas por sanguessugas e, posteriormente, a aplicações de agulhas hipodérmicas, para "limpá-lo" de seu sangue "contaminado".

Independentemente da veracidade desses rumores, os antepassados de seu lado paterno não eram claramente o gene robusto que geraria a futura Raça Mestre. Eles eram agricultores itinerantes e camponeses tímidos cujos casamentos habituais entre parentes consanguíneos produziram um número excessivamente alto de crianças deficientes. Os arquivos secretos da Gestapo, agora armazenados na Biblioteca do Congresso Americano e no Institut für Zeitgeschichte em Munique, registram vários ramos cortados da árvore familiar, incluindo a de Joseph Veit, um primo do pai de Hitler que educou três crianças com retardamento mental, uma das quais acabou cometendo suicídio em uma instituição de doentes mentais. De acordo com um atestado assinado pelo

Homem influente: Será que a natureza turbulenta de Hitler o levou a forjar uma nova ordem?

Dr. Edward Kriechbaum, e guardado nos arquivos de Linz, uma tia de Adolf, Johanna, supostamente era esquizofrênica, enquanto seu primo Edward Schmidt era corcunda e também sofria de deficiência na fala.

O médico da família, Dr. Bloch, depôs para o OSS (Office of Strategic Services) em 1936 dizendo que Hitler tinha uma irmã que ele suspeitava ser mentalmente retardada, pois ela sempre se escondia quando ele passava na casa de seus pais. Ele afirmou também que Paula, irmã mais jovem de Hitler, sofria de retardo metal grave. O casamento entre parentes consanguíneos, que aparentemente foi característico da linhagem de Hitler, poderia responder por seus acessos de cólera, e também poderia explicar o temor que ele tinha de uma insanidade inerente, sua repugnância por deformidade física e sua convicção de que se casasse estaria arriscando ter filhos com problemas mentais. Comparativamente, os ancestrais do lado materno de Hitler eram ligeiramente mais estáveis. A família de sua mãe, composta de pequenos proprietários de terra sediados no povoado de Spital, na baixa Áustria, próximo de Viena, por quatro gerações, mas para os habitantes da capital não passavam de camponeses. Eles eram desprezados tanto pela sua ignorância como pelas origens humildes e suas naturezas suspeitas, desprovidas de qualquer senso de humor.

A MÃE DE HITLER

Klara Pölzl, sua adorada mãe, era uma jovem simples, mas vaidosa, tinha um rosto infantil e olhos azuis penetrantes. Essas eram características que seu único filho sobrevivente herdaria e que, posteriormente, encantaria os seus admiradores. Klara tinha poucas expectativas de melhorar sua situação até que, com 16 anos, mudou-se para a casa do "Tio" Alois e de sua primeira esposa Anna Glassl como empregada doméstica não remunerada do casal. Alois aparentemente perdeu pouco tempo perseguindo tanto Klara como a empregada Franziska Matzelberger até Anna perceber e insistir na separação. Alois então montou uma casa com Franziska (ou "Fanny" como era chamada) que insistiu que sua rival fosse despachada para Viena. Alois e Franziska casaram-se após três anos, quando ele tinha 46 anos e ela apenas 22. O casal teve duas crianças – um filho, Alois Jr., e uma filha, Angela, antes de Franziska sucumbir a um surto fatal de tuberculose, o que estimulou seu marido a convocar Klara novamente da cidade para criar seus filhos.

A mãe de Hitler era uma jovem simples, mas vaidosa.

Alois Matzelberger (que posteriormente adotaria o sobrenome Hitler) ficou adulto e tornou-se um constrangimento para seu meio-irmão famoso. Ele foi indiciado por furto por duas vezes e preso uma vez por bigamia. Após uma breve temporada na Grã-Bretanha, ele desertou de sua família e retornou para Berlim, onde administrou uma casa de cervejas e teimosamente recusou discutir seu histórico familiar por receio de enfurecer Adolf. A meia-irmã de Hitler, Angela, se saiu melhor. Ela se casou bem e após a morte do marido foi morar com Adolf em Berchtesgaden como sua cozinheira e governanta. Mas quando ela o deixou em 1936 para se casar novamente, Hitler exibiu sua infame vingança e recusou enviar um presente de casamento para ela.

Klara aparentemente não abrigou nenhum sentimento ruim em relação a Anna, pois tratou dela na fase terminal de sua doença. No entanto, enquanto Franziska adoecia em seu leito de morte, seu sedutor marido concentrava as atenções em sua "sobrinha" adotada e conseguiu engravidá-la. Ele, depois, tentou "corrigir a situação" casando-se com ela quando a condição da moça chamou a atenção dos fofoqueiros do vilarejo.

Como Klara era prima de segundo grau de Alois, o casal teve de solicitar uma dispensa episcopal para se casar. O casamento foi realizado na igreja paroquial de Braunau em janeiro de 1885, às seis horas de uma manhã nublada de inverno. Klara tinha então 25 anos e estava grávida de quatro meses, e seu marido, viúvo por duas vezes, tinha 48 anos. Quatro meses depois, nascia o primeiro filho do casal,

Gustav, seguido por uma menina, Ida, em 1886.

Adolf foi o terceiro filho e o único sobrevivente, pois seus dois irmãozinhos morreram na infância, e um terceiro, Edmund (nascido em 1894), o irmão mais jovem de Adolf, iria morrer com seis anos de idade. Apenas Adolf e uma irmã mais jovem, Paula (nascida em 1896), sobreviveram.

Klara era uma católica devota e deve ter sido fustigada pela culpa por ter enganado as esposas anteriores de Alois. Ela considerava que havia pecado contra elas e sobrevivido, e a culpa que carregava fora acumulada pela morte por difteria de seus dois primeiros filhos um ano antes do nascimento de Adolf. É provável que ela tenha visto essas dolorosas e aniquiladoras mortes como uma punição divina. Pela mesma razão, deve ter suportado sem protesto as alegadas surras de seu marido, como penitência por seus imaginários pecados.

AMOR MATERNO
Adolf Hitler nasceu às 18h30 de 20 de abril de 1889 no vilarejo de Braunau am Inn, na Áustria, dentro do perímetro das montanhas bávaras. Hitler considerava a localidade extremamente significativa e posteriormente escreveu que acreditava que seu destino havia escolhido Braunau como seu local de nascimento de modo que ele conseguiria cumprir a missão de sua vida de unir os povos de fala germânica de ambos os lados da fronteira.

Adolf, ao que dizem, era uma criança doentia e exigente, cuja condição deve ter aumentado ainda mais a ansiedade inata de sua mãe embora ajudasse a aplacar a culpa dela. Se ele sobrevivesse, ela poderia considerar isso como uma prova de que sua penitência tinha sido paga e, assim, ela idolatrava o filho em detrimento de seu desenvolvimento emocional e psicológico. A limpeza compulsiva da casa e a atenção obsessiva ao asseio de seus filhos eram indicações posteriores de sua necessidade de eliminar a vergonha e a culpa que sentia. A própria meticulosidade de Hitler e sua obsessão com a higiene pessoal na idade adulta talvez fossem resultados diretos da neurose de sua mãe. Isso também contribuiu para sua obsessão inusitada com as funções corporais e sua convicção de que os germes estavam especificamente visando atacá-lo. Mas, apesar de todos esses mimos maternos, ela não conseguiu protegê-lo das repetidas surras pelas mãos de seu marido. Por deixar de intervir, exasperava seu filho, que deve ter se ressentido de sua fraqueza tanto quanto praguejava contra a crueldade de seu pai. O dr. Block, o médico da família, descreveu o relacionamento entre mãe e filho como anormalmente próximo, embora reconhecesse que seus vizinhos o consideravam antinatural.

Adolf cresceu odiando o pai e reverenciando a mãe, criando em sua mente uma síndrome conhecida como idealização primitiva, em que uma criança imagina que um dos pais é totalmente virtuoso e o outro, totalmente mau. Muitas crianças condicionadas dessa forma ajustam suas perspectivas distorcidas quando percebem que a mãe (o pai)

> "NINGUÉM MANIFESTANDO OS TRAÇOS PATOLÓGICOS DA PERSONALIDADE DE HITLER PODERIA TER CRESCIDO EM UM AMBIENTE FAMILIAR IDÍLICO QUE O PRÓPRIO HITLER DESCREVERA."
> *Walter Langer*[2]

ideal também tem falhas e que o outro tem qualidades redentoras. No entanto, a visão maniqueísta e infantil de Hitler permaneceu com ele até o fim e lhe deu um falso sentido de segurança. Sua visão do mundo foi distorcida pelo reflexo de seu próprio ego perturbado e ele não iria reconhecer isso. Essa é a razão por que ele tinha acessos de raiva sempre que sua autoridade era questionada.

UMA EDUCAÇÃO BRUTAL

Adolf Hitler era um fantasiador compulsivo cuja inclinação pela formação de um mito obscurecia a verdade de sua infância. Ele se considerava vítima de um pai alcoólatra, abusador, que batia rotineiramente em seu filho e evitava que ele perseguisse seu sonho de se tornar um artista.

De acordo com aqueles que o conheceram, Alois era um homem dominador, severo, intrometido, explosivo e mal-humorado que controlava sua casa com mão de ferro. Ele insistia para que fosse obedecido sem questionamento e que seus filhos se dirigissem formalmente a ele como "Herr Vater". Eles não eram autorizados a falar até que recebessem permissão para fazê-lo, e Adolf geralmente era intimado com um apito, como um cachorro, em vez de ser chamado pelo nome. Quando garoto teve um cachorrinho alsaciano apelidado com seu nome, não tendo sido tratado melhor que o animal. A única foto que ainda existe do pai exibe um oficial provinciano imponente

A INFÂNCIA E JUVENTUDE DE HITLER

Alois Schicklgruber era um pai severo e dominador, que controlava sua casa com mão de ferro.

Uma rara fotografia de Hitler jovem, aos 10 anos, na escola em Lambach: ele não foi um aluno de destaque.

e orgulhoso. Em seu uniforme de serviço da alfandega austríaca, com o cabelo cortado bem rente e um bigode exuberante de pontas viradas, ele se parecia muito com os antigos aristocratas prussianos que devia ter sonhado ser.

Como criança, Hitler atraiu a compaixão de outras crianças por alegar ter carregado seu pai embriagado da hospedagem do povoado em muitas ocasiões. Ele próprio recordaria isso posteriormente em sua vida: "Aquela foi a experiência mais humilhante, vergonhosa, que já tive. Eu sei muito bem como o álcool é um mal terrível. Foi por causa de meu pai, o maior inimigo de minha juventude!"[3]

No entanto, Alois não era um alcóolatra. De fato, ele era muito respeitado no serviço alfandegário, onde havia atingido alta posição, que lhe tinha oferecido uma boa renda para comprar uma agradável casa no vilarejo de Fischlham, próximo de Linz, com 9 acres de terra, árvores frutíferas e uma vista esplêndida da região rural vizinha. Seu salário era igual ao de procurador federal e mesmo após sua aposentadoria em 1895, quando Adolf tinha seis anos, ele se beneficiava de uma generosa pensão de 2.660 coroas, com a qual a família podia viver muito confortavelmente. Assim, a figura de um Hitler empobrecido, com uma infância de abusos, é um mito fabricado por ele, embora seja verdade que sua infância foi até certo ponto instável, pois sua família mudou-se repetidamente, sem nenhuma razão aparente.

Quando Adolf tinha 15 anos, ele havia frequentado cinco escolas diferentes e conseguia lembrar de sete lares diferentes, incluindo um moinho renovado e um período em que a família foi hóspede de uma estalagem local. Após isso, eles finalmente se estabeleceram no vilarejo de Leonding, onde compraram um modesto apartamento mobiliado, tempo em que o volátil relacionamento entre pai e filho tinha se tornado uma batalha de determinações. O pai, então na faixa dos 60 anos, insistia que seu filho o seguisse no serviço público enquanto Adolf recusava-se teimosamente a estudar na esperança de convencer o pai a deixá-lo seguir sua ambição de tornar artista plástico.

"Independentemente da firmeza e determinação que meu pai pudesse ter, eu era simplesmente tão teimoso e obstinado", escreveu Hitler em seu livro *Mein Kampf.*

Fica claro de seus apontamentos na vida adulta que ele tanto respeitava como temia o pai, mas estava determinado a se distanciar do velho por suas ações. A aversão de Adolf ao tabaco nasceu das lembranças do hábito de seu pai de fumar dentro de casa da manhã até a noite, enquanto sua mãe invocava a incontestável autoridade de seu pai apontando para a fileira de cachimbos nos armários da cozinha. Hitler também cresceu detestando a obsessão do pai por pontualidade, que ele desdenhou na fase adulta ao permanecer na cama até a hora do almoço – para a frustração de seus ministros e alguns dignitários visitantes. Até a regra de Alois de proibir conversas superficiais iria influenciar o comportamento de seu filho, pois Adolf geralmente permitia-se ter longas e cansativas reminiscências com seus convidados (as chamadas "conversas de mesa") e monólogos sem objetivo por toda a madrugada com seu criado de longa data. Mas, finalmente, ele não podia ajudar tornando-se aquele a quem havia detestado. A exemplo de seu pai, Hitler era uma pessoa explosiva e desprovida de humor, e não tolerava que suas ordens fossem questionadas ou suas opiniões, contrariadas.

TRAUMA DE INFÂNCIA

O nascimento de Edmund, irmão de Adolf, em 1894, quando Adolf tinha seis anos, instou Klara a confiá-lo aos cuidados da então meia-irmã casada Angela, com isso roubando dele toda a atenção de sua mãe em uma idade crítica. Diz-se que ele rogou para que Deus levasse o irmão. Embora fosse seis anos antes de Edmund morrer de complicações após um surto de sarampo, o atrasado cumprimento dessa praga infantil teria deixado uma indelével marca psíquica no irmão sobrevivente. A morte prematura de Edmund provavelmente reforçou a convicção de Adolf de que ele, individualmente, tinha sido poupado, pois era especial. Sua mãe havia afirmado isso tantas vezes que ele imprimiu em sua mente, a ponto de acreditar que era protegido pela Providência, selecionado para executar alguma missão especial.

Apesar de a morte de Edmund ser o que Adolf desejara, ele sofreria uma enorme culpa se acreditasse que o evento trouxera dor a sua mãe. E seus sentimentos teriam sido acumulados pela maneira com que Edmund foi sepultado. Seus pais recusaram abertamente a comparecer ao funeral do filho e, contrariamente, passaram o dia em Linz como se nada de anormal houvesse ocorrido, deixando Adolf, com 11 anos, a sofrer sozinho. O que se imaginou foi que Alois havia proibido sua esposa de comparecer ao funeral meramente por-

que ela havia se apaixonado pelo padre local. Sabe-se que Alois discutira com o padre por diferenças "políticas" e que Klara era muito submissa para desafiá-lo – inclusive a ponto de perder o funeral de seu próprio filho. É possível imaginar a condição mental de Adolf Hitler enquanto ele observava parado o corpo de seu irmão sendo baixado à terra gelada ao mesmo tempo em que uma forte nevasca batia sobre o túmulo.

Contudo, não se passou muito tempo e Adolf testemunharia um evento que deve ter parecido como um castigo divino merecido pelo ato desalmado de seu pai. Na manhã de 23 de janeiro de 1903, Alois Hitler morreria de uma extensa hemorragia enquanto bebia seu cálice diário de vinho na hospedaria local. Ele tinha 66 anos, e o filho não chorou a sua morte.

VIDA ESCOLAR

O período imediatamente após a morte de seu pai foi de libertação para o emburrado adolescente, que estava finalmente livre da sombra sufocante do velho autoritário. E, no entanto, sua recém-liberdade não gerou melhora em seu aproveitamento escolar. Hitler alegaria posteriormente que suas notas baixas eram causadas porque ele deliberadamente negligenciara os estudos na esperança de que seu pai cedesse e permitisse que ele perseguisse seu sonho de ser um artista. No entanto, após a morte de seu pai seus boletins escolares continuaram a registrar um contínuo declínio quando ele poderia ter se aplicado mais, ainda que somente para deixar sua mãe orgulhosa. Ao contrário, sua arrogância, falta de atenção e notas medíocres provocaram sua expulsão do Realschule em Linz aos 15 anos, forçando sua mãe viúva a enviá-lo para a escola de ensino médio em Styr, a 24 quilômetros de distância, onde ele continuaria seus estudos.

Embora Hitler alegasse posteriormente que Klara estivesse pobre à época, de fato ela estava longe disso. Ela recebia pensão de viúva que era aproximadamente dois terços da última renda de seu marido, mais uma generosa soma acumulada de 650 coroas de seu antigo empregador. Com a venda da casa da família em junho de 1905, ela conseguiu pagar o quarto de Adolf em Styr e se mudou para um espaçoso apartamento na Humboldtstrasse em Linz, para poder ficar perto de sua enteada casada Angela.

O fracasso acadêmico de Hitler poderia ser atribuído à aversão normal de um adolescente à autoridade e à falta de disposição para trabalhar em tópicos nos quais tinha pouco interesse. Ele também pode ter pensado que a generosa pensão de viúva que sua mãe recebia lhe possibilitaria perseguir um estilo de vida boêmio com o qual há tempos vinha sonhando. Caso fosse isso, a insistência por parte dela para ele continuar a frequentar a escola deve ter parecido um ato de traição, mas ele dirigiu sua frustração a seus professores em vez de à sua mãe. Isso explicaria sua desconfiança duradoura com acadêmicos e experts de todos os tipos. No fim de sua vida, ele foi intimidado por intelectuais e preferiu se cercar de bajuladores e admiradores servis, vazios, que o tranquilizariam sobre sua genialidade.

Com exceção de seu professor de história em Linz, que descreveu a compreensão de Hitler dos tópicos como não mais que "regular", e de um mestre de ciências que admitiu que seu ex-aluno não era marcante, Hitler foi desacreditando de seus professores, vendo-os como seus "naturais inimigos". Ele descrevia-os como "macacos eruditos", "ligeiramente loucos", "afetados", "anormais" e "mentalmente desequilibrados" – o que provavelmente revela mais sobre seu estado de espírito do que ele faz sobre as habilidades acadêmicas de seus professores.

Para uma impressão mais confiável do futuro *Führer* como jovem há o testemunho do professor Huemer sobre uma prova de Hitler em seguida ao Putsch da Cervejaria em Munique, em 1923. Huemer afirmou que Hitler era um aluno "talentoso" em certas disciplinas, mas recordou que: "[...] faltava-lhe autocontrole e, para dizer o mínimo, ele era considerado argumentativo, autocrático, obstinado e tinha péssimo temperamento, além de ser incapaz de se submeter à disciplina escolar. Tampouco era esforçado, pois senão teria atingido resultados muito melhores, dotado como era."

> "ELE ERA CONSIDERADO UM ALUNO ARGUMENTADOR, AUTOCRATA, PRESUNÇOSO E MAL-HUMORADO, ALÉM DE INCAPAZ DE SE SUBMETER À DISCIPLINA ESCOLAR."
>
> *Huemer, professor de Hitler*

ANORMALIDADE FÍSICA

Há outra explicação para as baixas notas de Hitler que merece consideração, muito embora ela possa parecer incon-

Hitler cercado de bajuladores que sucumbiam docilmente à sua disposição dominadora.

sequente para um leigo. Foi sugerido que Hitler era monórquido; ou seja, que ele tinha somente um testículo, condição essa que gera uma série de desordens comportamentais características. Essas eram as imperfeições exibidas por Hitler: ele tinha dificuldades de aprendizado; a falta de concentração; a compulsão para fantasiar e mentir; inadequação social e sexual; atração para o perigo físico; aversão a críticas; e uma percepção de ser, de alguma forma, "especial" (este é presumivelmente um mecanismo de defesa para explicar a "anormalidade").

O monorquidismo de Hitler foi descoberto durante uma autópsia feita pelos russos nos restos mortais carbonizados do *Führer*, que foi conduzida em 1945. Embora a identidade do corpo encontrado no terreno da Chancelaria do Reich tenha sido disputada, uma equipe independente norueguesa e experts americanos em dentição confirmaram que se tratava do cadáver de Hitler.[4]

Uma criança monórquida não exibe automaticamente essas neuroses, e pode-se esperar que supere o medo de que essa condição a faça parecer de alguma maneira um homem incompleto, mas se um garoto já é psicologicamente perturbado essa condição incomum pode intensificar essa psicose. Esses sintomas normalmente se manifestam na pré-adolescência, período em que as notas escolares de Hitler começaram a declinar.

Um antigo esboço de um colega de classe de Hitler o ilustra com 15 anos como um jovem sem postura, mas que presumivelmente havia tido a mesma sorte com as garotas do que qualquer um de seus contemporâneos. O fato de Hitler evitar relacionamentos românticos de qualquer tipo, preferindo fantasiar sobre garotas com quem jamais teve a coragem de conversar, sugere algo mais preocupante do que as esquisitices normais de um adolescente. Ele podia ter experimentado o medo da intimidade, que pode ter tido causas físicas e psicológicas.

Não seria nada irracional imaginar que Hitler, em sua ignorância, culpasse sua mãe por essa condição. As afirmações repetidas dela de que tudo estaria bem não se comprovariam, e isso deve ter servido para intensificar sua ansiedade, somando-se à sua lista de emoções extremamente conflitantes.

> "MEU BRAÇO É COMO GRANITO – RÍGIDO E NÃO DOBRÁVEL... É UM FEITO IMPRESSIONANTE. FICO MARAVILHADO COM MEU PRÓPRIO PODER."
> *Adolf Hitler*

COMPLEXO DE CASTRAÇÃO

Não é incomum que garotos monórquidos desenvolvam um complexo de castração. As crianças mais perturbadas desse grupo podem compensar esse sentimento dando-se ao luxo de fantasias violentas envolvendo a emasculação de seus inimigos. É significativo que, na idade adulta, Hitler falou repetidamente de castrar aqueles artistas que não gostaram dele e que ele reintroduziu a decapitação como uma forma de execução quando um pelotão de fuzilamento já seria suficiente.

Foi observado que garotos com um único testículo, ou cujos testículos não

Hitler era frequentemente visto com as mãos enganchadas em uma atitude defensiva.

desceram, geralmente exibem ansiedade quanto à identidade sexual, colocando a mão sobre seus genitais frequentemente como meio de reafirmação. Não deve ser coincidência o fato de esse ser o gesto com que Hitler é visto repetidamente em documentários, em fotografias ou, inclusive, em retratos oficiais. Independentemente da situação, ele é visto com uma mão apoiada sobre a outra em um gesto de proteção. Suas mãos apenas passam ligeiramente por trás de seu dorso e raramente são vistas nas laterais.

Hitler também era conhecido por permitir-se em exibições infantis que ele acreditava serem sinais masculinos de força e resistência – mas eles claramente eram substitutos sexuais. Em uma ocasião, ele tentou impressionar uma hóspede em seu retiro nas montanhas em Obersalzberg ao manter o braço na posição de saudação nazista por um longo período de tempo. Após reafirmar à moça que conseguia mantê-lo por mais tempo que Goering, assegurou: "Posso manter meu braço dessa forma ao longo de duas horas. Meu braço é como granito – rígido e inflexível... É uma façanha incrível. Eu admiro meu próprio poder".[5]

Observou-se também que homens monórquidos invariavelmente mudam o foco de sua energia sexual para o olhar. Diz-se que Hitler praticou e aperfeiçoou seu olhar fixo e penetrante no espelho, sem dúvida como um substituto para a gratificação sexual. Tão improvável como pode soar aos leigos em psicologia freudiana, isso certamente explica o infame e de outra forma inexplicável poder hipnótico de Hitler. Deve ser lembrado que muitos daqueles que ficaram na presença de Hitler comentavam sobre a qualidade hipnótica de seus penetrantes olhos azuis.

O amigo do adolescente, August Kubizek, recordou em sua biografia *The Young Hitler I Knew* (Boston, 1955) que sua mãe era atemorizada pelo olhar penetrante de Hitler. "Eu me lembro, bem distintamente, que havia mais temor que admiração nas palavras dela... Adolf falava com os olhos... Jamais em minha vida tinha visto uma pessoa cuja aparência era tão completamente dominada pelos olhos."

Quando Hitler vociferava contra aqueles que deixavam de reconhecer sua genialidade, seu amigo lembra que sua face ficava lívida e seus lábios se fechavam em fúria. "Mas os olhos reluziam. Havia algo de sinistro neles. Era como se todo o ódio residisse naqueles olhos ameaçadores."

Até em seu próprio fim, quando se escondeu em seu *bunker* em abril de 1945, seus olhos retiveram seu poder de seu antigo ego. Um jovem ajudante recordou que, mesmo nas últimas horas de sua vida, os olhos dele estavam "estranhamente penetrantes".

CAPÍTULO 2
RETRATO DO TIRANO QUANDO JOVEM ARTISTA

ADOLF EM CRISE

A frustração de Hitler de não poder seguir suas ambições artísticas chegou ao pico quando ele sucumbiu ao que posteriormente alegou ser uma grave infecção pulmonar (muito possivelmente uma desordem psicossomática) em seu último ano em Styr. Ele apelou para a mãe deixá-lo regressar para casa para convalescer, e para seu alívio o pedido foi aceito. Ela não estava com boa saúde à época, de modo que insistiu para que ele ficasse na casa de sua tia Theresa, em Spital. O médico da família, Dr. Bloch, descreveu todo o episódio como uma fantasia da imaginação perturbada de Hitler, alegando que ele estava simplesmente fingindo-se de doente para atrair a compaixão da mãe. Como ele recordou, "Não consigo entender as inúmeras referências a seu problema pulmonar quando jovem. Eu fui o único médico que tratou dele durante o período... Meus registros não mostram nada do tipo... Jamais houve algo grave com Hitler".[5]

Após ter uma recuperação milagrosa, Hitler convenceu sua mãe a comprar um piano para que ele pudesse compor suas próprias óperas, mas rapidamente se cansou de seu professor, que exigia que ele praticasse suas escalas em vez de confiar em sua aptidão natural. Destemido, ele se lançou no que posteriormente chama-

> "EM TUDO, ELE VIA OBSTÁCULOS E HOSTILIDADE. ESTAVA SEMPRE ALERTA CONTRA ALGO E EM DISPUTA COM O MUNDO. JAMAIS O VI ACEITAR ALGO COM LEVEZA."
>
> *August Kubizek, colega de Hitler*

ria o "vazio de uma vida confortável". Ele desfrutou de sua paixão por frequentar ópera, museus e galerias de arte em Linz, e se vestia com estilo – tudo, é certo, à custa de sua mãe.

Com seu casaco de seda preto, jaqueta de tweed, gravata borboleta e luvas infantis, Hitler era exatamente um homem urbano, mas apesar do grau com que afetava ser um cavalheiro, ele devia saber que estava apenas desempenhando um papel. August Kubizek, o único conhecido mais próximo durante sua juventude, era seu companheiro em suas idas noturnas à cidade durante aqueles anos despreocupados. Embora fosse claro que ele era uma pessoa realmente talentosa, Kubizek pacientemente suportava os sermões desconexos de Adolf sobre os méritos da verdadeira arte germânica. Ele também tolerava suas amargas explosões políticas contra a decadente monarquia de Habsburgo, que rapidamente se tornavam uma obsessão. Kubizek recordou: "Ele via por toda parte somente obstáculos e hostilidade, e estava sempre alerta contra algo e em guerra com o mundo. Jamais o vi aceitar algo com leveza."

A FORÇA DO DESTINO

Na madrugada de uma manhã gelada de novembro em 1906, Hitler e Kubizek

RETRATO DO TIRANO QUANDO JOVEM ARTISTA

"Ein Volk, Ein Reich, Ein Führer": A determinação indomável de Hitler assegurou que a fantasia que ele primeiramente delineou a August Kubizek em 1906 se tornaria uma temerosa realidade – como visto aqui em Nuremberg, em 1928.

O novo Messias: Hitler instilou um fanatismo quase religioso por meio de seu poder de oratória.

emergiam do clube de ópera em Linz com os últimos acordes de *Rienzi*, de Wagner, ainda soando em seus ouvidos. Para Kubizek, o estudante de música, a noite comprovou ser memorável, e não por causa da ópera que tinham acabado de apreciar. Naquela noite, ele foi tratado com uma performance de uma natureza completamente diferente, muito possivelmente a primeira evidência do dom de Hitler para a oratória, quando ele fez um discurso apaixonado sob as estrelas na estrada que os levava até Freinberg.

Os monólogos iniciais de Hitler, testemunhados a distância por seu professor do Realschule e outros alunos, tinham sido dirigidos às arvores em uma colina em Leonding, mas nessa noite foi diferente. Ele crescera cansado de imaginar e agora exigia um público verdadeiro. Virando-se repentinamente, pegou seu assombrado amigo pelas mãos e olhou fixamente em seus olhos como se desejasse que o garoto se rendesse. Kubizek não conseguia lembrar o que foi dito naquela manhã, mas jamais esqueceu a intensidade com a qual Hitler aos 17 anos despejou sua invectiva contra a sociedade e sua determinação de dedicar sua vida para salvar o povo germânico.

"Era como se outra pessoa se manifestasse de seu corpo e o movia tanto como ele fazia comigo. Não era absolutamente o caso de um orador conduzido por suas próprias palavras. Ao contrário; eu me senti como se ele próprio ouvisse com espanto e emoção o que irrompia de sua mente com uma força elementar... como correntes de água rompendo os diques, suas palavras irrompiam de sua mente. Ele conjurou em retratos inspiradores de grandiosidade seu próprio futuro e o do seu povo. Ele estava falando de um mandato que, um dia, receberia de seu povo para conduzi-lo da servidão a seus pincaros de liberdade – uma missão especial que um dia lhe seria confiada."

PODER SOBRE AS MASSAS

Claramente Hitler tinha uma percepção de seu próprio destino, no qual Kubizek não desempenharia nenhum papel. Naquela noite, ele entendeu que Hitler apenas buscava sua companhia, pois necessitava de audiência.

"Passei a entender que nossa amizade durou essencialmente porque eu era um ouvinte paciente... Ele simplesmente TINHA DE FALAR..." A compulsão pela fala parece ser originária da necessidade de Hitler de dominar os outros com o poder de sua voz e a força de sua argumentação. A tempo, foi dito que seus discursos assumiriam uma qualidade decididamente sexual. Ele começava em um tom baixo, sedutor, e crescia até um clímax estático após o qual se retirava do pódio exaurido de força e encharcado de suor, com um semblante reluzente de satisfação nos olhos.

O jornalista polonês Axel Heyst testemunhou o poder de Hitler sobre as massas, "Em seus discursos, ouvíamos a voz suprimida de paixão e galanteios, que é extraída da linguagem do amor.

Ele emitia um rugido de ódio e voluptuosidade, um espasmo de violência e crueldade. Todos esses tons e sons eram extraídos das vias finais dos instintos; eles nos faziam lembrar os impulsos sombrios reprimidos por tanto tempo".

O poeta René Schickele foi mais direto. Ele amaldiçoou os discursos de Hitler como um "estupro e assassinato" oral. A natureza íntima do relacionamento entre orador e plateia foi definida por Hitler, que dizia: "O líder deve saber exatamente quando é o momento apropriado para lançar a última flecha flamejante para incendiar a multidão".

Para essas pessoas, o intercurso verbal geralmente é um substituto das relações sexuais, que elas evitam por medo do ridículo. A descarga oral, como seria denominada por psicanalistas, mantém o objeto do desejo a uma distância. Pode haver certa verdade nessa análise freudiana sobre o poder de oratória de Hitler, mas aqueles que jamais desvendaram as pegadas do *Führer* numa análise completa geralmente obtiveram a impressão de que Hitler era meramente um homem que foi seduzido pelo som de sua própria voz.

AMOR NÃO CORRESPONDIDO

A oratória de Hitler era claramente alimentada por uma paixão desenfreada e por essa razão tinha um efeito extraordinário ao vivo. Ao mesmo tempo, seus discursos não geravam a mesma impressão quando vistos em películas ou filme, diferentemente dos discursos de Winston Churchill, por exemplo, cujas eloquentes palavras recorriam ao intelecto.

Pode-se argumentar que Hitler poderia ter canalizado sua energia em fins

Hitler visualizava seu primeiro amor como uma pura heroína wagneriana.

menos destrutivos se ele tivesse se permitido desfrutar de um relacionamento íntimo durante sua juventude. Mas ele foi incapaz de se relacionar com outras pessoas. Além de sua desconfiança inata e paranoica, ele também manifestava sintomas de uma forma de erotomania, a crença de que estava envolvido em um relacionamento amoroso que não existia.

No inverno de 1906, Hitler encontrou casualmente uma garota chamada Stefanie. Ela estava vendo as vitrinas das lojas na Landstrasse em Linz com sua mãe e ele ficou apaixonado por ela. Em geral, ele preferia admirá-la de longe, de modo que todas as tardes, precisamente às 17 horas, esperava a jovem no local em que a tinha visto pela primeira vez, ansiando por um olhar de flerte de sua amada. Cada gesto seria analisado na esperança de encontrar algum sinal de aprovação. Sua única concessão à convenção era escrever dezenas de poesias extremamente românticas nas quais a jovem é descrita como uma pura heroína wagneriana. Ele não conseguia reunir coragem para falar com ela e assim conseguia evitar o risco da rejeição. Contanto que não a abordasse, ele poderia continuar com sua fantasia, mas para que se esse símbolo de virtude germânica o desprezava? Essa era uma perspectiva muito horrenda de se contemplar.

Após meses de martírio, escreveu para a moça uma carta anônima, fervorosa. Começou declarando seu amor e finalizou lhe suplicando que esperasse por quatro anos até que pudesse consolidar seu nome e se casar com ela. Até então, ele faria o que considerava um gesto supremo. Ele deixaria o seu lar para viver como um artista empobrecido em Viena. Mas pode ter havido mais razões mundanas para essa despedida. Seus parentes estavam fazendo perguntas incômodas – quando ele se sustentaria e não ficaria mais totalmente dependente de sua mãe?

VIENA

E, portanto, foi na primavera de 1906, logo após seu 17º aniversário, que Hitler deixou Linz e se dirigiu para Viena, a efervescente capital cosmopolita da cultura e a joia da coroa do antigo Império de Habsburgo. Assim que percorreu o centro histórico da cidade, contemplando os imponentes símbolos imperiais do poder, ele se viu apresentando os tesouros do Reich em um novo cenário em que ele era o arquiteto-chefe.

Na mente iludida de Hitler, os anos que passou em Viena foram uma época de martírio, de um sofrimento intolerável do corpo e da alma. Ele imaginava ser forçado a assumir uma série de funções com trabalhos manuais, como limpar a neve ou quebrar suas costelas em locais de construção. De fato, ele não cumpriu um dia sequer de trabalho honesto naquele período, mas viveu muito confortavelmente com a generosidade de seus parentes. A única exceção foi um intervalo de 15 meses, de setembro de 1908 a dezembro de 1909 quando ele dependeu da caridade de instituições de amparo social judias, ajuda essa que ele deve ter aceitado, para dizer o mínimo, ressentidamente. Somente quando ele se achava na necessidade de ter um dinheiro extra, pintava alguns cartões postais dos locais. Eles eram comprados essencialmente por donos judeus de galerias que, posteriormente, foram forçados a devolvê-los quando os nazistas buscavam apagar o passado do *Führer*.

DESILUSÃO

Não havia passado nem um ano, em outubro de 1907, e as ilusões de Hitler sobre uma fama e fortuna iminentes vieram a cair por terra. Naquele outono, ele foi rejeitado pela Academia de Belas-Artes de Viena, cujo comitê de professores considerou seus desenhos insatisfatórios.

Determinado a provar que os especialistas da academia estavam errados, ele convenceu sua deficiente tia Joanna a tornar-se uma das patronas das artes a suportar suas ambições tirando dinheiro de suas economias pessoais. As contribuições da tia foram suplementadas por uma pensão de órfão de 25 coroas por mês, obtida de forma fraudulenta junto ao estado. O dinheiro deveria ter sido pago à sua irmã Paula, mas Hitler fez uma declaração falsa alegando que era um estudante da Academia, o que o habilitava à parte da irmã. Uma ordem judicial corrigiu a situação em maio de 1911.

Além dessa soma, ele recebera uma pequena herança de uma tia-avó, Walpurga Hitler, e no seu 18º aniversário, em abril de 2007, tornou-se legalmente intitulado a sua porção das economias de seu avô, que tinha acumulado juros por mais de três anos e agora somava 700 coroas. No total, durante aqueles anos sem objetivos em Viena, ele recebeu o equivalente ao salário de um professor universitário, e não investiu um dia de trabalho para receber isso. Ao contrário, passava as tardes em devaneios ociosos. Ele planejava novos edifícios para a capital e assegurava ao leal camarada Kubizek que este seria encarregado de construí-los assim que os patronos da cidade reconhecessem o seu gênio. Quando se cansava desses esboços, fazia planos para a Orquestra do Reich, que rodaria pelo país levando a cultura germânica para as massas. Ele, pessoalmente, selecionaria os programas com base em trabalhos que julgava apropriados. Ou seja, músicas que ouvia enquanto acompanhava seu amigo em concertos praticamente todas as noites, graças aos ingressos gratuitos obtidos no

Conservatório, em que Kubizek à época estudava composição.

Enquanto Kubizek se concentrava nos estudos, ele e Hitler eram companheiros amigáveis, embora fosse evidente que Hitler considerava o amigo seu inferior. Eles, inclusive, compartilharam um quarto juntos no Sexto Distrito, que era suficientemente amplo para abrigar o grande piano de Kubizek. Mas após Kubizek graduar-se com mérito pelo Conservatório de Viena, Hitler sentiu-se cada vez mais desconfortável. A presença do amigo fazia-o recordar de suas próprias ambições frustradas. Daquele momento em diante, ele e o amigo mal se falavam.

A MORTE DA MÃE DE HITLER

Em dezembro de 1907, a vida ociosa de Hitler foi interrompida com a morte de sua mãe. Klara foi diagnosticada com câncer no seio e internada em janeiro daquele ano. Foi realizada uma mastectomia pelo cirurgião da casa, assistida pelo Dr. Bloch, que continuou a prestar assistência a ela após seu retorno para casa. Ela se recuperou relativamente bem a ponto de fazer breves caminhadas pelo vilarejo naquele verão, mas em novembro teve uma recaída e o Dr. Block teve de administrar altas doses de morfina para aliviar a dor. O Dr. Block, Paula, a irmã de Hitler, August Kubizek e a agente do correio local testemunharam que Adolf veio rapidamente de Viena para estar junto ao leito de sua mãe. Mas suas histórias de filho dedicado esfregando o assoalho e atendendo a todas suas necessidades são desmentidas por Frank Jetzinger em sua biografia *Hitler's Youth*. Jetzinger cita uma vizinha que

alegou ter cuidado de Klara durante aquelas semanas finais. Sua versão dos eventos soa mais plausível, pois ela compartilhou as lembranças dos últimos dias de Klara com outras pessoas na época e conseguiu apresentar uma carta escrita por Hitler agradecendo-a por ter cuidado de sua mãe em sua ausência. A história dela também parece ser corroborada pelo fato de que, quando ela própria adoeceu, as despesas hospitalares foram pagas por um agradecido *Führer*.

Foi sugerido por algumas pessoas que o antissemitismo de Hitler começou quando ele culpava o médico de família judeu por não ter salvado sua mãe, ou por prolongar sua agonia administrando um tratamento errado. Outros dizem que se Hitler tivesse ficado tão preocupado com seu próprio prazer para assistir sua mãe morrendo, ou tinha deliberadamente se afastado porque não conseguia vê-la sofrer, ele teria se ressentido com o dr. Block por ele assumir um papel de cuidador diligente – função que certamente era sua. Porém isso não é suportado por evidências. O dr. Block recebeu diversos cartões postais pintados à mão na época da morte de Klara, em que Hitler expressava sua mais profunda gratidão pela compaixão e cuidados com que o passamento de sua mãe havia sido aliviado. Ainda, o médico continuou a falar de Hitler como um filho adotivo após ele ter emigrado para a América e ter sido salvo das perseguições da Gestapo.

Talvez a questão mais intrigante, e que sem dúvida permanecerá sem resposta, é por que Hitler se recusou a marcar a sepultura de sua mãe com uma lápide. Foi somente após ele se tornar Chanceler da Alemanha que os ativistas do Partido Nazista local notaram a omissão e ergueram uma lápide às suas próprias custas. Quando Hitler visitou o cemitério em 1938 pela primeira e última vez, ficou lá somente alguns segundos e depois deu meia-volta dirigindo-se até o carro que o esperava. Se amasse tanto a mãe como ele professava fazer e a afeição fosse mútua, por que ele negou à mãe um memorial? Que segredo sombrio e perturbador havia morrido com ela?

CAPÍTULO 3
INFLUÊNCIAS INSIDIOSAS

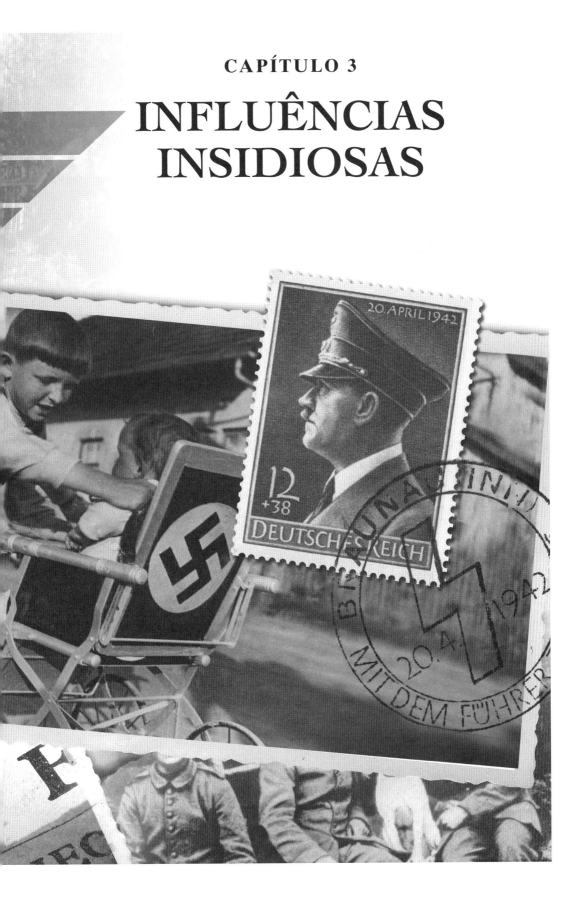

ORIGENS DO ANTISSEMITISMO DE HITLER

Argumenta-se que os sentimentos ambivalentes de Hitler em relação ao dr. Block lançaram as sementes do virulento antissemitismo que viria à tona após alguns meses da morte de sua mãe. Seus sentimentos em relação ao médico judeu devem ter sido uma combinação de gratidão e ressentimento, pois o doutor possuía a compaixão e o conhecimento médico para servir de conforto à sua mãe, enquanto ele somente conseguia estar presente, de forma impotente, se de fato chegasse a fazê-lo.

Uma pessoa autocentrada, mal-humorada e neurótica como Hitler teria sido corroída por essas conflitantes emoções, a menos que ele pudesse ter encontrado um substituto para culpar por todos seus problemas. Incapaz de confrontar o dr. Block com seus reais sentimentos, ele se viraria com toda a probabilidade contra os judeus em geral. Como bom católico, Hitler não poderia censurar Deus por sua perda. Em vez disso, ele teria internalizado sua angústia e quando ela ameaçava consumi-lo, ele a cuspia para fora como um vulcão em erupção. Os judeus eram um alvo que ele tinha cinicamente dimensionado com o conhecimento de que não contra-atacariam.

> "O DRAGÃO DA CONGREGAÇÃO JUDAICA INTERNACIONAL DEVE SER MASSACRADO DE TAL FORMA QUE NOSSO QUERIDO POVO ALEMÃO POSSA SER LIBERTADO DE SUA PRISÃO."
>
> *Dr. Karl Lueger (1844-1910), prefeito de Viena*

As batas judias eram disseminadas na Europa à época e a influência perniciosa dos judeus havia sido um tópico aceito de discussão em todos os níveis da sociedade. Diversas entidades e periódicos antissemitas promoviam abertamente a privação dos judeus e disseminavam mentiras a respeito dos ritos religiosos judaicos, que alegadamente envolviam o sacrifício de crianças cristãs. Até políticos "respeitáveis" se sentiam seguros ao expressar oralmente seus preconceitos irracionais em um fórum público. Em um discurso ao Parlamento austríaco em 1887, Georg Schonerer procurou justificar suas visões.

"Nosso antissemitismo não é dirigido contra a religião judaica. Ele é dirigido contra suas características raciais... em qualquer ponto que estiverem na liga com as forças rebeldes... Assim, cada filho leal desta nação deve ver no antissemitismo o maior progresso nacional deste século." No caso de Hitler, aparentemente ele também culpava os judeus por sua rejeição na Academia de Artes de Viena. Isso ocorreu em duas ocasiões diferentes, pois ele solicitou uma nova oportunidade em outubro de 1908 e foi rejeitado imediatamente. Nessa segunda tentativa, o comitê de admissão fez uma

INFLUÊNCIAS INSIDIOSAS

As batas judias eram disseminadas na Europa, e os judeus tornaram-se o bode expiatório do descontentamento germânico.

análise rápida e superficial de seus desenhos e recusou uma autorização para que fizesse o teste de admissão. Ele ainda nutria esperança de que poderia receber a permissão para solicitar uma vaga na Faculdade de Arquitetura, mas isso desvaneceu com a percepção de que não conseguia preencher os mínimos requisitos de entrada porque não tinha concluído seu ensino formal. Deve ter sido um golpe terrível em seu inflado ego quando ele descobriu que todos os seus planos tinham sido frustrados por meros servidores públicos. Talvez ele tenha lembrado as primeiras objeções de seu pai a suas ambições artísticas. Incapaz de aceitar o fato de que não tinha as habilidades que pensava possuir, ele culpou a Academia por não ver a sua genialidade.

Hitler admitiria muitos anos depois que ele tinha investigado as origens raciais dos membros do comitê de admissão e descobrira que quatro de seus sete membros eram judeus. Ele não diz como fez isso. Pode ter sido uma mera bravata de Hitler, ou ele simplesmente pode ter assumido que aqueles com sobrenomes aparentemente judaicos deviam efetivamente ser judeus. Ele, então, alegou ter escrito uma carta ao diretor finalizando com a ameaça rancorosa: "Os judeus pagarão por isso!"[7]

Enraivecido de ressentimentos, ele agora direcionava suas energias sobre aqueles que imaginava terem negado seu pedido, e ao fazer isso, irônica e tragicamente, assegurou seu lugar na história.

FILOSOFIA PERVERTIDA

"Deparei-me repentinamente com uma aparição usando uma túnica negra e trancinhas pretas. 'Será que é um judeu?', foi meu primeiro pensamento. Pois, com certeza, eles não pareciam se vestir desse modo em Linz. Observei o homem de forma furtiva e cautelosa, mas quanto mais olhava para o seu rosto estranho, examinando característica após característica, mais minha primeira pergunta assumia uma nova forma: 'Será que é um alemão?'"

Adolf Hitler, *Mein Kampf*

O primeiro encontro de Hitler com um judeu ortodoxo em Viena despertou sua inata paranoia, oferecendo-lhe uma raça inteira sobre a qual ele poderia projetar seus sentimentos de desmerecimento e suas mórbidas obsessões sexuais.

"Para todo lugar que eu ia comecei a ver judeus, e quanto mais os via, mais conseguia distingui-los do restante da humanidade... Comecei a detestá-los... Eu tinha passado do cosmopolita indeciso e me tornado um antissemita."

É um erro imaginar que Hitler concebeu sua ideologia racista após estudar os grandes filósofos alemães, como Nietzsche, Hegel e Lutero. Ele não tinha a capacidade intelectual para seguir seus argumentos e era certamente incapaz de formular teorias filosóficas próprias. Além disso, não tinha paciência para a literatura, preferindo se entreter com as histórias de aventuras infantis de Rabautz, o cavalo, e os populares *westerns* de Karl May. Ao contrário das alegações de Kubizek de que Adolf era um ávido leitor (alegação que ele posteriormente corrigiu), não havia livros de "valor humano ou intelectual" em sua biblioteca, de acordo com Christa Schroeder, uma das secretárias particulares do *Führer*.

Tampouco Hitler citou que gostava de Hegel ou Nietzsche em suas memórias, discursos ou conversas informais à mesa, uma omissão que indicava simplesmente que não tinha familiaridade com as obras desses pensadores. Todas as suas ideias foram obtidas indiretamente das mais variadas fontes – os panfletos antissemitas e os periódicos racistas foram comprados durante sua permanência em Viena, que serviram para reforçar seus preconceitos. Fica claro, pela natureza histérica dos textos, dos desenhos grosseiros e das

Retrato do místico Guido von List.

ilustrações sombrias, que todas essas publicações não eram extensões políticas e sim pretendiam satisfazer o apetite sádico de seus leitores.

É dito que Hitler também foi influenciado pelos "místicos" populistas Lanz von Liebenfels (1874-1954) e Guido von List (1865-1919), bem como por outros pseudo-intelectuais que adotavam nomes aristocráticos para ocultar suas origens na classe operária. Ele, no entanto, aparentemente não entendia suas confusas ideias e meramente as regurgitava. As semelhanças entre List, Liebenfels e Hitler são assustadoramente grandes, e numa extensão que deixa pouca dúvida de que Hitler simplesmente utilizava sua facilidade impressionante de reter fatos para marcar na memória passagens inteiras dos manifestos de seus mentores.

PRECONCEITO E PLÁGIO

Em 1934, por exemplo, Hitler primeiro considerou os meios pelos quais a Alemanha poderia evitar a "decadência racial", e depois sugeriu, "devemos formar uma Ordem, a Irmandade dos Templários em torno do Cálice Sagrado do sangue puro". Esta foi uma frase que ecoou praticamente com as mesmas palavras das de seu guru maldito Liebenfels, que havia escrito em 1913, "O Cálice Sagrado do sangue alemão deve ser defendido pela Irmandade dos Templários". Hitler também se apoderou de expressões de List e Liebenfels, tais como: "A conspiração internacional dos judeus com cabeça de Hidra", que aparecia com certa regularidade em seus discursos e acessos informais de raiva.

As teorias antissemitas e populistas de Liebenfels se espalhavam por todas as páginas de sua revista *Ostara*, da qual Hitler era um ávido leitor. O jornal vienense antissemita *Deutsche Volksblatt* também alimentava a retórica de ódio de Hitler. No entanto, ele encontrava mais do que temas políticos e racistas obstinadamente nas páginas repugnantes dessas publicações. Artigos históricos e mal informados sobre os tópicos dos direitos das mulheres, homossexualidade, sífilis e castração lhe proporcionavam uma justificativa para o seu medo de intimidade. Foram apresentadas "evidências" na forma de diagramas cranianos em defesa da crença dos panfletários de que as mulheres eram inferiores intelectualmente e que "uma raça instruída, assassina de educadores idiotas e professores sem caráter", poderia ser identificada pelo formato de seus crânios.

Os leitores eram estimulados a fazer o teste biológico racial da *Ostara*, que computava pontos de acordo com suas características físicas. As pessoas de olhos azuis recebiam 12 pontos, enquanto eram deduzidos pontos das pessoas de olhos escuros. Homens altos, loiros e de pele clara com nariz afilado recebiam as pontuações mais altas (as mulheres não eram elegíveis) e eram considerados o ideal ariano, os da faixa média com uma pontuação total abaixo de 100 eram designados da "linhagem mista" e os que caíam abaixo de zero, condenados como "apelings".

Inicie-os jovens: as suásticas proliferaram quando a ideologia nazista levou os alemães do berço ao cemitério.

Abril de 1936: Integrantes do Sindicato dos Padeiros de Berlim aparecem com aspecto solene ao exibir o fruto de seu trabalho, um bolo gigante para celebrar o 47º aniversário do *Führer*.

INFLUÊNCIAS INSIDIOSAS 45

É possível imaginar o que Hitler deve ter pensado da afirmação de Liebenfels de que "a força erótica mais decisiva e importante para as pessoas da raça mais superior é o olho".

ARIANOS E ATLÂNTIDA

Tanto List como Liebenfels declararam que a visão aceita da história estava errada e que os teutônicos eram descendentes de uma raça superior conhecida por arianos, que tinham sobrevivido à destruição de sua pátria natal, Atlântida, na era da Inundação. De acordo com a visão revisionista dos dois "místicos", os arianos perderam seus poderes físico e intelectual ao se casar com seres primitivos inferiores ao longo dos milênios. Portanto, era dever deles restaurá-los ao seu lugar correto como a Raça-mestra, expulsando os *Untermenschen* (sub-humanos) da Europa – preservando com isso a pureza de sua linhagem sanguínea. Os dois místicos previram que essa Nova Ordem seria estabelecida com a chegada de um Messias que lideraria o povo germânico em uma batalha apocalíptica final com as raças inferiores – especificamente os eslavos, os negros e os judeus, a quem Liebenfels se referia como os "Dark" ("Escuros").

List profetizou que "o ario-germânico exige um autoescolhido *Führer* a quem ele voluntariamente se submete". Se isso é verdade, o povo alemão conseguiu o líder que desejava e merecia. Surpreendentemente, essa absurda fantasia juvenil circulou como um fato na Alemanha e na Áustria nos anos precedentes à Primeira Guerra Mundial.

Ao abraçar a mitologia dos "místicos" populistas (pois eles gostavam de pensar neles próprios como tal, embora não tivessem valores espirituais consistentes) Hitler se cobriu com um manto de pseudofilosofia e respeitabilidade e, finalmente, descobriu um foco para as suas neuroses. Ele também elegeu um potente símbolo que iria se tornar o emblema do partido Nazista e de sua brutalidade – a suástica. Tanto List como Liebenfels defenderam a adoção da *Hakenkreuz* (cruz enganchada) como o emblema do poder ariano (um antigo símbolo nórdico do fogo primitivo que deu origem ao Universo), embora List promovesse o duplo sinal rúnico do alfabeto nórdico como o símbolo da pureza racial – símbolo esse adotado como a insígnia da SS.

> "EU SOU O HOMEM GERMÂNICO. EU SOU O ESPÍRITO GERMÂNICO."
>
> *Richard Wagner*

Outra influência perniciosa no jovem Hitler foi o "filósofo" racista Theodor Fritsch (1852-1934), cujo *Handbook of the Jewish Question* ele estudou a fundo. Novamente, o texto não tinha o mesmo nível intelectual dos de Nietzsche ou Hegel. Era meramente uma coleção de breves ensaios acusando os judeus dos piores crimes da História, acoplada a uma seção de tiradas marcantes antissemitas atribuídas a autores famosos, que o político com recursos financeiros escassos teria confiado à memória para endossar seu próprio pontos de vista.

O ataque raivoso de Fritsch a Heine, o ensaísta e poeta do século XIX, é de fato típico de sua lógica pervertida.

"Em Heine, há notadamente duas forças que lutam entre si. É como se uma parte do espírito teutônico que existe dentro dele estivesse tentando ascender a alturas mais ideais, até que sua parte judia repentinamente o puxa outra vez para baixo até o pântano, em que ele então chafurda com alegria e escarnece de todos seus ideais."

O que é particularmente notável sobre Fritsch é a crítica frenética a Freud, a quem ele acusa de "partir para destruir a alma... e a família germânica". Hitler teria se aproveitado dessa ideia em particular pois ele solapava a autoridade e as visões da ciência emergente da psicanálise, que tinha feito um homem com sua longa lista de complexos decididamente desconfortável.

WAGNER

Provavelmente a influência mais insidiosa de todas na ideologia niilista de Hitler e em seu Partido Nazista foi a do compositor Richard Wagner (1813-1883). Wagner foi inquestionavelmente um gênio musical, mas, ao que dizem, como homem foi tão abominável quanto Hitler. De fato, os dois homens tinham muitas características em comum, e numa escala tão grande que é possível perguntar se a admiração de Hitler foi intensificada por sua identificação pessoal com seu ídolo. Conforme admitido pelo próprio Hitler: "Tenho a mais intima familiaridade com os processos mentais de Wagner".[8]

Ambos eram intoleravelmente dogmáticos e cheios de obsessões, além de

serem encantados pelo som de suas próprias vozes. Eles se consideravam *experts* em uma ampla variedade de assuntos, mas seus escritos e diálogos gravados revelam que tinham um entendimento superficial sobre o que discutiam e não conseguiam dar opiniões valiosas.

Como Robert Waite, autor de *The Psycopathic God*, notou, se suas reputações e influências tivessem dependido somente de seus trabalhos escritos, eles teriam sido desprezados como excêntricos racistas. Waite nota ainda que os dois homens tinham uma "prosa execrável", que era tão confusa e fraca gramaticalmente que seus tradutores geralmente eram forçados a desistir e retornar novamente ao alemão original. A culpa se devia mais ao modo irracional dos pensamentos do que à falta de instrução dos dois homens – embora, no caso de Hitler, sua gramática e escrita sofrível continuariam muito fracas para um líder político moderno.

Waite sugere que os dois homens podem ter afetado uma imagem exageradamente machista para dissimular uma latente homossexualidade. Wagner se enfeitava com camisolas de seda rosadas e compunha imerso numa névoa de perfume, enquanto Hitler empunhava um chicote curto de montaria – uma vez ele bateu em seu cão com ele numa tentativa de impressionar uma admiradora. Os dois homens também exibiam abandono infantil quando eram satisfeitos e acessos de cólera, de busca de atenção quando contrariados. Mas talvez a obsessão mais significativa que compartilhavam era a suspeita de que seus pais verdadeiros eram judeus. De modo a exorcizar esse temor, eles denunciavam os judeus com mais veemência do que qualquer outro antissemita. Jamais foi provada a descendência judaica dos dois, mas essa possibilidade atormentou-os até o final de suas vidas.

UMA NATUREZA TURBULENTA

Sob toda a pompa e ostentação nacionalista das óperas de Wagner, que enalteciam o heroísmo e as virtudes germânicas, existia sua obsessão com o incesto e o farto amor materno. Esses temas fronteiriços ao amor edipiano não tinham se perdido em Hitler, para quem a música de Wagner era quase religiosa e emocionalmente terapêutica. Conforme observado por Kubizek, "a música de Wagner produzia nele aquela fuga até um mundo místico de sonhos que ele necessitava de modo a suportar as tensões de sua natureza turbulenta".

Os panfletos racistas tinham politizado o jovem Hitler, mas o discurso wagneriano sobre o advento de um herói germânico havia o inflamado com um zelo missionário. Haveria um novo Barbarossa, disse Wagner, que restauraria a honra germânica e varreria a democracia parlamentar, que ele desprezava como uma fraude franco-judaica. Wagner escreveu que o homem era uma besta da oração, e que grandes civilizações foram fundadas com base na conquista e na subjugação de raças mais fracas. Embora os apologistas de Wagner mantenham que seus delírios não devem impedir de gostarmos de sua música, deve ser lembrado que foi o músico o primeiro a propor a ideia de uma "solução final" para a "Questão Judaica". Pode pairar pouca dúvida sobre o que ele estava propondo, pois falava de uma época em que não houvesse mais judeus, a quem ele denominava "os inimigos da humanidade".

Essa era a autoindulgente fala veemente do artista que podia dispor de viver em um mundo fantasioso de sua própria criação, mas Hitler abraçou as palavras de seu ídolo e jurou levar essa batalha entre os super-homens teutônicos e os sub-humanos, ou morrer no processo.

O DESERTOR

O resultado imediato da exposição de Hitler aos panfletos racistas foi se matricular, e o seu amigo Kubizek, na Liga Antissemita Austríaca. Na visão de Hitler, Viena não era mais a capital cultural de sua terra natal e sim uma "Babilônia racial" efervescente de judeus. Porém, antes que pudesse começar a pregar sua nova fé, ele entendeu que iria ser preso pelo Exército Austro-húngaro por evadir-se do recrutamento. Em maio de 1913, fugiu num voo para Munique, onde encontrou quartos bem-mobiliados em cima de uma alfaiataria em Schwabing, o bairro artístico, pela bagatela de 20 marcos ao mês. Sua renda média à época era de 100 marcos ao mês, que mais do que supria suas necessidades diárias. Ele a obtinha com a venda de suas pinturas, que individualmente custavam entre 10 e 20 marcos. Como ele próprio admitiu, foi o período "mais alegre e feliz" de sua vida. Mas em 18 de janeiro do ano seguinte, as autoridades austríacas finalmente o apanharam. Hitler foi preso como desertor e levado ao Consulado Austro-húngaro para explicar por que não cumprira com seu dever.

Ele deve ter feito um espetáculo patético, desempenhando o papel do *Nebbish* (tolo sincero, mas desamparado) de cabo a rabo, pois conseguiu convencer

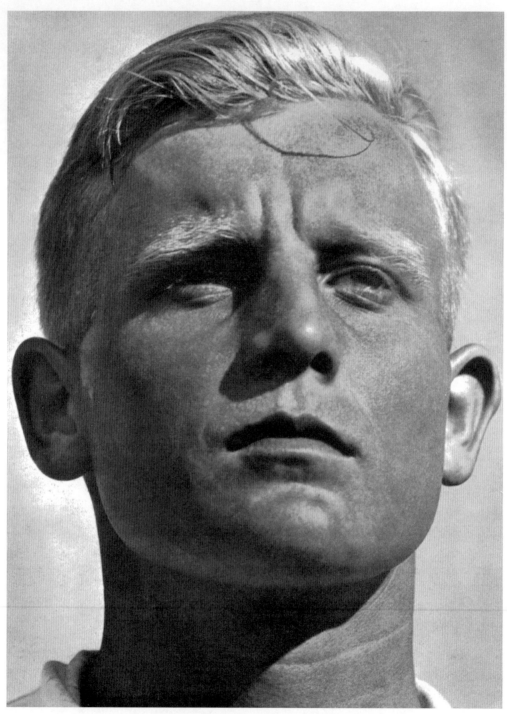

O amanhã pertence a mim: retrato de um membro da Juventude Hitlerista, que representa o tipo ariano ideal tão adorado da ideologia racista nazista, com o qual o próprio Hitler pouco se parecia.

o cônsul-geral de que merecia um tratamento respeitoso. Ele foi libertado com a condição de que informaria seu caso ao Comitê Militar de Salzburg para fins de avaliação. Em 5 de fevereiro de 1914, o comitê declarou-o incapaz para o serviço militar devido a uma reclamação não especificada e ele foi dispensado.

Hitler voltou à sua vida confortável e aos quartos em cima da alfaiataria até agosto, quando o antigo mundo imperial teve um fim repentino e violento.

CAPÍTULO 4
TEMPOS TURBULENTOS

DECLARAÇÃO DA GUERRA

Há uma famosa fotografia tirada da multidão na Odeonplatz de Munique no dia em que a guerra foi declarada, em agosto de 1914. Entre milhares de pessoas que aclamavam a notícia, está o jovem Adolf Hitler de 25 anos capturado em um momento de euforia. Seus compatriotas indubitavelmente compartilhavam seu patriotismo e a convicção de que a guerra iminente era justa e poderia terminar até o Natal. Para Hitler, no entanto, o conflito que se aproximava não se resumia a vingar o assassinato do arquiduque austríaco ou se posicionar ao lado de um aliado: era a "libertação" de uma vida monótona, sem objetivos, e como tal o evento o preencheu com um sentido de propósito.

"No meu caso, aquelas horas foram como um alívio do sofrimento que havia incidido sobre mim durante a infância. Não me envergonho de dizer que, levado pelo entusiasmo do momento, fiquei de joelhos e agradeci aos céus fervorosamente por me conceder a benção de poder viver em um tempo como esse."[9]

A guerra também lhe deu um sentido de identidade e a oportunidade de vingar a violação de sua Pátria-mãe. Hitler teve uma "boa" guerra por todos os motivos. Ele foi promovido a cabo no Regimento de List e sua coragem fez com que recebesse uma condecoração (Cruz de Ferro de 2ª Classe) em 1914, e outra (Cruz de Ferro de 1ª Classe) em 1918, mas seus camaradas não gostavam dele. Ele não foi promovido a um posto mais alto, pois os oficiais sabiam que os homens não acatariam suas ordens.

O COROA BRANCA

Havia algo de esquisito na conduta de Hitler que levava seus camaradas a se afastarem dele. Um deles recordou que ele olhava para seu rifle "com prazer, como uma mulher olhando para suas joias". Eles o chamavam de "coroa branca", pois ele jamais ria ou brincava, a menos que fosse respondendo ao infortúnio dos demais. Hitler desprezava seus ca-

Rosto na multidão: um Hitler jubiloso é fotografado na multidão quando a guerra é anunciada em 1914.

Nas margens: Hitler (à esquerda, marcado com uma cruz) com os soldados de seu batalhão durante a Primeira Guerra Mundial. Ele permanecia isolado de seus companheiros, por sentir que desrespeitavam seus oficiais e a Pátria-mãe.

maradas por sua falta de patriotismo e pelo desrespeito aos oficiais, e eles, por sua vez, desconfiavam dele, pois se mantinha isolado e não fazia esforço algum para se unir ao grupo.

Havia algo perturbador em sua limpeza compulsiva, que chegava a ser uma mania, e sua aversão quase religiosa a fumar, beber e a mulheres. Ele era conhecido no batalhão como "misógino", aquele que tem aversão às mulheres, e habitualmente professava aos camaradas sobre os riscos de relações inter-raciais. Em qualquer oportunidade, ele pregava sobre os malefícios do marxismo, maçonaria e da conspiração internacional dos judeus para o deleite de seus companheiros, que deliberadamente o provocavam de modo a aliviar o tédio da vida nas trincheiras.

"Todos o xingavam e o achavam intolerável, recordou um camarada, que ficou desconcertado pelo estranho jeito de Hitler esquivar-se da morte. Por repetidas vezes, ele escaparia ileso de um pesado bombardeio ou emergia desarmado de uma escaramuça em que outros haviam sido mortos ou feridos.

> "AS LUZES ESTÃO SE APAGANDO POR TODA A EUROPA. EU NÃO SEI SE AS VEREMOS ACESAS NOVAMENTE EM NOSSAS VIDAS."
> *Eduard Grey, 1º Visconde, Grey of Fallodon*[10]

Hitler em seu uniforme de campo por volta de 1915: chamadas próximas à morte alimentaram seu senso de destino.

As cartas e cartões postais que ele escrevia do *front* de batalha eram frios e formais, nada revelando do caráter do remetente – somente suas obsessões. Em sua correspondência ao seu senhorio, e ao padeiro que ofendeu sua sensibilidade lhe enviando um pacote do alimento, Hitler adverte sobre um "mundo de inimigos" e repete sua convicção inabalável de que ele tinha sido milagrosamente poupado de modo a cumprir uma missão especial. Não havia indícios de humanidade, somente de suas neuroses.

Mesmo após ter sido ferido no ombro por estilhaços de metralhadora em outubro de 1916, Hitler implorou para poder retornar ao *front* de modo que pudesse passar o Natal por lá, sozinho, no quartel-general, onde ele servia como mensageiro. Desde a morte de sua mãe, ele havia assegurado que estaria sozinho no Natal, uma prática que ele continuou, inclusive após sua ascensão ao poder. Sozinho no dia mais festivo do ano, ele podia desempenhar inteiramente o papel de mártir.

APUNHALADO NAS COSTAS

Quando o armistício foi anunciado em novembro de 1918, Hitler estava no Pasewalk Hospital, Pomerânia, onde se recuperava dos efeitos do gás cloreto inalado durante a batalha de Ypres no mês anterior. A derrota era algo que ele simplesmente não conseguia compreender, apesar de os Aliados agora terem os americanos a seu lado. Era intolerável pensar que a Alemanha havia capitulado após toda a privação e o sacrifício que o país suportara.

"Tudo começou a escurecer novamente diante de meus olhos. Cambaleando, tateei caminhando de volta até a enfermaria, me atirei na cama e enterrei minha cabeça ardente entre fronhas e travesseiros. Eu não tinha chorado desde o dia que fiquei ao lado do túmulo de minha mãe."

Foi então que nasceu o mito dos "Criminosos de Novembro". Os soldados alemães que não conseguiam se convencer a acreditar que suas todo-poderosas Forças Armadas haviam sido derrotadas começaram a falar de serem "apunhalados nas costas" pelos derrotistas no próprio país.

"Poderíamos ter encaminhado o conflito até uma condição favorável se... tivesse existido cooperação entre o Exército e os cidadãos. Mas enquanto o inimigo mostrava uma disposição ainda maior pela vitória, os interesses divergentes dos partidos começaram a se mostrar para nós... Não deve ser atribuída nenhuma culpa ao núcleo sadio do Exército... Ele é suficientemente objetivo com quem deve ser culpado." (General Hindenburg, novembro de 1919).

VERSALHES
Os termos excessivamente duros do Tratado de Versalhes, que impunha reparações punitivas sobre a Alemanha em junho de 1919, preparou o terreno no qual se criariam as raízes do nacionalismo extremo e do fruto amargo do fanatismo. Os termos, que incluíam a perda de todas as colônias estrangeiras, os arredores da Alsácia-Lorena para a França e a ocupação das estrategicamente vitais regiões do Saar e do Reno, tinham a clara intenção de punir e humilhar a Alemanha, da qual se exigiu que aceitasse toda a culpa pelas hostilidades.

No total, 13% do território alemão foram tomados pelos vitoriosos, o que significava que da noite para o dia 6 milhões de alemães perderam sua cidadania. Além disso, 20% da indústria do carvão, metalurgia e siderurgia alemães foram apropriados pelos vitoriosos, e o Exército Alemão foi reduzido a 100 mil homens –

Depressão e desespero. Após a Primeira Guerra Mundial, Berlim estava desprovida e o humor das pessoas era de melancolia. Logo haveria luta nas ruas entre esquerdistas e direitistas, e os nazistas começaram a se organizar para atingir o poder.

força essa que teria sido insuficiente para defender Berlim. A maior parte da Marinha alemã foi apoderada pelos britânicos, e a Alemanha foi proibida de possuir submarinos, tanques e artilharia pesada, bem como proibida de desenvolver uma força aérea.

Na realidade, a Alemanha foi despojada de seus ativos, foram negados a ela os meios de se defender e apresentada a conta pelos estragos e sofrimentos que havia causado – avaliados em 6.600 milhões de libras em 1921.

Os termos do tratado não eram negociáveis. Como dizem os franceses, foi um *fait accompli*, ou um *Diktat* (paz imposta), como denominado pelos alemães. Para aumentar o insulto ao dano percebido, também foi negada a inclusão da Alemanha como país-membro da recém-formada Liga das Nações, que implicava que a nação como um todo não era confiável mesmo em empreendimentos cooperativos como esse.

NASCIMENTO DE UMA REPÚBLICA

"Tempos extremos pedem medidas extremas". Esse foi o sentimento com o qual milhões de cidadãos alemães racionalizaram sua decisão de votar no Partido Nazista na década de 1920 – e com certa justificativa. Na esteira da Primeira Guerra Mundial, a Alemanha estava se despedaçando. Durante as últimas semanas da guerra, os generais tinham convencido o *Kaiser* Guilherme II a transferir poder ao Reichstag (o Parlamento alemão) de modo que eles pudessem culpar os políticos por sua derrota. Em 3 de outubro de 1918, o príncipe Max von Baden formava um novo governo e no mesmo dia pedia um armistício aos Aliados. O povo

alemão ficou chocado com a súbita capitulação, tendo acreditado no noticiário da imprensa que afirmava que era necessário apenas "mais um pequeno esforço" para assegurar a vitória final.

A reação imediata das tropas foi de se amotinar. Os marinheiros assumiram o controle do porto em Wilhelmshaven e a base naval em Kiel, bem como outras instalações-chave país afora, enquanto conselhos eleitos às pressas, formados por soldados e operários, tomavam o controle das principais cidades. Na Baviera, radicais da ala esquerdista proclamaram uma república socialista e uma série de greves e manifestações fizeram Berlim parar. Depois, num esforço de restabelecer a ordem, o *Kaiser* abdicou, e foi formado um novo governo sob a liderança de Friedrich Ebert. Em janeiro de 1919, foram realizadas eleições para a constituição de uma nova Assembleia Nacional, e no mês seguinte os membros se reuniram na cidade de Weimar, após isso Ebert declarou o fim do Império Alemão. O país era agora uma república, e ele, o seu presidente.

UMA EPIDEMIA DE EXTREMISMOS

Mas o nascimento da república foi, para dizer o mínimo, difícil. Ao longo dos cinco primeiros anos de sua vida, ela testemunhou uma sucessão de revoluções armadas e tentativas de golpes, pois extremistas de todos os lados do espectro político lutavam violentamente por controle. A resposta do governo foi formar os *Freikorps* – Corpos de voluntários armados –, que atuavam sob as ordens de ex-oficiais do Exército. Eles podiam acabar com desordens e atiravam em qualquer pessoa suspeita ou que apoiasse os insurgentes.

Uma nação rebelada: soldados e marinheiros revolucionários são mostrados mantendo as multidões sob controle em 1919 durante uma demonstração no lado externo do Palácio Imperial.

Havia anarquia nas ruas, com o Exército de um lado e os operários do outro. Os transportes e as comunicações pararam numa iniciativa de forçar os *Freikorps* a deter-se. Essa situação intolerável culminou no *Putsch* da Cervejaria de março de 1920, que somente terminou quando milhões de operários alemães baixaram suas ferramentas. Isso foi suficiente para forçar os líderes da insurreição, Wolfang Kapp e o general von Lüttwitz, a fugir de avião para a Suécia.

Ebert então ordenou que os *Freikorps* fossem dispersos, o que somente inflamou os radicais da direita. Eles prometeram continuar na luta, e com esse objetivo formaram organizações clandestinas e esquadrões da morte, o que provocou 354 assassinatos até o final de 1923. Não é verdade dizer que Hitler e os nazistas eram os únicos responsáveis por incitar o extremismo da ala direitista na Alemanha daquela época até um nacionalismo extremo que já atingia proporções epidêmicas na República de Weimar, descrita por uma testemunha como "uma república com poucos republicanos".

O Exército como um todo era solidário com a direita e, assim, não podia ser confiável que apoiaria o governo, embora os juízes tratassem os extremistas de direita com extraordinária leniência, solapando o Estado de Direito. A situação ficou ainda mais intolerável pelo fato de que após 1920 a república foi conduzida por governos de coalizão que não apenas discordavam como também lutavam para manter os comunistas e nacionalistas afastados de exercer qualquer influência política. Não surpreende o fato de que numa situação tão volátil e instável, houve um brado para que um "homem forte" trouxesse ordem ao caos.

Em 1925, o envelhecido marechal de campo Paul von Hindenburg foi eleito presidente da República em um esforço de restaurar a confiança na administração. No entanto, não era segredo que Hindenburg não era um apoiador da república, mas de fato favorecia a restauração da monarquia e o retorno do *Kaiser*. Nesse ponto, ele foi apoiado pelos Nacionalistas, que eram então o segundo maior partido no Parlamento, bem como os servidores civis, os industriais, os juízes e, mais significativamente, o Exército.

> "ESSA ERA UMA ÉPOCA EM QUE QUALQUER PESSOA INSATISFEITA COM OS ACONTECIMENTOS... SENTIA-SE CONVOCADA PARA FUNDAR UM NOVO PARTIDO."

UMA ABSURDA E PEQUENA ORGANIZAÇÃO

Muitos homens que sobreviveram aos horrores da guerra retornaram mais amargurados e desiludidos da denominada "guerra para terminar guerras", mas Hitler voltou para Munique mais amargurado do que a maioria. Não apenas sua crença na supremacia alemã estava abalada, mas ele também aderiu ao mito de que a verdadeira razão para a derrota não estava no campo de batalha, nem nos quartéis-generais, mas com os grupos anônimos de conspiradores que não tiveram coragem de continuar uma guerra de desgaste. Por ser um paranoico, ele assumiu pessoalmente essa traição e jurou vingança. Hitler não teve de esperar muito tempo, pois em setembro de 1919 seus superiores no Exército lhe designaram a tarefa de reportar sobre um pequeno partido político. A ideia era que ele frequentasse reuniões na qualidade de *Vertrauensmann* (o agente de confiança do Exército).

"Tratava-se de uma época em que qualquer pessoa que não estivesse satisfeita com os desenvolvimentos... sentia-se convocada a fundar um novo partido. Essas organizações nasciam em todas as partes, mas desapareciam silenciosamente após um período de tempo. Não julguei o *Deutsche Arbeiterpartei* – DAP (em português, Partido Operário Alemão) diferentemente."

O DAP era um grupo irregular de radicais do bairro com uma agenda racista, que abrigava menos de 60 pessoas e pequenas perspectivas de impressionar os políticos. Ele havia sido fundado por Anton Drexler, engenheiro ferroviário, e Karl Harrer, jornalista, com a intenção de criar um movimento nacional que melhoraria a situação dos trabalhadores. No entanto, nenhum deles tinha o dom da oratória ou de organização.

Hitler preferiu assistir à reunião na cervejaria Sterneckerbräu no distrito Tal da cidade, onde o DAP convidara um especialista em economia para falar sobre o tópico da "escravidão dos juros". Quando ele terminou, um membro do público levantou-se para discutir o caso da soberania bávara, que na época era uma questão espinhosa, porém tópica.

Isso enfureceu Hitler, que emergiu das sombras para abafar com gritos a voz do homem. Foi sua inabalável convicção e não a força de seus argumentos que impressionou Drexler, Harrer e o pequeno público. Todos concordaram que Hitler era um orador emotivo, que impressionava, com um jeito intimidador que não possibilitava discordâncias. Quando a reunião terminou, Drexler colocou um panfleto na mão de Hitler intitulado "Meu Despertar Político". Na manhã seguinte, Hitler leu o documento com interesse enquanto descansava em sua cama de campanha, em seu quarto.

Mais tarde, e naquele mesmo dia, ele recebeu um convite por escrito para se afiliar ao partido, mas naquele momento ele não tinha nenhuma intenção de fazê-lo. Posteriormente, ele alegou que havia pensado seriamente em criar seu próprio partido político e que somente tinha participado de uma segunda reunião de modo a dizer ao comitê que não tinha nenhuma intenção de juntar-se a uma "absurda e pequena organização".

Nessa segunda reunião, no Alto Rosenbade, na Herrenstrasse, foi discutida a condição deplorável dos fundos do partido entre o odor forte de cerveja e a fumaça viciada de cigarros. Como Hitler posteriormente lembrou em sua obra *Mein Kampf*: "Na luz tênue de um pequeno lampião de gás quatro pessoas estavam sentadas a uma mesa... Foram lidas as atas da reunião anterior e o secretário deu sua aprovação. Em seguida, apreciaram o relatório da tesouraria – somando-se tudo, o partido possuía sete marcos

e 50 centavos – para o qual o tesoureiro também teve as contas aprovadas. Isso também foi inserido na ata... Terrível, terrível! Este clube parecia ser da pior espécie. Eu iria me juntar a uma organização como essa?".

Em seu relato extremamente floreado da fatídica reunião, Hitler descreveu como lutou com sua consciência durante dias antes de decidir pela afiliação, mas que finalmente se submeteu ao destino. De fato, ele recebeu ordens para se unir ao partido por seu superior, tenente Mayr, que entendeu que a organização de extrema direita tinha o potencial de atrair ex-soldados e operários mantendo-os distantes de comunistas, que eram vistos como uma ameaça ao Exército e à estabilidade do Estado alemão.

APROVEITANDO O MOMENTO

Em janeiro de 1920, Hitler foi afiliado como o 55º membro do DAP. Esse registro posteriormente foi alterado para o número 7, de modo que parecesse como se ele estivesse no partido desde o início. Outro dos primeiros membros foi o dramaturgo Dietrich Eckhart, cujo vicio por álcool e morfina tinha provocado nele a internação forçada numa instituição de saúde mental, em que ele conseguia persuadir seus colegas de quarto a produzir suas peças. Eckhart foi uma influência inicial e significativa para Hitler. Ele o orientou na arte de falar em público, a reescrever seus discursos e artigos, melhorando sua fraca gramática e apresentando-o a seus amigos saudáveis, que se tornaram patronos do partido na esperança de que seus interesses seriam satisfeitos. No entanto, Eckhart não viveu para ver o partido assumir o poder. Ele

"A Palavra": pintura-propaganda de Hitler falando na Sterneckerbräu – dessas pequenas reuniões, ele expandiu a organização do partido Nazista até ele se tornar a legenda dominante.

morreria três anos depois de seu vício impenitente. Suas últimas palavras foram tomadas com um significado que talvez ele não poderia prever. "Não chorem por mim, pois eu devo ter influenciado mais a história do que qualquer outro alemão."

Durante os primeiros meses de sua afiliação, Hitler se ocupou datilografando convites para reuniões que eram feitas em um salão sombrio nos fundos da Sterneckerbräu, apenas para observar como os mesmos sete membros assumiam seus lugares no corredor vazio. Frustrado, ele colocou uma chamada em um jornal local e ficou emocionado quando mais de uma centena de pessoas apareceram de surpresa. Hitler ficou tão contente que ignorou as objeções de Harrer, fazendo um discurso improvisado, que foi entusiasticamente aplaudido. No mês seguinte, para o espanto dos membros do comitê, Hitler organizou uma reunião no Hofbräuhaus, que conseguia abrigar duas mil pessoas. Harrer ficou tão furioso que se demitiu, alegando posteriormente que foi o antissemitismo de Hitler que tinha forçado sua mão. Mas para a surpresa de todos a reunião foi um tremendo sucesso. O orador convidado era outro excêntrico "especialista" em economia e suas teorias foram recebidas com um silencio sepulcral pelo público cada vez mais inquieto. Aproveitando o momento, Hitler se levantou e começou um discurso longo e com muitas críticas contra os "Criminosos de Novembro" e os judeus.

"Houve uma porção de gritos, além de batidas violentas no hall... Após meia hora, os aplausos começaram a abafar o alarido e os gritos... Quando, cerca de quatro horas depois, o hall começou a esvaziar, eu sabia que agora os princípios do movimento, que não mais poderia ser esquecido, estavam se mobilizando entre o povo alemão."

O partido posteriormente foi renomeado – ele passou a ser o Partido Nacional Socialista dos Trabalhadores Alemães (*Nationalsozialistiche Deutsche Arbeiterpartei*, ou NSDAP, do qual deriva a palavra "nazi"). Seu manifesto, parte do qual pode ser visto agora, foi esboçado em grande parte pelo discurso de Hitler naquele dia, 24 de fevereiro de 1920.

Programa do Partido Nacional Socialista dos Trabalhadores Alemães:

1. Exigimos, com base no direito de nossa autodeterminação nacional, a união de todos os alemães em uma Grande Alemanha.
2. Exigimos a igualdade para a nação alemã entre outras nações e a revogação do Tratado de Paz de Versalhes e de Saint-Germain.
3. Exigimos terras (colônias) para alimentar o nosso povo e acomodar nosso excedente populacional.
4. Apenas um companheiro de mesma raça pode ser um cidadão. Apenas uma pessoa de sangue alemão, independentemente da denominação religiosa, pode ser um companheiro racial. Portanto, nenhum judeu pode ser um companheiro racial.
5. Os não cidadãos poderão viver na Alemanha somente como hóspedes e deverão ser regidos por uma legislação própria.
6. Portanto, exigimos que todas as agências públicas, independentemente do tipo – federais, estaduais ou locais –, tenham como titulares somente cidadãos. Nós nos opomos ao costume parlamentar corruptor de fazer considerações partidárias e não adotar os critérios de "caráter e competência" para as indicações de posições no governo.
7. Exigimos que o Estado cumpra sua tarefa primária de prover subsistência a todos seus cidadãos. Se for provada a impossibilidade de alimentar toda a população, os membros das nações estrangeiras (sem cidadania) deverão ser expulsos do país.
8. Qualquer imigração adicional de não alemães deverá ser evitada. Exigimos que todos os não alemães que entrarem na Alemanha após 2 de agosto de 1914 sejam forçados a deixar imediatamente o Reich.
9. Todos os cidadãos deverão ter direitos e obrigações iguais.
10. Deverá ser o dever de todo cidadão executar trabalho mental ou físico. A atividade individual não deverá violar o interesse geral e deverá ser realizada inserida na estrutura da comunidade e para o bem geral.

Entre os 15 pontos remanescentes do manifesto havia promessas de terminar todas as formas de receitas não auferidas (ou seja, juros sobre poupança e dividendos de ações), confiscar lucros de guerras, nacionalizar empresas e lojas, criar uma reforma total na educação e saúde, e para tanto era dito que ela seria conduzida por "companheiros da mesma raça". Ninguém poderia dizer que não tenha sido avisado. Mesmo naqueles dias iniciais, o partido não fez nenhuma tentativa de esconder seu raivoso racismo. O manifesto terminava com uma exigência por um "forte poder central" com autoridade incondicional sobre todo o Reich.[11]

No verão de 1920, Hitler adotou a suástica como o símbolo do NSDAP. O que no passado havia sido um emblema de unidade na tradição esotérica, agora se tornava a insígnia do fanatismo. Imagina-se que Hitler deve ter visto a sua utilização como um emblema dos partidos antissemitas austríacos, ou possivelmente como um brasão nos capacetes dos membros

DINHEIRO, DINHEIRO, DINHEIRO

Se é possível atribuir a um único fator que fez pender a balança a favor dos nazistas durante a era de Weimar foi a inflação desenfreada que viu os alemães comuns pagarem por um pãozinho o valor que outrora tinha sido o salário mensal. Os consumidores carregando em carrinhos de mão pilhas altas de marcos praticamente sem valor algum tornaram-se uma cena comum nas cidades e povoados alemães, um cenário que literalmente trouxe para os cidadãos comuns do país a precária natureza de sua economia e a ineficácia de seu governo. Os salários eram desvalorizados da noite para o dia e as economias pessoais eram varridas. Os empregadores eram forçados a remunerar os funcionários duas vezes ao dia de modo que pudessem comprar alimentos e bebidas para suas famílias antes que o marco perdesse um pouco mais de seu valor.

O problema tinha sido criado pelo Kaiser, que havia tomado empréstimos pesados para financiar a guerra, mas isso foi exacerbado pelo governo republicano que imprimiu mais dinheiro do que a economia conseguia suportar a fim de equilibrar suas contas. Na primavera de 1923, o governo gastava sete vezes mais do que recebia de receita, tendo sido forçado a comprar carvão no exterior. O Ruhr havia sido ocupado pela França desde que o governo alemão admitira que não conseguiria fazer mais pagamentos de reparação.

Em julho de 1914, a relação entre o dólar e o marco era de aproximadamente 4:1. No fim da guerra, era necessário praticamente o dobro de marcos para comprar um dólar. Em janeiro de 1923, um dólar comprava 18 mil marcos e no fim daquele ano, um dólar valia 4,2 bilhões de marcos. Em dezembro de 1918, um marco comprava dois pãezinhos. Em dezembro de 1922, um pãozinho custava 165 marcos e dentro de um ano o preço dele havia subido a 1,5 milhão de marcos. Os alemães perderam a paciência com seus deputados eleitos e, em pânico, acreditavam que qualquer coisa era melhor que essa situação. Numa condição como essa, estavam preparados para refutar quaisquer críticas que poderiam ter tido dos "excessos" nazistas e desejavam dar uma chance a esses nacionalistas extremados.

dos Freikorps que marchavam até Munique para debelar o Putsch da Cervejaria.

Independentemente da fonte, Hitler era suficientemente astuto para envolver seu novo símbolo nas armadilhas da tradição ao colocar a cruz negra em forma de gancho em um círculo branco ladeado de vermelho – as cores da antiga Prússia Imperial.

"No vermelho, vemos o ideal social do movimento, no branco, a ideia nacionalista, na suástica, a missão da luta para a vitória do homem ariano."

Mas poucos foram enganados, pois logo após os nazistas revelaram suas verdadeiras matizes ao desencadearem o desastroso Putsch da Cervejaria, ou Golpe de Munique .

O BANDO DE HITLER

Rudolf Hess foi o primeiro dos acólitos de Hitler a afiliar-se ao partido. Ele havia servido com o *Führer* na Grande Guerra, mas não causou impressão ao seu futuro líder. Foi só depois que ele ouviu Hitler discursar em uma assembleia em 1921, e depois de lhe apresentar um ensaio enaltecendo as qualidades do líder germânico ideal, que ele foi acolhido pelo grupo. Hess escreveu: "Apenas um homem do povo pode estabelecer autoridade... Ele, propriamente, não tinha nada em comum com as massas; como todo grande homem, ele tinha uma forte personalidade... Quando era a necessidade que dava as cartas, ele não se encolhia antes do

Em 1936, o NSDAP realizou sua reunião anual na Ópera de Munique. Na fileira da frente estão os membros mais renomados do partido Nazista, como Hess, Goebbels, Hitler e Goering.

banho de sangue... De modo a atingir seu objetivo, ele estava preparado para pisotear sobre seus amigos mais íntimos..."

Hitler era convenientemente lisonjeado para se ver retratado nesses termos e de imediato ofereceu ao ex-estudante de economia de 26 anos o papel de Secretário. Hess se submetia a ele com alegria, como um homem "derrotado por uma visão". Ele voltava para casa para ver sua esposa repetindo várias vezes 'o homem!', 'o homem!'. Ele havia encontrado o mestre a quem nascera para servir.

É tentador comparar o relacionamento do carrancudo Hess com Hitler, o imitador-mestre, como o do cataléptico César com Calegari, no clássico do cinema expressionista alemão. *O gabinete do Dr. Calegari*. O filme é rodado em um parque de diversões quando César, um sonâm-

Uma silhueta temida por muitos: Hermann Goering no Sportpalast de Berlim em 1935.

"Exibição pública de unidade: Hitler, privadamente, reclamava que seu subordinado Hess era um maluco.

bulo, é exibido pelo Dr. Calegari. Durante a noite, ainda adormecido, César assassina silenciosamente um residente da cidade mais próxima sob as ordens de seu mestre.

De fato, um dos professores de Hess na Universidade de Munique descreveu o olhar desconcertante de seu aluno como o de um "sonâmbulo" e recordou que ele era excepcionalmente "lento" e "sem vida". Hitler valorizava a obediência sem questionamentos de Hess e sua deferência, mas admitia achar que o companheiro era uma pessoa maçante.

"Cada conversa com Hess se tornava uma tensão insuportavelmente atormentadora", disse Hitler.

Ele usava Hess como fazia com todos os outros que entravam em sua esfera de influência, mas desprezava a falta de inte-

Joseph Goebbels na companhia de um jovem Hitler: o ministro da propaganda poderia, alegou ele, desempenhar a vontade popular como um piano, fazendo com que todo o povo alemão dançasse ao som de sua melodia.

resse de seu súdito em arte e cultura. Ele também pensava que a obsessão de Hess com terapias alternativas excêntricas, dietas biodinâmicas e ideias esotéricas, como a astrologia, eram sintomáticas de uma mente confusa e desordenada.

Hermann Goering era, no conjunto, uma figura mais formidável. Ex-piloto de caça do famoso esquadrão do Barão von Richthofen, ele se via como um herói de guerra, aristocrata e caçador de animais ferozes. No entanto, estava mais interessado em adquirir medalhas e novos uniformes do que em vencer a guerra. Sua imagem avuncular, jovial, ocultava uma natureza mesquinha, vingativa, que o levava a carregar um caderninho preto em que registrava, para uma futura conta a ser paga, o nome de qualquer um que o ofendesse. Foi Goering quem instalou os primeiros campos de concentração e também foi ele quem criou a Gestapo. Após sua afiliação ao partido em 1921, sua primeira posição foi a de representante da SA (*Sturm Abteilung,* ou tropas de assalto, ou "camisas marrons"), mas logo foi promovido para a posição de líder substituto. O único homem a quem temia era Hitler, que lhe prometera um ativo e proeminente papel na luta que se aproximava.

"Eu me afiliei ao partido porque era um revolucionário", Goering se gabava, "não por causa de bobagens ideológicas".

Mal alcançando um metro e meio de altura e incapacitado por mancar, Paul Joseph Goebbels não era a figura mais imponente do partido, mas tinha uma personalidade formidável. Um cáustico e com língua afiada mestre da manipulação, seus inimigos o apelidaram de "o anão venenoso". Ele havia estudado em oito universidades antes de, finalmente, obter seu doutorado, após o que tentou e não conseguiu se estabelecer como dramaturgo e jornalista. No entanto, encontrou seu caminho quando ouviu Hitler discursar no Circo Krone, em Munique, em junho de 1922.

"Naquele momento, eu renasci!", ele exclamou. Quando Hitler foi encarcerado em Landsberg após o Golpe da Cervejaria (ver a seguir), Goebbels escreveu-lhe uma carta efusiva com a intenção de fazer com que o líder lembrasse seu nome.

"Como uma estrela ascendente, você apareceu diante de nossos olhos maravilhados, realizou milagres para clarear nossas mentes, e, em um mundo de ceticismo e desespero, nos deu fé... Você indicou a necessidade de uma geração inteira... Um dia a Alemanha lhe agradecerá."

Ele seguiu a carreira de seu *Führer* com interesse desde aquele dia, mas sempre dos bastidores, pois suas visões socialistas conflitavam com as de Hitler. Goebbels acreditava que o Estado tinha direito à propriedade e à riqueza deixada para trás pela família real. Essa era uma questão que ele estava preparado para defender em um debate público com seu ídolo. Em Bamberg, em 14 de fevereiro de 1926, ele conseguiu realizar seu desejo, mas foi o magnetismo pessoal e os poderes de persuasão de Hitler que aparentemente converteram Goebbels, mais do que a lógica de seus argumentos.

Uma anotação no diário de Goebbels, de 13 de abril, evidencia a profundidade de sua devoção:

"[Hitler] pode fazer você duvidar de suas próprias convicções... Agora, eu me sinto à vontade com ele... Eu reverencio esse grande homem, o gênio político."

Em outubro de 1926, Hitler recompensou seu "fiel e sólido apoiador" apontando o jovem de 29 anos para a posição de *Gauleiter* (líder distrital) de Berlim, com ordens para conter os brutos fanáticos da SA e dispersar os comunistas da capital. Goebbels deu a Hitler a certeza de que não o desapontaria.

Sem dúvida, a figura mais sinistra do círculo fechado dos nazistas era Heinrich Himmler, ex-secretário de Gregor Strasser, que se tornou chefe da SS, a guarda pretoriana de Hitler, em 1929. Ele tinha apenas 28 anos. Naquela época, o burocrata de óculos comandava somente 200 homens, mas após quatro anos esse número subiria a 50 mil e ele introduziria um programa rígido de seleção que

Heinrich Himmler (o quarto a partir da esquerda, fileira da frente) se via como um regente num tipo de Camelot nazista.

Alfred Rosenberg era um famoso antissemita com influência muito grande na ideologia nazista.

garantiria que as tropas com uniforme negro fossem vistas como de elite. Curiosamente, o magro e forte hipocondríaco não conseguia preencher seus próprios critérios de entrada na Força, pois ele era míope e se queixava de dores crônicas no estômago, além de supostamente ficar nauseado com a visão de sangue. No entanto, Himmler, assim como Hitler, pretendia que outros fizessem essas matanças por ele.

Para compensar suas deficiências físicas, Himmler desenvolveu uma faceta mística em que acreditava ser a reencarnação do rei Henrique I, o Passarinheiro, fundador do Primeiro Reich. Como resultado, ele podia alegar que sua força vinha do espírito – algo que ninguém poderia testar e descobrir.

Outros ilustres da liderança do partido em seus primórdios incluíam o excêntrico "filósofo" Alfred Rosenberg, que substituiu o enfermo Eckhart como editor do jornal do partido. "Hitler me valoriza muito, mas ele não gosta de mim", ele admitia publicamente.

A reputação de Rosenberg repousava em ser o autor do horrendo tomo antissemita *The Myth of the 20th Century*, que rivaliza com o *Mein Kampf* pela distinção de ser um dos livros de maior vendagem menos lidos na história.

RADICAIS DO SALÃO DOS FUNDOS

A partir do momento em que Hitler entrou no partido, não era permitido que ninguém o sobrepujasse no palco. Não era tolerada nenhuma oposição. Os dissidentes eram afogados pela torrente de palavras que irrompiam dele como se um dique houvesse transbordado. Hitler havia encontrado sua voz e sua plataforma, o partido tinha seu novo orador e suas sortes estavam asseguradas.

Um apoiador inicial do partido, Kurt Ludecke, descreveu o poder que Hitler exercia sobre as plateias naqueles dias.

"Quando ele falou da desgraça da Alemanha, eu fiquei preparado para atacar qualquer inimigo... Tive uma exultação que podia se comparar somente à de uma conversão religiosa."

No entanto, a crescente influência de Hitler no partido não se devia inteiramente ao poder de sua personalidade. Os membros estavam impressionados com a infusão de fundos praticamente ilimitados que seus camaradas do Exército tinham colocado à sua disposição, contanto que ele assumisse o controle da organização.

Hitler caminha à frente de Ernst Röhm à medida que passam pelas companhias com bandeiras nazistas em Franzen Feld, Brunswick. O matador Röhm prometeu a seus homens cervejas gratuitas e uniformes, e o máximo de ação que eles pudessem aguentar.

Os discursos raivosos de Hitler começaram a atrair um número crescente de simpatizantes da direita às reuniões mensais na cervejaria de Munique, mas apoiadores da oposição comunista também se amontoavam nos fundos do *hall* impregnado de fumaça de cigarro. Eles tinham a intenção de interromper os progressos do partido. O pugilismo e o aquartelamento se tornaram comuns, e

Hitler determinou que fossem erradicados graças a um recrutamento, o que foi eufemisticamente descrito como um detalhe de segurança. Os membros da SA (*Sturmabteilung*) foram recrutados por Ernst Röhm, um ex-matador de pescoço grosso do Exército. Ele prometeu a seus homens cerveja e uniformes gratuitos, e o máximo de ação que pudessem aguentar. No entanto, Hitler tinha outra razão para desejar se cercar de pessoas fortes. A SA serviria para intimidar a oposição quando ele sentisse que era o momento apropriado para assumir a liderança do partido. As posições dos membros das tropas de assalto de camisas marrons aumentavam praticamente com a mesma rapidez que o público, que agora escutava os discursos de Hitler ininterruptamente. Todos os opositores eram implacavelmente silenciados no beco dos fundos da cervejaria quando soavam as palavras de Hitler.

"O objetivo da SA é unir os membros jovens do partido para que se forme uma organização sólida, de modo que ela coloque sua força à disposição de todo o movimento para atuar como um aríete."[12]

Hitler era mais explícito quando descrevia o papel que a SA desempenharia na luta que estava por vir.

"O movimento Nacional-socialista irá no futuro interromper implacavelmente – se necessário por força – todas as reuniões ou palestras que provavelmente distraiam as mentes de nossos caros conterrâneos."[13]

A contribuição de Röhm para a ascensão do partido não ficou limitada a oferecer proteção e persuasão. Como oficial do Exército, ele tinha influência junto às autoridades da Baviera, que se omitiam com a violência nazista e a intimidação de seus políticos rivais. Eles acreditavam que os nazistas esmagariam a ameaça marxista na região. Porém, no período de 10 anos, eles já estavam considerando que as táticas de gângsteres dos "camisas marrons" de Röhm empanavam a imagem do partido e seus casos homossexuais eram um constrangimento que a liderança não estava preparada para tolerar. Em 1934, Hitler ordenaria sua execução e a de centenas de líderes da SA em uma carnificina conhecida como a Noite dos Longos Punhais. Essa era a "política" nazista na prática.

LUTAS INTERNAS

Alguns meses após sua afiliação ao partido, Hitler havia pressionado Drexler para apontá-lo como chefe da propaganda. Depois, como havia planejado, ele forçou os fundadores a elegê-lo líder no verão de 1921, após encenar um ataque de cólera e ameaçar abandoná-los caso não deixassem seu caminho livre.

Hitler havia se tornado extremamente autocrático para o gosto do partido e muito mais ambicioso. Em uma aposta para popularizar o partido para além da Baviera, ele havia viajado para Berlim de modo a negociar com os nacionalistas do norte da Alemanha. Enquanto isso, Drexler estava considerando formar uma aliança com o Partido Socialista Alemão, que era baseado em Nuremberg e liderado pelo sádico sedutor de judeus Julius Streicher, editor do *Der Stürmer*. Aparentemente o partido se dividiria antes mesmo de causar alguma impressão. Hitler retornou para Munique e tomou conhecimento de que seu próprio partido estava tramando contra ele, imprimindo panfletos injuriosos que atacavam sua liderança e lealdade.

"A ânsia por poder e ambição pessoal provocaram o retorno de Adolf Hitler ao seu posto após seis semanas de permanência em Berlim, da qual o propósito não havia sido revelado. Ele considera o tempo como apropriado para trazer desunião e dissidência em nossas posições por meio de pessoas suspeitas

"Ser judeu é crime": pôster para uma edição especial antissemita do *Der Stürmer*.

que atuavam pelas costas dele e, posteriormente, pelos interesses dos judeus e seus amigos. Ficava cada vez mais claro que seu propósito é simplesmente usar o Partido Nacional Socialista como um trampolim para suas intenções imorais e para se aproveitar da liderança de modo a forçar o partido a traçar uma diferente trajetória no momento psicológico... Não cometam erros. Hitler é um demagogo."

Uma acusação condenável, é claro, mas uma oportunidade da qual Hitler

---

O GENUÍNO NACIONAL-SOCIALISTA[14]

Qual é o primeiro preceito de um Nacional-Socialista?

Ame a Alemanha, acima de qualquer coisa, e seus companheiros alemães mais do que a si mesmo! ...

O que significa ser um Nacional-Socialista?

Ser um Nacional-Socialista não significa nada além de: Luta, Fé, Trabalho e Sacrifício!

O que os Nacionais-Socialistas desejam para nós mesmos?

Nada! ...

O que une os Nacionais-Socialistas nessa luta pela liberdade alemã dentro e fora de nossas fronteiras?

A consciência de pertencer a uma importante comunidade imbuída com um espírito de inovação radical, e cujos membros serão companheiros mútuos, nos bons momentos e nos momentos ruins.

Qual é a senha do Nacional-Socialista para a liberdade?

Deus ajuda àqueles que se ajudam! ...

se aproveitou de modo a reforçar sua influência no partido. Sob ameaça de uma ação judicial, os dissidentes foram forçados a recuar, e Drexler foi efetivamente posto de lado quando aceitou o posto de presidente honorário. Hitler agora era reconhecido como o presidente do partido.

DISSEMINANDO A PALAVRA

Quando a popularidade do partido aumentou, Hitler começou a fazer reuniões em salões maiores e em locais ao ar livre. As massivas posições empunhando faixas da SA causavam uma impressão memorável na imprensa e nos dignitários visitantes com sua disciplina militar e noção de ordem.

Um dos primeiros estrangeiros a informar sobre o movimento crescente foi o capitão Truman Smith, um assistente militar adido à Embaixada Americana em Berlim. Ele havia sido transferido para Munique para avaliar a importância do partido e de seu novo líder. Seu relatório, datado de 25 de novembro de 1922, esclarece que Hitler estava se tornando uma força a ser reconhecida.

"A força política mais ativa da Baviera no momento é o Partido do Operariado Nacional-socialista. Menos um partido político, e mais um movimento popular, ele deverá ser considerado como a cópia bávara dos fascistas italianos... Recentemente, o partido obteve uma influência política muito desproporcional à sua força numérica...

Adolf Hitler, desde o início, tem sido a força dominante do movimento, e a personalidade desse homem tem, sem sombra de dúvida, sido um dos principais fatores que contribuíram para o seu su-

cesso. Sua capacidade de influenciar uma assembleia popular é sobrenatural."

Antes de retornar a Berlim, o capitão Smith conseguiu obter uma entrevista privada com Hitler em seu alojamento, que o entrevistador escreveu em seu diário como um "quartinho vazio no segundo andar de um sobrado na Thierschstrasse, 41, um bairro de classe média baixa. Posteriormente, ele registrou suas impressões sobre o homem que ele considerava ser "um maravilhoso demagogo", escrevendo: "Raramente ouvi um homem tão fanático e lógico".

No período de um ano, Hitler tentaria cumprir sua promessa de dividir o poder na cidade pela força.

GOLPE NA CERVEJARIA

"Eu lhe dou minha palavra de honra que, jamais, no tempo que eu viver, perpetrarei um golpe de Estado!",

Hitler garante ao ministro do interior da Baviera, verão de 1923.

Em novembro de 1923, Hitler estava impaciente por poder. Ele deixara de ser um agitador de praças públicas para se tornar uma figura proeminente no movimento radical nacionalista. Hitler havia assistido com assombro aos documentários da marcha de Mussolini sobre Roma no ano anterior e estava inspirado para tentar um golpe de Estado similar na Alemanha. Sua ideia inicial era mobilizar as várias forças nacionalistas antirrepublicanas da Baviera, e com esses grupos o apoiando conseguir o suporte das ligas patrióticas armadas e do Exército de Röhm. Todos então marchariam sobre Berlim com Hitler no comando da coluna. Era um audacioso e absurdamen-

cioso plano que estava fadado ao
o.

te do problema é que naquele mo-
o povo apoiava a administração
imar, que estava desafiando aber-
te a ocupação francesa do Ruhr
parecia favorável a uma rebelião
da. Mas o comando da SA estava
aciente para agir, pois as autoridades
vam ameaçando fechar o jornal do
tido e prender os líderes dos grupos
nados a quem Hitler pretendia se unir.

"O dia está chegando", foi o aviso que
e deu o tenente-comandante Wilhelm
rueckner, "quando não serei capaz de
onter os meus homens. Se nada aconte-
er agora, eles se afastarão de nós."

Com medo de ser abandonado por
suas "tropas", Hitler entrou em pânico e deu ordens para a tomada da cidade.

O plano original era
interromper uma pa-
rada militar no Me-
morial Day, 4 de no-
vembro, e tomar os
dignitários visitantes
como reféns. Entre eles,
o príncipe coroado Rup-
precht e três líderes regio-
nais – o comissário do Estado
von Kahr, o general von Lossow, e
o coronel Hans von Seisser, chefe da Polícia do Estado. No entanto, o plano teve
de ser abortado, pois os conspiradores foram informados de que a Polícia armada
havia fechado a rota de seus ataques por
precaução.

Foi esboçado rapidamente um plano
alternativo para a manhã de 11 de novembro, Dia do Armistício. A SA atacaria
pontos estratégicos na cidade enquanto

um destacamento tentaria forçar Kahr,
Lossow e Seisser a aderir à revolução.

Foi definida uma data, mas ela tinha
de ser acordada, quando Hitler tomou
conhecimento que os três líderes regio-
nais iriam fazer uma reunião pública na
Bürgerbräukeller nos subúrbios de Munique em 8 de novembro. Eles temiam
que o objetivo da reunião fosse procla-
mar a independência da Baviera juntamente com a restauração da monarquia
– assim, era agora ou nunca!

BLEFE E ERRO

Às 20h45 da noite de 8 de novembro,
Hitler liderou um grande destacamento
da SA até a Bürgerbräukeller e ordenou
que houvesse um cerco. Foi montada uma
metralhadora na entrada, e as saí-
das do fundo foram fechadas.

Hitler irrompeu no recin-
to, interrompendo a fala
de Kahr, enquanto as
pessoas, atônitas, sen-
taram-se em silêncio,
inseguras do que esta-
va ocorrendo. Elas não
tiveram de esperar mui-
to tempo para descobrir.

Hitler subiu em uma mesa
enquanto brandia uma pistola
e fez um disparo para o teto. Em
seguida, pulou até o chão e cambaleou
pesadamente até o palco. Acenando com
a arma fumegante para um policial idoso, ordenou para que ele desse um passo
para o lado – o que ele fez, juntamente
com Kahr. Isso deixou o palco livre para
Hitler se dirigir à multidão.

"A Revolução Nacional está começando! Este edifício está ocupado por
600 homens fortemente armados. Nin-

> "DOU MINHA PALAVRA
> DE HONRA QUE JAMAIS,
> ENQUANTO EU VIVER,
> DAREI UM GOLPE!"
> *Adolf Hitler*

guém poderá deixar o salão. A menos que todos fiquem imediatamente quietos, eu terei uma metralhadora postada na galeria. Os governos da Baviera e do Reich foram destituídos, e formado um governo nacional provisório. Os quarteis do Reich e a Polícia estão ocupados. O Exército e os policiais estão marchando na direção da cidade com estandartes da suástica.

A última parte da declaração de Hitler era uma mentira. No entanto, a multidão estava intimidada pela presença dos membros armados da SA. Mas não por causa de Hitler – uma testemunha descreveu-o com uma "aparência ridícula" em seu casaco mal ajustado. E em seguida disse:'Quando vi Hitler pular sobre a mesa naquele traje ridículo, pensei: pobre garçonzinho!'"

Algumas pessoas chamaram a Polícia para defender-se, mas o apelo não foi ouvido, pois o órgão secretamente havia recebido ordens para não resistir. Um infiltrado nazista na força havia telefonado para o oficial comandante no início daquela noite advertindo-o do que estava para acontecer. Em seguida, Hitler conduziu os três líderes até uma sala escura sob a mira de um revolver e ameaçou atirar neles caso não se unissem ao novo governo. Enquanto isso, Goering estava tentando pacificar a multidão que resmungava no salão, lembrando-os de que não tinham nada a temer e que ganhariam cervejas gratuitamente.

Em 1938, Hitler e seus capangas marcham para comemorar o Putsch de Munique de 1923. Vista por seus olhos, uma farsa desorganizada tinha se tornado uma vitória gloriosa para os primeiros nazistas.

O general von Ludendorff ficou furioso ao saber que Hitler tinha usado seu nome em vão.

Kahr aproveitou a oportunidade e falou que tudo era um blefe de Hitler, revelando que o ex-cabo era um sujeito trapaceiro. Cercado, Hitler usou todos seus recursos, anunciando que tinha o apoio do general von Ludendorff, herói da Primeira Guerra Mundial, e que o general estava a caminho de encontrá-los para pedir-lhes que reconsiderassem a oferta de união com os rebeldes.

Na realidade, o general havia sido mantido nas sombras em relação ao golpe e quando chegou ao salão ficou lívido ao descobrir que seu nome havia sido usado para endossar uma iniciativa tão caótica. Ele também ficou furioso ao saber que Hitler pretendia se declarar líder do novo regime, enquanto ele, Ludendorff, seria relegado ao posto de comandante do Exército. Mas na mente do antigo soldado a espada havia sido desembainhada e não poderia retornar à sua bainha sem desonra. Ele acreditava ter pouca escolha a não ser dizer aos três reféns que seria do interesse da Alemanha se eles aderissem à causa. Nesse interim, Hitler retornou ao salão onde as pessoas estavam ficando impacientes e as informou que seus líderes tinham concordado com a formação de um novo governo.

"Amanhã ou teremos um governo nacionalista na Alemanha ou todos nós morreremos!"

Essa declaração foi saudada com manifestações de êxtase que persuadiram os homens do fundo do salão de que poderia ser melhor aderir à turba naquele momento. Foi então que Hitler cometeu um erro crucial. Ele deixou a Bürgerbräukeller para resolver um conflito entre um batalhão da SA e uma unidade regular do Exército no Quartel da Engenharia, deixando o general von Ludendorff no comando. A seguir, o general libertou os líderes da oposição, pensando que eles organizariam suas forças em apoio ao golpe. Ao contrário, eles imediatamente mobilizaram o Exército e a Polícia, que se posicionaram no centro da cidade para esperar os rebeldes.

Ninguém havia pensado em cortar as comunicações com o mundo exterior, de modo que logo que as primeiras notícias de que estava ocorrendo uma revolta armada chegou a Berlim foram dadas ordens ao Exército bávaro para contê-la antes que ela pudesse se espalhar. O comissário do Estado, Gustav von Kahr, inclusive teve tempo para imprimir e distribuir cartazes por toda a cidade, que refutavam os boatos de que haviam cedido às exigências dos rebeldes, e os denunciavam como traidores.

"A fraude e a perfídia dos ambiciosos camaradas haviam convertido uma demonstração em uma cena de repulsiva violência. As declarações emitidas por mim, general von Lossow, e pelo coronel Seisser, sob a mira de um revólver, são nulas e vazias. O Partido Nacional Socialista dos Trabalhadores Alemães bem como as ligas de combate Oberland e Reichskriegsflagge estão dissolvidos."

O BLEFE FINAL

Tendo voltado à cervejaria para descobrir que sua revolução estava se desenredando, Hitler agora ficara em pânico sobre qual o próximo passo a dar. Ele não poderia cancelá-la, mas sem os reféns teria pouca chance de sucesso. Foi Ludendorff quem despertou o desmoralizado demagogo. O general acusou Hitler da ação por ser um derrotista e um revolucionário, e um revolucionário de cadeira de balanço. A única opção aberta para eles, o general lhe assegurou, era tentar outro blefe.

Próximo da meia-noite, eles reuniram suas forças no jardim da cervejaria e marcharam ao longo da estreita Residenzstrasse abaixo na direção da Odeonplatz, com Ludendorff no comando. Embora possa ter sido afirmado que havia cerca de três mil homens armados marchando

atrás de Hitler e do general naquela manhã, eles não pareciam tão intimidadores como esperavam.

"Se você visse um de nossos esquadrões de 1923 marchando, poderia perguntar: 'De que asilo eles estão escapando?'", Hitler confessaria mais tarde. A presença deles, no entanto, era suficientemente alarmante para atrair um destacamento de cem policiais armados que os esperavam no final da rua estreita. Eles tinham o apoio de uma unidade do Exército na retaguarda. Quando a força rebelde entrou na praça, Hitler sacou a pistola do bolso e exigiu a rendição dos policiais.

Após um momento, ouviu-se um disparo – ninguém sabe quem atirou primeiro – e os policiais deram uma saraivada de tiros na coluna que avançava. Dezesseis nazistas morreram, enquanto seus líderes se espalharam ao som dos primeiros tiros.

Hitler estava com os braços entrelaçados com o homem que marchava ao seu lado e foi puxado para baixo quando seu companheiro foi atingido. De acordo com diversas testemunhas, inclusive uma dos pretensos rebeldes, Dr. Walter Schulz, Hitler "foi o primeiro a levantar e dar meia-volta". Ele escapou em um carro que o esperava apenas para ser preso alguns dias depois, escondido no sótão de um apoiador. Foi reportado que ele estava furioso.

Hermann Goering, que era uma figura formidável do partido, tanto por causa de sua corpulência como por ter a

> **"AMANHÃ OU TEREMOS UM GOVERNO NACIONALISTA, OU TODOS NÓS MORREREMOS!"**

ferocidade de um buldogue, ficou gravemente ferido, mas conseguiu ser tratado por um médico judeu local. Depois, ele foi levado às escondidas até um local seguro na Áustria, onde suas dores foram aliviadas com morfina, droga pela qual se tornou viciado. Hess também abandonou seus companheiros caídos e correu. Ele por fim encontrou proteção temporária cruzando a fronteira com a Áustria, mas posteriormente foi preso. Apenas Heinrich Himmler escapou sem ser notado. Ele não havia sido reconhecido pelas autoridades quando elas recolheram os desgarrados, de modo que ele conseguiu se esgueirar pelas ruas laterais e caminhou até a estação ferroviária, onde pegou um trem para casa.

O general Ludendorff, o comandante nominal do golpe abortado, recebeu salvo-conduto para passar pelas linhas dos policiais, sendo tratado com o respeito merecido como um ex-soldado confundido que havia sido desencaminhado.

Encenando o papel de mártir. Hitler em sua surpreendentemente luxuosa cela na prisão de Landsberg.

O JULGAMENTO DE HITLER

A tentativa de golpe foi um desastre humilhante para os nazistas e um fracasso pessoal para Hitler, cuja carreira política parecia estar em frangalhos. Mas o julgamento mostrou-se um triunfo. Asseguraram a Hitler que os juízes eram solidários às causas da ala direitista. Ele estaria seguro se argumentasse que era errado condená-lo por traição quando ele somente tentava derrubar aqueles que tinham tomado o poder do *Kaiser*. Chamando a atenção para o julgamento antes da imprensa mundial, ele fez um dos discursos mais apaixonados de sua vida. Durante quatro horas, ele argumentou que não era um traidor, e sim um contrarrevolucionário que pretendia restaurar a honra da nação.

Surpreendendo aqueles que esperavam que ele negasse a cumplicidade na trama, como os conspiradores do Putsch da Cervejaria tinham feito anos antes, ele voluntariamente admitiu seu envolvimento. Lá estava Adolf Hitler, o ator, apreciando seu momento nos holofotes, sabendo que cada uma de suas palavras seria gravada pelos jornalistas.

"Eu assumo sozinho a responsabilidade, mas não sou um criminoso por causa disso. Se hoje estou aqui de pé como um revolucionário, é como um revolucionário contra a revolução. Não há essa coisa de traição contra os traidores de 1918."

Tampouco ele negava que sua participação no Putsch fora motivada por ambições pessoais.

Julgamento de Hitler, 1924: uma das poucas fotografias remanescentes de um evento que se tornou um golpe de propaganda.

"O homem que nasce para ser ditador, não é compelido. Ele deseja isso. Ele não é forçado para frente, e sim por sua própria força... O homem que se sentir convocado para governar um povo não tem o direito de dizer: 'Se vocês me querem, convoquem-me, eu cooperarei'. Não! A sua tarefa é dar o primeiro passo."

Ao encerrar o discurso, ele virou-se para os juízes. "Não serão os senhores, cavalheiros, que nos julgarão. Os senhores poderão nos pronunciar como culpados milhares de vezes, mas a Deusa do eterno tribunal da história sorrirá e rasgará o sumário da Promotoria do Estado e a sentença desse tribunal em pedaços, pois Ela nos absolve."

Segundo o artigo 81 do Código Penal alemão, os juízes foram obrigados a considerá-lo culpado por incitamento de uma rebelião armada, mas mostraram sua solidariedade ao impor-lhe uma pena mínima de cinco anos, sabendo que ele cumpriria apenas uma fração desse tempo. Hitler havia perdido a causa, mas ganhou a admiração dos nacionalistas alemães, e a publicidade transformava-o em uma figura nacional. Os nove meses que ele passaria na prisão de Landsberg resultaram nos mais produtivos de sua vida.

MEIN KAMPF (MINHA LUTA)

A vida em Landsberg era a mais próxima do luxo que Hitler experimentara até então. Foi-lhe concedida uma cela privativa mobiliada e com vista para o Rio Lech, e ele era atendido tanto pelos prisioneiros como pelos guardas. Cada um deles considerava uma honra atuar como seu empregado. Ele dormia até o meio-dia todos os dias, e lhe era permitido se abster dos exercícios, que ele desprezava. O motivo era que os líderes políticos não podiam se dar ao luxo de participar de atividades esportivas e outras atividades frívolas no caso de serem derrotados.

Um fluxo contínuo de visitantes dava-lhe presentes, fornecendo-lhe um público muito desejado e, em seu 35° aniversário, admiradores lhe enviaram frutas, flores e vinhos de todas as regiões da Alemanha. No fim do dia, a "cela" parecia uma "mercearia de produtos finos".

Quando o gerente de negócios do partido, Max Amann, se ofereceu para publicar suas memórias, Hitler abraçou a oportunidade para aliviar o tédio. Ele começou a ditar o texto para seu fiel secretário e servidor Rudolf Hess, que corrigia a fraca gramática do líder e tentava formatar seus monólogos aleatórios, desconexos, em algo coeso e conciso. Não era fácil. Hitler podia discursar sobre qualquer assunto que escolhesse, e quando encontrava o seu tom de voz, as palavras jorravam em uma torrente. Era difícil e exaustivo mantê-lo focado em um único assunto. Mas Hess contava com a ajuda de dois jornalistas antissemitas, Father Bernhard Staempfle e Josef Czerny, do *Völkischer Beobachter*, os quais amenizavam o tom e, inclusive, editavam algumas das passagens mais inflamadas.

Quando finalizado, o manuscrito foi enviado a Amann, que ficou horroriza-

do ao descobrir que a história do golpe abortado havia sido relegada a um par de sentenças. As demais 782 páginas eram dedicadas a discursos sobre qualquer tópico que seu autor acreditava ser especialista. Eles variavam de histórias em quadrinhos a doenças venéreas, sobre os quais Hitler divagava por dez páginas. Até o título convidava ao menosprezo. Com uma única revisão, Amann reduziu os pesados *Viereinhalb Jahre [des Kampfes] gegen Lüge, Dummheit und Feigheit* (Quatro anos e meio de luta contra mentiras, estupidez e covardia, em português) para *Mein Kampf* (Minha Luta). Ele então insistiu na publicação do enfadonho tomo de dois volumes, cada um com 400 páginas, mas mesmo esse formato não garantiu números razoáveis de vendas. Em 1925, primeiro ano de publicação, foram vendidos cerca de 10 mil exemplares, e, em anos subsequentes, as vendas declinaram até 1933.

Naquele momento, Hitler se tornou chanceler, e era exigido que cada alemão leal possuísse um exemplar.

Em 1940, tinham sido vendidos somente na Alemanha 6 milhões de exemplares, e muitos outros milhares no exterior, o que transformava seu autor em milionário. No entanto, é difícil acreditar que mais de mil pessoas conseguiram ler a obra até o fim. Isso foi desastroso, pois conforme observado por William L. Schirer, autor de *The Rise and Fall of the Third Reich*:

"O plano do Terceiro Reich e, ainda mais importante, da bárbara Nova Ordem que Hitler infligiu à Europa conquistada... são esboçados em toda sua crueldade nas páginas deste livro revelador."

Aperfeiçoando a pose: essa sequência de fotografias ilustra os maneirismos cada vez mais planejados de Hitler no pódio. Como um ator, ele praticava os gestos que emocionavam a multidão.

Aqueles que persistiram em sua leitura souberam de sua devoção fanática ao conceito de *Lebensraum* (espaço vital), que permitia às nações fortes tomar territórios de seus vizinhos mais fracos pela força. Essa teoria adaptava-se à *Weltanschauung* (visão mundial) de seu autor, que estabelecia que a vida é a luta pela sobrevivência, e que os mais fortes não devem ter compaixão pelos mais fracos.

Eles também descobriram que o fracasso do Putsch da Cervejaria havia convencido Hitler de que uma rebelião armada poderia ser bem-sucedida no curto prazo, mas não conquistaria o coração e a mente das pessoas. Eram necessárias persuasão e propaganda para converter a nação à visão nazista do mundo.

"Nós devíamos mergulhar no Reichstag... Se a votação exagerada neles demorava mais tempo do que seus assassinatos, pelo menos os resultados serão garantidos pela sua própria Constituição... mais cedo ou mais tarde, nós teríamos uma maioria e, após isso, teríamos a Alemanha."

A REINVENÇÃO DE HITLER

A reviravolta na sorte do partido coincidiu com uma mudança drástica da imagem de seu líder. O responsável por reinventar Hitler e fazer dele um político apresentável foi o professor Karl Haushofer (1869-1946). O acadêmico havia sido um visitante regular da prisão de Landsberg, introduzindo Hitler nas teorias geopolíticas e o apresentando à ideia do *Lebensraum*. Essas duas visões foram decisivas para a formação da política exterior de Hitler, mas igualmente importantes foram as mudanças feitas pelo professor na imagem pessoal dele.

Haushofer convenceu seu protegido a trocar seu *Lederhosen* (calça de couro) bávaro por um terno feito sob medida ou seu uniforme da SA e descartou o cabelo rente que havia se tornado sua marca registrada. Ele então persuadiu Hitler de que o mesmo devia beber chá de ervas após ter feito um longo discurso de modo a satisfazer sua sede e desanuviar sua mente. Sua habitual jarra de cerveja bávara poderia muito bem ter um efeito adverso em seus poderes. O professor também se ofereceu para treinar Hitler na arte de falar em público, o que exigia do aluno a prática de uma série de gestos que serviriam para enfatizar seus argumentos e aumentar sua autoconfiança.

NUM LOCAL ERMO

Hitler necessitaria de toda a autoconfiança que conseguisse reunir quando ele saiu da prisão em 20 de dezembro de 1924. Seu partido havia sido considerado ilegal, seu jornal fechado por ordem do Estado e o próprio Hitler proibido de falar em público. Havia inclusive boatos de que ele seria deportado para a sua nativa Áustria. Mas pouco foi realizado para fazer vigorar as proibições sobre os nazistas e seus jornais, ou para evitar que Hitler falasse a grupos privados de seguidores que haviam permanecido leais apesar dos contratempos.

A principal razão por que ninguém incomodava Hitler naquela época é que ele não era mais considerado uma ameaça. A inflação descontrolada do início dos anos 1920 havia sido sanada por um recém-chegado ao governo republicano, o Dr. Hjalmar Schacht, e outras medidas tinham sido implementadas para aliviar a carga na economia alemã. Por exemplo, introduziram o Plano Dawes, que reduzia os pagamentos da reparação da Alemanha e trazia investimentos dos Estados Unidos. As questões de segurança tinham sido previstas pelo Tratado de Locarno e havia se chegado a um compromisso aceitável entre o governo de Weimar e os Aliados, que prometia a inserção da Alemanha na Liga das Nações no seu devido curso. Essas medidas, tomadas em conjunto, ajudaram a minimizar a ansiedade pública e estimularam os votos para o Partido Social Democrata, então situação, nas eleições realizadas naquele dezembro. A votação para os nazistas caiu pela metade. Embora os acólitos que cercavam o desmoralizado líder o incitassem para que ele reacendesse a chama flamejante do partido, o interesse de Hitler pela política parecia minguar. Ele havia sido tomado por uma nova obsessão, e seu nome era Geli Raubal.

ATRAÇÃO FATAL

Geli era a sobrinha de 20 anos de Hitler, a filha mais nova de Angela, sua meia-

-irmã. Angela respondera recentemente aos convites de Hitler para trabalhar como governanta em seu novo retiro nos Alpes denominado Haus Wachenfeld, em Obersalzberger, próximo de Berchtesgarden. Hitler posteriormente compraria a casa de campo e a reconstruiria por completo, renomeando-a de Berghof.

A princípio, Hitler era meramente atencioso com a sobrinha de sorriso contagiante. Então, a mãe dela notou que o tio estava passando mais tempo com ela do que com os companheiros do partido e que ele era muito ciumento sempre que ela mostrava interesse por outro homem.

Se Angela tinha receio sobre a natureza do relacionamento entre eles – os olhares furtivos e as longas caminhadas sem acompanhantes pela área rural – ela manteve isso para si mesma. Mas Angela deve ter percebido que sua filha tinha praticamente a mesma idade de sua própria mãe quando ela se casara e que a diferença de idade entre Geli e Adolf era similar à que existia entre Klara e Alois. Eles também adotaram as formas de tratamento "tio" e "sobrinha" para se comunicar entre si em vez de usar seus nomes, exatamente como os pais de Adolf haviam feito. Não havia nada que ela pudesse desaprovar, mas, no entanto, isso deve tê-la deixado desconfortável.

E depois vieram os frequentes e furiosos embates que surgiram da ambição de Geli de seguir a carreira de cantora em Viena. Sempre que eles discutiam, caía sua máscara de docilidade natural,

Um dos raros momentos de despreocupação de Hitler com sua sobrinha Geli Raubal. Ele começou a passar mais tempo na companhia de Geli e tinha ciúmes quando ela demonstrava interesse por outros homens.

revelando um ciúme feroz, que deixava Geli chorando. Ele exigia que a sobrinha abandonasse essa tolice e lhe assegurava que lhe daria tudo que necessitasse depois que se mudassem para Munique. Hitler acabara de comprar um apartamento luxuoso para eles nessa cidade, usando os fundos do partido. Isso parecia acalmá-la por um tempo, e eles retomavam suas caminhadas pelos campos e as viagens até a cidade. Ela certamente gostava da meiga lealdade de seu tio, e apreciava seus vários presentes.

Heinrich Hofmann, o fotógrafo oficial de Hitler, observou: "Ele olhava e regalava-se por ela como um servo com um frescor raro e adorável, e acariciá-la e protegê-la eram sua única preocupação".

UM SEGREDO VERGONHOSO

Mas, com o tempo, a natureza despreocupada de Geli definhou sob a personalidade dominadora do tio. E ela se incomodava ao ser espionada pela polícia do partido sempre que saía ou pelos empregados da casa quando ele estava fora. Quando pressionada, Geli reclamava para sua mãe que a intensa atenção de Hitler era sufocante e que ele queria controlar todos os aspectos de sua vida, incluindo a escolha de roupas e as companhias que mantinha.

No entanto, Angela suspeitava que sua filha podia estar atormentada por um segredo mais vergonhoso. O biógrafo de Hitler Konrad Heiden menciona uma carta comprometedora datada de 1929 em que Hitler supostamente confessou que ele precisava de Geli de modo a satisfazer seus desejos masoquistas.

A carta caiu nas mãos do filho do locatário, mas depois foi recuperada por Bernhard Staempfle. Independentemente do conteúdo da carta, ela representava um potencial dano para o *Führer* que não estava satisfeito com a sua recuperação, pois o conhecimento de sua existência custou a Staempfle sua vida durante o derramamento de sangue de 1934.

Outras pessoas que conviveram na casa de campo falaram que havia "algo muito incomum" sobre o relacionamento de Hitler com Geli, que se mostrou insuportável para ela e que a moça estava desesperadamente infeliz, pois não podia fazer "o que ele queria que ela fizesse".[15] Mesmo assim, o pensamento dominante é que sua mãe não conhecia esse segredo e simplesmente pensou que Geli queria ficar livre daquele rígido monitoramento.

Quando confrontado pela ansiedade de Angela, Hitler assegurava à meia-irmã que não havia nada com que ela devesse se preocupar, pois Geli somente se ressentia do fato de ele tê-la proibido de seguir uma carreira na ópera. O caso pode muito bem ser esse mesmo, pois na tarde de 17 de setembro de 1931, quando ele partia para uma reunião em Nuremberg, supostamente ouviu-se Geli berrar para o seu tio de uma janela do andar superior.

"Então, você não me deixará ir para Viena?"

"Não!", replicou ele bruscamente.

Na manhã seguinte, Geli foi encontrada morta com uma bala alojada no coração e a pistola Walther 6,35 mm de Hitler ao lado de seu corpo. Vítima de um aparente suicídio, ela tinha apenas 23 anos.

Todavia, nenhuma nota sobre o suicídio foi recuperada. No entanto, restava perto de seu corpo uma anotação inacabada a um amigo em Viena, que terminava, "Quando eu chegar em Viena – felizmente muito em breve – viajaremos juntos de carro até Semmering an..." Isso sugere que ela pode ter se matado após o tio ter negado uma antiga promessa de deixá-la partir. Alguns historiadores especularam que sua letra estava incompleta, pois ela foi interrompida por alguém que recebera ordens para silenciá-la – provavelmente Himmler. Mas se foi assim, certamente a carta teria sido destruída e não deixada para dar essa impressão.

As notícias da morte da sobrinha fizeram Hitler rapidamente se isolar. Seu luto

Em público, Hitler se alinhava com os heróis do passado alemão, mas de acordo com seus generais, ele não tinha as qualidades de liderança disciplinada para explorar seus primeiros sucessos militares.

Wall Street quatro dias antes do terrível colapso do mercado de ações de 1929. Nos Estados Unidos, apenas os integrantes do crime organizado conseguiram obter lucros. Na Alemanha, era a vez dos gangsters políticos.

UM BREVE INTERVALO (1924-1929)

Pode ser argumentado que a ascensão dos nazistas ao poder foi inevitável dadas as condições prevalentes na Alemanha durante a República de Weimar. A reversão temporária nas desventuras sofridas pela nação no novo governo do chanceler Gustav Stresemann após 1923 talvez somente previa o inevitável. O próprio Stresemann não tinha ilusões sobre as medidas que adotara (que incluíam substituir o marco alemão por uma nova moeda, o Rentenmark, e fazer o seguro de mais de 25 bilhões de marcos em empréstimos estrangeiros) que eram similares a colocar um *band-aid* em uma ferida aberta. A Alemanha estava adoentada e a cura era dolorosa de se contemplar. Conforme ele disse em 1929:

"A posição econômica somente está florescendo superficialmente. A Alemanha está de fato dançando sobre um vulcão. Se os empréstimos de curto prazo forem pedidos para resgate [pelas instituições financeiras americanas] uma grande parcela de nossa economia entrará em colapso."

Cruzando o Atlântico, a alta artificial que tinha se sustentado nos lucros das atividades com bebidas contrabandeadas e do jogo nos mercados financeiros finalmente desabou. O Colapso do Mercado de Ações de 1929 provocou a Grande Depressão. Como Stresemann temia, os bancos americanos imediatamente pediram o resgate de seus empréstimos em um esforço frenético de se salvarem e ao fazer isso causaram a falência de inúmeras empresas em crescimento tanto doméstica como internacionalmente. Milhões de pessoas perderam os empregos, e o Ocidente ficou imerso na escuridão e no desespero. O partido a quem tinham chamado de The Roaring Twenties acabara, e a Grande Depressão começara. Nos Estados Unidos, somente os integrantes do crime organizado conseguiram obter lucros. Na Alemanha, era a vez dos *gangsters* políticos.

---

quase o consumiu. Após uma semana de imensa dor, ele emergiu de sua solidão autoimposta e declarou que o nome dela não poderia ser mencionado sob hipótese alguma. Depois ordenou que o quarto dela fosse preservado como um santuário e proibiu as pessoas de entrar, exceto sua empregada de confiança, a governanta Frau Winter. Quando seu luto foi abrandado, ele contratou a execução de uma escultura e retratos póstumos foram pintados a partir de fotografias. Estes ele manteve em seu quarto, juntamente com um retrato de sua mãe, que pendia sobre sua cama até a sua morte.

Geli era, confessou Hitler, a única mulher que ele verdadeiramente havia amado, mas é evidente que ele a sufocou com o que seu amigo Hanfstaengl posteriormente chamou "sua ternura deturpada."

CAPÍTULO 5
IRRUPÇÃO ATÉ O PODER

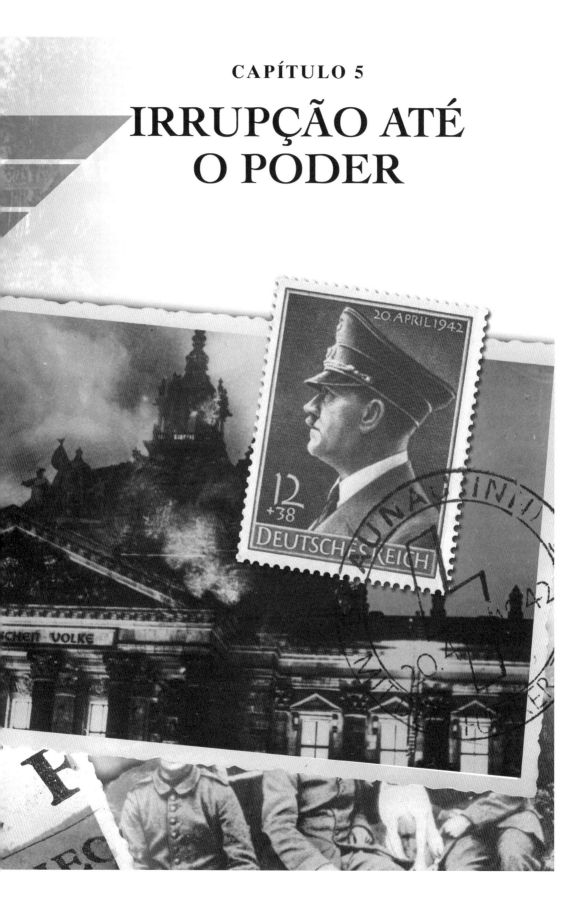

ATINGINDO AS MASSAS

Entre 1924 e 1928, os nazistas cometeram um grave erro tático ao tentar atrair a atenção dos operários da indústria, que permaneciam leais aos comunistas e aos sociais-democratas. Essa estratégia também isolou o partido da classe média, que imaginava que os nazistas apenas estavam interessados em falar para as classes trabalhadoras. Como consequência, os números de sua votação diminuíram. Nas eleições nacionais de 1924, o partido conseguiu 32 cadeiras no Parlamento, praticamente a metade das do partido comunista e cerca de um terço das cadeiras obtidas pelos nacionalistas e sociais-democratas, que obtiveram, respectivamente, 95 e 100 cadeiras. No final daquele ano, foi realizada uma segunda eleição, após o que os dois principais partidos obtiveram mais cadeiras à custa dos comunistas, que caíram de 62 a 45 cadeiras, enquanto o Partido Nazista perdeu 18 cadeiras. Quatro anos depois, em maio de 1928, o número de cadeiras do partido caiu para o nível mais baixo de todos os tempos, com somente 12 cadeiras.

Trinta e um milhões de alemães tinham exercido o direito democrático de votação, mas menos de um milhão de pessoas votaram nos nazistas. Os comentaristas políticos negligenciaram os nazistas como uma força gasta. O correspondente americano William L. Shirer observou: "Raramente ouve-se algo de Hitler ou dos nazistas, exceto como motivo de piadas". A Grande Depressão, no entanto, alterou todo o cenário. Em

Homens lutando nas ruas: As tropas nazistas portavam orgulhosamente uma bandeira com a foto de uma caveira em Braunschweig em 1931.

apenas um ano, o desemprego triplicou a praticamente 4 milhões e meio de pessoas. O infortúnio da nação foi o golpe de sorte milagroso dos nazistas.

Hitler ordenou aos ativistas que mirassem as comunidades rurais, em que os pequenos proprietários tinham sido prejudicados pela queda dos preços e os artesãos, ameaçados com a extinção pela produção em massa. Os nazistas também consideraram as cidades menores. Nelas, os donos de lojas estavam lutando pela sobrevivência contra as redes de lojas e os trabalhadores da classe média viram suas economias desaparecerem.

Conforme reportado pelo jornal do partido em maio de 1928: "Os resultados da votação nas zonas rurais em particular comprovaram que, com um menor dispêndio de energia, dinheiro e tempo, podem ser atingidos nesses locais melhores desempenhos do que nas grandes cidades. Nas cidades de menor porte, os comícios populares com bons oradores são eventos de modo geral comentados durante semanas enquanto nas grandes cidades o efeito de reuniões com até 3 mil ou 4 mil pessoas logo desaparece".

Goebbels provou ser um mestre da manipulação e não era avesso a combates infames se isso rendesse votos extras. A filosofia dele era simples – se você repete uma mentira com certa regularidade, as pessoas começarão a acreditar nela. Hitler também acreditava que, para doutrinar as massas, era necessário martelar didaticamente a mesma mensagem repetidas vezes até que toda a resistência se fragmentasse e mesmo os cidadãos mais intransigentes tivessem sido convertidos.

> "A PESSOA QUE CONQUISTA AS RUAS CONQUISTA AS MASSAS, E QUEM CONQUISTA AS MASSAS CONQUISTA O ESTADO."
> *(Máxima do Nazismo)*

Um panfleto nazista típico de 1932 exibia a seguinte chamada: "Cidadãos da classe média! Lojistas! Artesãos! Comerciantes! Uma nova onda objetivando a sua ruína está sendo preparada e conduzida em Hanover! O presente sistema possibilita à empresa-gigante WOOLWORTH (da América) criar um novo negócio improvisado no centro da cidade. Ponham um fim nesse sistema. Defenda-se cidadão da classe média. Filie-se à poderosa organização que, sozinha, está em uma posição de vencer seus arqui-inimigos. Lute conosco na seção dos Artesãos e Varejistas dentro do grande movimento de libertação de Adolf Hitler".

Fica claro nesse exemplo que os nazistas atraíram uma grande parcela do apoio apelando diretamente ao autointeresse dos eleitores (apesar de alegarem o contrário) e que eles exploravam os temores e preconceitos da classe média em relação às grandes corporações e empresas de propriedade de judeus.

No entanto, geralmente é negligenciado que o núcleo forte dos apoiadores de Hitler na década de 1920 e no início da de 1930 não era de pessoas politicamente motivadas, mas sim de pessoas comuns que, desesperadamente, queriam acreditar em sua promessa de provê-los com suas necessidades básicas – trabalho e pão.

Os que estavam cientes das atividades da SA se tranquilizavam de que, uma vez no poder, Hitler colocaria os extremistas na linha. Eles não entendiam que o Partido Nazista era, por definição, extremista.

Hitler aproveitou a oportunidade para disseminar suas mensagens pelo rádio, que garantiam uma audiência de milhões de pessoas, e ele fez exaustivas viagens país afora, com a convicção de que a presença pessoal do líder deixaria uma impressão mais duradoura. Nas eleições presidenciais de 1932, ele cruzou o país de avião, o que possibilitava

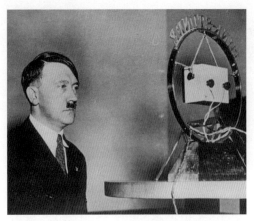

Hitler fazendo seu primeiro discurso no rádio para o povo alemão em 1º de fevereiro de 1933.

falar em diversas cidades todos os dias. Os pôsteres eram desenhados com a intenção de atrair grupos particulares de eleitores, tais como mães, operários, pequenos proprietários de terras e lojistas. Até o momento oportuno da campanha com pôsteres foi calculado para gerar o máximo impacto.

Goebbels escreveu aos ativistas locais na condição de organizador da campanha para as eleições de 1932.

O pôster de Hitler exibe sua cabeça fascinante envolvida em um fundo inteiramente escuro. De acordo com o desejo

---

Apelo do Partido Nazista aos eleitores, eleição presidencial de 1932[16]

LIDERAR A ALEMANHA PARA A LIBERDADE

Hitler é o candidato-chave para todos que acreditam na ressurreição da Alemanha.

Hitler é a última esperança daqueles que foram desprovidos de tudo: da fazenda e do lar, das economias, do emprego, sobrevivência, e de quem tem apenas uma propriedade restante; a fé em uma Alemanha justa que um dia garantirá novamente a seus cidadãos, honra, liberdade e alimentos.

Hitler é a palavra de libertação para milhões, pois eles estão desesperados e veem somente nesse nome uma trajetória rumo a uma nova vida e à criatividade.

Hitler tem transmitido o legado de dois milhões de camaradas mortos na Guerra Mundial, que morreram não para o presente sistema de destruição gradual de nossa nação, mas sim para o futuro do país.

Hitler é o homem do povo odiado pelos inimigos, pois ele entende as pessoas e luta por elas.

Hitler é a determinação furiosa da juventude alemã que, no meio de uma geração cansada, está lutando por novas formas, e não pode nem irá abandonar a fé em um futuro melhor para a Alemanha. Portanto, Hitler é o nome-chave e o sinal flamejante de todos que desejam um futuro melhor para a Alemanha.

Todos eles, em 13 de março, desafiarão os antigos políticos que lhes prometeram liberdade e dignidade e, em vez disso, entregaram pedras e palavras: Nós conhecemos o bastante de vocês, agora vocês nos conhecerão!

Hitler será vitorioso, pois o povo quer a sua vitória!

do *Führer*, esse pôster deveria ser lançado somente nos dias finais da campanha. Como a experiência mostra que nos dias finais há uma variedade de pôsteres coloridos, este pôster com o fundo inteiramente negro contrastaria com todos os outros e produziria um efeito tremendo nas massas.

Passado um ano, o Partido Nazista se fundia ao Partido Nacionalista Alemão, o que aumentava o número de membros e os fundos de luta consideravelmente, além de lhe conferir um verniz de respeitabilidade.

O líder do GNP, Alfred Hugenberg, era um dono de jornal rico e influente que havia adquirido também a cadeia de cinemas e os estúdios cinematográficos UFA. Ele imediatamente colocou seus jornais e filmes à disposição de Hitler.

CHANCELER HITLER

Contrariamente ao mito popular, os nazistas não capturaram o poder pela força, tampouco foram eleitos. Nas últimas eleições antes de Hitler passar a ser o chanceler da Alemanha, a participação de votos do partido havia efetivamente caído de 37% para 33%, o que lhe conferiria menos de 200 cadeiras no Parlamento [*Reichstag*], somente um terço do total. O partido atingiu o poder, pois Hitler recebeu a chancelaria das mãos de Hindenburg na esperança de que isso encerraria

Hitler cumprimenta Hinderberg com a mão esticada e uma reverência diferenciada, mas o altivo aristocrata foi vencido pela astúcia do "presunçoso cabo austríaco" quando lhe entregou as rédeas do poder.

Março de 1933: Desafiando o temporal, tropas nazistas de assalto passam triunfantes pelo Portão de Brandemburgo diante das câmaras cinematográficas, e recebem uma saudação com os braços erguidos de uma multidão selecionada a dedo.

as lutas políticas internas que haviam subjugado o governo de Weimar.

Para a Alemanha, as repercussões da queda da Bolsa de Valores de outubro de 1929 foram mais que financeiras. As fissuras na já precária coalizão alemã foram ampliadas até que finalmente fragmentaram-se quando os nazistas e comunistas se recusaram a suportar a instável estrutura.

O presidente Hindenburg foi então forçado a assumir o cargo pessoalmente. De 1930 em diante, a Alemanha foi governada pelo ex-soldado praticamente senil, que se aconselhava com um ambicioso oficial do Exército, Kurt von Schleicher. Ele manipulava Hindenburg, apontando-lhe chanceleres que adotariam medidas beneficiando o Exército. O primeiro deles foi Heinrich Brüning, e o segundo, Franz von Papen, que sucedera Brüning em maio de 1932. Em dezembro daquele ano, von Papen foi substituído por von Schleicher. Isso irritou von Papen, que oferece a Hitler uma posição em seu governo se ele concordasse em ajudá-lo a destituir Schleicher do cargo. Mas, primeiramente, von Papen teria de obter o apoio de Hindenburg, que reconhecidamente não confiava em Hitler, a quem ele chamava de o "presunçoso cabo austríaco".

Anteriormente naquele ano, em agosto e novamente em novembro, Hitler havia pedido a chancelaria, mas fora rejeitado bruscamente por von Hindenburg. A ata daquela primeira reunião entre Hindenburg e Hitler em 13 de agosto revela que o velho soldado não era tão senil a ponto de desconhecer a ameaça que Hitler e seu partido apresentavam para a democracia e as liberdades pessoais.

"Considerando a importância do movimento nacional-socialista [Hitler] teria de exigir a plena e completa liderança do governo para ele próprio e seu partido. O presidente Hindenburg, em razão disso, afirmou enfaticamente que ele devia responder a essa demanda com um claro e determinado 'não'. Ele não poderia, diante de Deus, de sua consciência e de sua terra natal assumir a responsabilidade de confiar toda a autoridade governamental a um único partido, partido esse que, além disso, mantinha uma atitude unilateral em relação às pessoas com convicções diferentes das suas…"

No entanto, von Papen persistiu e finalmente conseguiu persuadir o enfraquecido presidente de que ele poderia restringir Hitler de duas maneiras. Primeiro de tudo, limitando o número de ministros nazistas no governo e, depois, insistindo para que Hitler fosse forçado a trabalhar com seus políticos rivais no gabinete.

Hindenburg abrandou e demitiu Schleicher. Em 30 de janeiro de 1933, Adolf Hitler era apontado como chanceler da Alemanha.

DA DEMOCRACIA À DITADURA

Os nazistas celebraram sua sucessão com uma parada massiva de tropas de assalto de camisas marrons empunhando tochas pelas ruas berlinenses. Agora, ninguém mais poderia duvidar que a Alemanha estava sendo regida pela tirania de uma ditadura militar fascista. Mas mesmo quando Hitler acenava para as adoráveis senhoras do balcão da Chancelaria, ele tinha plena ciência de que milhões de alemães ainda não participavam ativamente do movimento. A inutilidade das instituições democráticas teria de ser eliminada, deixando somente a massa vigorosa do partido. Desse modo, a primeira proclamação do partido foi a de tranquilizar o povo sobre sua natureza conservadora.

"O novo governo nacional consideraria sua primeira e suprema tarefa restaurar a unidade de determinação e espírito de nossa nação. Ela protegeria e defenderia os alicerces sobre os quais reside a força de nossa nação. Protegeria firmemente o cristianismo, a base de toda a nossa moralidade, e salvaguardaria a família. Desejaria fundamentar a educação da juventude alemã numa reverência ao nosso grande passado, com orgulho de nossas antigas tradições. E, então, declararia guerra ao niilismo espiritual, político e cultural... o governo novamente adotaria a disciplina nacional como a nossa orientação."

O INCÊNDIO NO REICHSTAG

Mesmo quando o eco das tropas de assalto vestidas de jaquetas e botas diminuiu gradativamente sob o Unter den Linden, Hitler sabia que sua chegada ao poder poderia ainda ser desafiada pelos comunistas, que compartilhavam de seu desdém pela democracia. Na última eleição, 63% dos eleitores tinham rejeitado a convocação às armas nazistas e ninguém na liderança poderia se dar ao luxo de descartar uma contrarrevolução financiada pelos soviéticos. Os nazistas eram a minoria no Parlamento e o presidente Hindenburg tinha o direito de destituir Hitler a qualquer tempo se optasse por fazê-lo.

Hitler não seria pacificado até que seu controle sobre o governo estivesse seguro. Era necessário uma ameaça específica ao novo regime. Ninguém está certo sobre quem "arquitetou" a ideia de incendiar o Parlamento e colocar a culpa nos comunistas – alguns historiadores alegam que foi Goering –, apesar de ser uma brilhante demonstração da desprezível política nazista na prática.

Em 27 de fevereiro de 1933, o edifício do Reichstag em Berlim era tragado pelo fogo, e um único comunista, Marinus van der Lubbe, foi rapidamente julgado e executado pelo crime. Van der Lubbe era obviamente um bode expiatório que fora escolhido pelos nazistas, pois além de ser deficiente mental, não falaria em defesa própria. A trama imaginária deu ao regime a desculpa que ele precisava para encarcerar 4 mil membros do Partido Comunista e convocar novas eleições para endossar suas políticas.

Em 28 de fevereiro, Hitler conseguiu exigir que Hindenburg aprovasse um decreto emergencial que proibia a liberdade de expressão e também autorizava o Estado a fazer buscas em residências particulares. Mas, embora isso limitasse severamente a capacidade de os partidos de oposição fazerem campanhas, os nazistas não receberam o apoio gigantesco que haviam confiantemente previsto. Eles asseguraram 288 cadeiras, mas esse número estava bem longe de ser a maioria. Seriam necessárias medidas mais draconianas. Foi decretada uma série de leis com a intenção de aumentar o estrangulamento do governo sobre a democracia.

Acima de tudo, havia a Lei de Concessão de Plenos Poderes. Sancionada pelos nazistas em 23 de março, a lei auferia a Hitler o direito de legislar sem precisar da aprovação do Parlamento. Então, em maio, foram sancionados mais decretos que baniam o Partido Comunista. No mês seguinte, foi a vez dos Sociais-Democratas. Em julho, o regime pressionou o Vaticano para que fosse fechado o Partido do Centro Católico na Alemanha em troca da garantia que a Igreja poderia atuar sem a interferência do Estado.

Quando o Reichstag ardeu em chamas, Hitler teve o pretexto perfeito para tomar o poder.

Ainda em julho, a segunda lei mais importante, a Lei contra a Formação de Partidos Políticos, foi sancionada pelo regime. Ela proibia qualquer pessoa de formar novos partidos políticos, sob a ameaça de prisão. O novo ano viu a extinção dos Parlamentos estaduais representativos das regiões. O Partido e o Estado agora eram indivisíveis e o mesmo ente.

A terceira medida significativa era a Lei referente ao Chefe de Estado da Alemanha, que fora decretada após a morte do presidente von Hindenburg, em 1º de agosto de 1934. Essa lei combinava os cargos de presidente e chanceler (primeiro-ministro) de modo que Hitler passou a ser o dirigente absoluto da Alemanha. Antes de o velho homem ser enterrado, Hitler aboliu o cargo de presidente e assumiu o posto de chefe de Estado.

Com a morte de Hindenburg, a antiga Alemanha Imperial havia acabado. Hitler agora era o *Führer* de um novo império, do qual ele se gabava que duraria mil anos. De fato, o Terceiro Reich de Hitler durou apenas 12 anos.

NOITE DOS LONGOS PUNHAIS

Se algumas pessoas ainda alimentavam esperanças de que os nazistas poderiam ser controlados quando estivessem no poder, elas ficaram muito decepcionadas com os eventos de 30 de junho de 1934. Foi nesse dia que a gangue de Hitler assassinou seus próprios membros, em um banho de sangue que não deixava dúvida

Reino do terror: policiais auxiliares (matadores da SA infiltrados na Polícia) prendem membros do Partido Comunista quando a luta entre a esquerda e a direita por cidades alemãs se intensifica em 1933.

a ninguém sobre o que o regime defendia – nem até que ponto ele estava preparado para ir até esmagar a oposição e encobrir seus "erros" do passado.

Durante algum tempo, Hitler e Röhm discordavam sobre o futuro papel da SA. Hitler estava em débito com seu antigo camarada, que havia sido essencial em sua ascensão ao poder. Mas a crescente ira de Röhm é trocada no Reichstag com o general von Blomberg, primeiro-ministro da defesa de Hitler. Ambos haviam se tornado uma ameaça e um constrangimento para o *Führer*. Por várias vezes, Röhm exigira que a SA fosse reconhecida como o "exército revolucionário do povo". Ele também pressionava para que o Exército regular fosse depurado da elite dos oficiais prussianos, e que as posições e os arquivos fossem assimilados pela SA.

Sob o ponto de vista dele, esse não era um pedido irracional. Com um total de 3 milhões de homens sob o seu comando, ele liderava um dos maiores contingentes de forças armadas na Europa, força essa que superava o Exército regular na proporção de 4:1. No entanto, os oficiais prussianos ficavam aterrorizados com a perspectiva de um bando de criminosos e pervertidos sexuais, como pensavam, macular a honorável tradição de seus regimentos. Circulavam boatos sobre as atividades homossexuais de Röhm, e de seus amigos íntimos, com maior frequência, e era somente uma questão de

> "SE EU NÃO TIVESSE TRABALHADO TANTO TODA MINHA VIDA POR ESSA NAÇÃO, ONDE ESTARÍAMOS SEM MIM? É MELHOR HITLER FICAR ATENTO – A REVOLUÇÃO ALEMÃ ESTÁ APENAS COMEÇANDO..."
>
> *Ernest Röhm para Kurt Ludecke, junho de 1933*[17]

tempo antes de se tornar assunto do conhecimento público. Isso era algo que desacreditava todo o movimento.

Conforme observado pelo general von Brauchitsch: "O rearmamento era um empreendimento muito difícil e sério para permitir a participação de especuladores, beberrões e homossexuais."

Hitler também ficara perturbado ao saber que seus patrocinadores financeiros compartilhavam as mesmas preocupações do Exército. Por exemplo, Gustav Krupp, que havia pessoalmente empenhado 3 milhões de marcos aos fundos do partido, confirmou os temores do *Führer* de que a SA era, à época, vista como o exército particular de Röhm e, portanto, uma ameaça ao Estado. Como dono da maior siderurgia e aciaria, ele era crucial ao programa de rearmamento alemão.

Notícias de que membros da SA estavam se armando com metralhadoras de grosso calibre, num desafio aberto ao Tratado de Versalhes, não poderiam prosseguir sem ser confrontadas. Hitler não tinha amigos íntimos e recorria a qualquer companheiro ou colega confiável para cometer a menor infração. No entanto, ele fez inúmeros esforços no sentido de convencer Röhm de que havia chegado a hora de desmantelar os "velhos combatentes" e aceitar que a revolução havia terminado.

Mas Röhm era inflexível e um homem intratável. O momento da virada aconteceu em 11 de abril de 1934, durante os

Prestando homenagens: Adolf Hitler e Ernst Röhm caminham até o Cenotaph em Nuremberg em setembro de 1933. Menos de um ano depois, Röhm foi executado após Hitler considerá-lo supérfluo.

28 de junho de 1934: Hitler no casamento de Josef Terboven com Ilse Stahl, amante de Goebbels no passado.

exercícios navais na Prússia Oriental, dos quais participavam o general von Blomberg e os comandantes supremos das Forças Armadas, o general von Fritsch e o almirante Raeder. Hitler sabia que era preciso manter o apoio deles caso quisesse consolidar sua tomada do poder, especialmente nessa ocasião em que o debilitado Hindenburg estava "fora de combate".

Assim, enquanto jantavam a bordo de um cruzador, o *Deutschland*, na rota para Koenigsberger (hoje Kaliningrado), ele apresentou os planos para criar uma frota que seria invejada por todas as nações. Hitler também descreveu sua visão de uma nova Wehrmacht (Forças Armadas), que seria equipada com tanques e artilharia pesada num desafio ao detestável tratado, independentemente das despesas.

Em troca, pressionou-os pela garantia de que, quando Hindenburg morresse, eles o apontassem como seu sucessor, e ordenou que todos os integrantes das Forças Armadas fizessem um juramento de lealdade ao seu *Führer* como o Comandante Supremo. Se Fritsch e Raeder confiassem nele, ele refrearia a SA e garantiria que as forças regulares seriam as únicas portadoras de armas no novo Reich. Ele já não havia implementado, ao custo de bilhões de marcos, um massivo programa de serviços públicos que revitalizaria a economia e restauraria o orgulho da nação? Como eles poderiam refutar uma oferta como essa? Tendo assegurado seus suportes, Hitler então estava livre para agir contra o inimigo interno.

ACERTANDO CONTAS ANTIGAS

Quando Hitler recebeu informações de que Röhm estava planejando um golpe – uma farsa preparada por Himmler e Goering para incentivar seu líder a agir, Hitler deu ordens para que ele fosse imediatamente preso e executado juntamente com os líderes mais velhos da SA. Era a ordem que Himmler e Goering estavam esperando – uma oportunidade de acertar contas antigas com a aprovação do *Führer* e sem ter de responder pelas ações.

Na noite de 30 de junho de 1934, 150 membros da liderança da SA em Berlim foram capturados e sumariamente executados pelos camisas pretas da guarda pessoal de Himmler, a SS, e pelos esquadrões policiais especiais de Goering. Muitos morreram com um último "Heil, Hitler!" nos lábios, acreditando que foram Himmler e Goering, e não o *Führer*, quem ordenara suas mortes.

Naquela mesma noite de 30 de junho de 1934, uma fileira de limusines pretas estacionava na frente do Hotel Hanslbauer em Wiessee, próximo de Munique, onde o líder da SA passava férias. Hitler, com o rosto tomado de uma determina-

ção inflexível, observava enquanto dezenas de homens aturdidos da SA eram arrancados de suas camas e imediatamente executados. Em seguida, Hitler entrou no quarto onde estava Röhm e despejou uma torrente de palavrões e acusações. Após sua partida, Röhm foi levado para a prisão de Stadelheim, onde lhe foi dada uma pistola carregada e que ele aceitasse a morte de um soldado.

"Se estou aqui para ser morto, deixem Adolf Hitler fazer isso sozinho", desafiou até o fim. Dois guardas da SA entraram na cela e atiraram na nuca de seu líder. Ninguém sabe ao certo quantos homens morreram naquela que ficou conhecida como a Noite dos Longos Punhais. Em seu discurso no Reichstag, em 13 de julho, em que ele buscava justificar as execuções, Hitler admitiu a morte de 77 homens. Mas em um julgamento pós-guerra, alguns dos perpetradores admitiram que "mais de mil homens tinham sido mortos". Entre eles, estava Gustav von Kahr, que havia ajudado a frustrar o Putsch de Munique e Staempfle, que editara o *Mein Kampf* e supostamente tinha interesse nas reais circunstâncias da morte de Geli Raubal. Kahr recebeu golpes de machadinha até a morte e seu corpo foi desovado em um pântano próximo de Dachau; Staempfle foi encontrado morto de bruços em uma floresta nos arredores de Munique, com o pescoço quebrado e três balas alojadas no tórax.

Outras vítimas foram dois oficiais do Exército, os generais von Bredow e von Schleicher (predecessor de Hitler como chanceler), mais Gregor Strasser, que desafiara abertamente a autoridade de Hitler nos primórdios do partido. Ainda foram mortos aleatoriamente mais de uma dezena de homens quando os esquadrões da SS e de matadores da SA revistaram os escritórios e as residências de dirigentes do partido de quem se desconfiava de deslealdade ou de outras indiscrições. O ex-premiê prussiano Franz von Papen escapou ileso, mas seu secretário foi morto e outros afiliados morreram posteriormente na prisão. Erich Klausener, chefe da Ação Católica, foi assassinado a tiros em seu escritório, e toda sua equipe de trabalho removida para um campo de concentração.

A Alemanha estava, à época, em um estado permanente de emergência em que as liberdades civis tinham sido sus-

30 de junho de 1934: o corpo de Ernst Röhm parece fazer uma última saudação após sua execução.

pensas indefinidamente. Sob tais circunstâncias, poucos se sentiam confortáveis com a garantia de Hitler de que não haveria mais revolução na Alemanha pelo período de mil anos.

Na manhã seguinte, os alemães leram os noticiários com amarga resignação e entenderam que a Nova Ordem significava que a justiça seria aplicada sem inclusive a farsa de um julgamento. As prisões e mortes seriam impostas de acordo com os caprichos de Himmler, Goering e do restante da gangue de Hitler, todos os quais agiam como se fossem lordes feudais. A esse respeito, eles estavam certos – a Alemanha despencara para uma nova Era das Trevas.

CONSEQUÊNCIAS

As implicações da cumplicidade do Exército no massacre foram profundas. A corporação não apenas forneceu transporte para os prisioneiros como também armas para os matadores. Em louvor a Hitler por sua ação rápida e decisiva contra os "traidores" nos dias subsequentes às mortes, o general von Blomberg alinhara o Exército com a ditadura. Qualquer pensamento que os generais poderiam ter considerado a respeito da remoção forçosa de Hitler agora estava fora de questão, pois Blomberg havia expressado verbalmente sua aprovação das ações do *Führer*. A partir desse momento, a credibilidade do corpo de oficiais estava fatalmente comprometida.

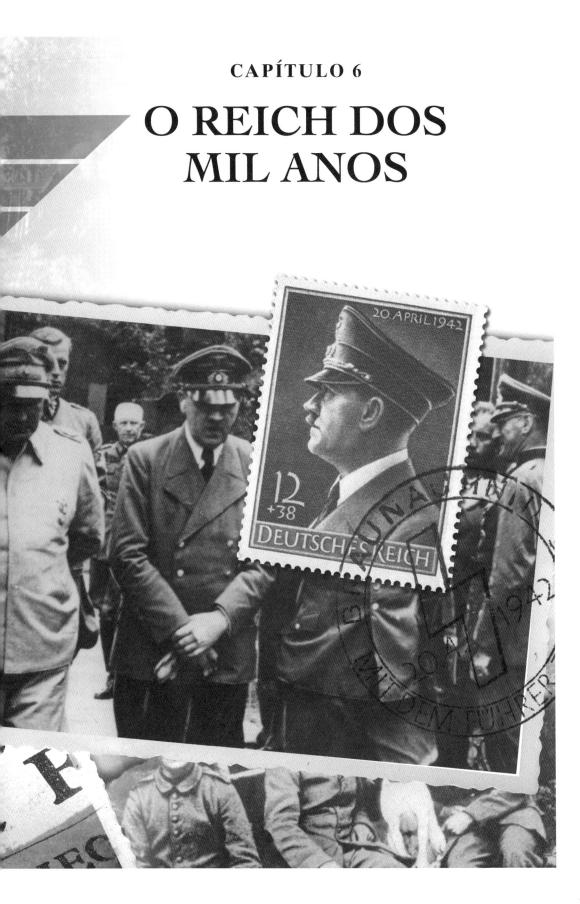

CAPÍTULO 6
O REICH DOS MIL ANOS

O ARQUITETO DE HITLER

Seis semanas após Hitler se tornar chanceler, um obscuro, porém promissor, jovem arquiteto recebeu uma ligação telefônica chamando-o até Berlim. Albert Speer, à época com apenas 27 anos, aceitou o convite sem hesitação e dirigiu seu carro durante a noite de sua casa em Mannheim, chegando exausto, mas ansioso na sede do partido. Ele foi recepcionado por Hanke, líder distrital da organização, o oficial que havia ligado para ele ir até a capital, e recebeu a informação de que se reportaria ao "Herr Doctor", que desejava inspecionar um imponente edifício do século XIX que ele havia escolhido para ser o seu novo prédio do Ministério.

O Dr. Goebbels cumprimentou Speer com uma cordialidade ímpar e não perdeu tempo em apressá-lo para que entrasse em um carro oficial. Juntos, dirigiram-se até a Wilhelmsplatz, onde havia uma enorme multidão reunida na esperança de ver o *Führer*, cuja Chancelaria era exatamente do lado oposto. Speer analisou os semblantes de expectativa dos estranhos que agora compartilhavam um elo comum – esperança pelo futuro e fé em seu líder. Quando o carro contornou uma curva e entrou no espaçoso pátio da Chancelaria, ele teve a sensação de que uma nova época estava começando e que ele estava assumindo seu lugar no centro de tudo aquilo.

Speer havia se filiado ao partido numa etapa comparativamente tardia, em 1931, e tinha ficado desanimado ao constatar

Construindo o futuro: Albert Speer traça seus planos para uma nova arquitetura clássica alemã.

que os membros do partido local eram "simples burocratas com baixo nível intelectual e pessoal". Ele não conseguia imaginá-los governando a nação. Mas se tornaria claro para ele ao longo das próximas semanas que era a força da personalidade de Hitler que habilitava essas nulidades. E era o desejo deles de o agradarem que lubrificava as rodas do regime.

Enquanto percorriam o edifício, Goebbels deixou claro que não economizariam na reforma das salas e dos enormes saguões no oponente estilo imperial adequado ao seu *status*. Em comum com todos os projetos de edifícios do regime o orçamento não precisava ser acordado, tampouco o plano precisava ser aprovado, de modo que Speer tinha permissão para "tocar" o projeto. Ainda assim, quando ele preparou seus esboços, optou por linhas clássicas modestas para combinar com as intenções do arquiteto original. Para seu desânimo, essas decorações não receberam a aprovação de Goebbels. Ele os considerou "pouco impressivos" e contratou uma empresa de Munique para reformar o edifício no que Speer posteriormente se referiu como um "estilo de transatlântico".

No entanto, Speer recebeu uma segunda chance logo após quando Goebbels pediu-lhe para renovar sua residência particular, um projeto que o jovem arquiteto rapidamente prometeu executar em apenas dois meses. Utilizando três equipes de operários que trabalhavam ininterruptamente, Speer conseguiu finalizar o trabalho antes do prazo determinado, o que chamou a atenção de Hitler, como ele havia esperado. Os outros membros do núcleo duro de Hitler inicialmente suspeitavam do recém-contratado arquiteto e ressentiam-se por terem divididas as atenções e favores do líder.

Independentemente do que todos pensavam, talvez foi inevitável que Hitler, ele próprio um arquiteto fracassado, aceitaria os conselhos de Speer e lhe confiaria a realização de suas fantasias imperialistas. Hitler sentia um grande prazer de ter alguém ao seu lado com quem pudesse discutir seus planos para reconstruir Berlim, e Linz como a nova capital austríaca.

GERMÂNIA
Berlim devia ser uma cidade de edifícios públicos e monumentos impressionantes.

Tudo teria de ser construído em uma escala que reduzisse as estruturas da Antiguidade. Passando pelo centro da capital, haveria uma ampla avenida com 122 metros de largura e 5 quilômetros de comprimento. Haveria um arco do triunfo com 122 metros de altura em uma extremidade, no qual seriam inscritos os nomes dos alemães mortos em guerras, e um salão de conferências com teto em forma de domo na outra extremidade. Foram traçados planos detalhados e construídas maquetes em escala 1:1, mas a guerra interveio e Germânia, como Berlim seria renomeada, jamais foi construída.

Em vez disso, Speer foi convencido a redesenhar as residências dos principais membros do partido. Isso lhe deu a oportunidade de observar os líderes bem de perto e apreciar o quanto eles desconfiavam uns dos outros. Sabia-se que Goebbels detestava Goering, Ribbentrop e Bormann, enquanto Ribbentrop desprezava todos da administração – e os sentimentos eram recíprocos. Goering não confiava em Ribbentrop, Goebbels, Bormann e Speer, embora contratasse este último para redesenhar sua casa apenas alguns meses após tê-la renovado com uma despesa considerável. E tudo porque Hitler havia reclamado que ela se parecia com um mausoléu. Parecia que todos os líderes nazistas aderiram à convicção de que não bastava manter os amigos próximos, mas também os inimigos ainda mais próximos.

UMA CATEDRAL DE LUZ
A cada novo projeto, a reputação de Speer aumentava, mas a contribuição mais significativa do arquiteto ao regime foi redesenhar o cenário para a As-

sembleia Anual de Nuremberg [Nuremberg Rallies]. Em sua primeira visita à capital, ele observara o esboço para a montagem de uma reunião do partido no aeródromo berlinense Tempeholf e imediatamente informou que poderia fazer melhor. Tirando inspiração do teatro da Roma Antiga, ele desenhou um

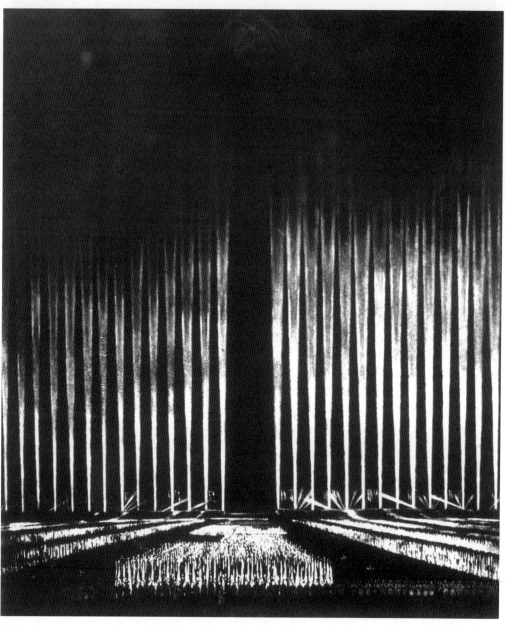

"Catedral de Luz" de Albert Speer, o monumento de coroação da Assembleia de Nuremberg de 1937. Cento e trinta faroletes antiaéreos apontavam para o céu, criando a ilusão de pilares gigantescos.

palco enorme, no fundo do qual se elevavam três faixas imensas com a suástica, que individualmente eram mais altas do que um prédio de dez andares. As faixas eram iluminadas por poderosos faroletes de revista.

Posteriormente, quando ele foi encarregado de desenhar o cenário para o Nuremberg Rallies, ele se saiu ainda melhor. Comandou a operação de 130 faroletes antiaéreos, que estavam dispostos em intervalos de 12 metros, cada um deles apontando para cima para criar a ilusão de pilares gigantescos se elevando num céu sem abóbada. Nessa "catedral da luz", Hitler assumia uma postura messiânica aos olhos de seus fanáticos seguidores. O evento tornou-se uma celebração ritual do poder militar e do poderio do desejo coletivo.

Se Speer tinha alguma dor na consciência, ele a mantinha para si, pois o único pecado imperdoável no Terceiro Reich era a deslealdade com o *Führer*. Todas as outras indiscrições eram aceitáveis.

CENTRO DO IMPÉRIO

Hitler frequentemente gabava-se de que seu império duraria um milênio, de modo que ele exigia edifícios que refletissem o significado histórico do regime. Em 1938, ele confiou a Speer o projeto de uma nova Chancelaria em Berlim. O complexo deveria ser erguido no local da antiga Chancelaria Imperial, e se estenderia ao longo de todo um bairro da cidade, na Voss Strasse. Ele foi concebido em uma escala que estimulava a comparação com os monumentos da Antiguidade, e projetado para intimidar os dignitários visitantes. Hitler esperava que eles ficassem admirados com o "poder e grandeza

do Reich alemão". A entrada certamente impressionava. O pátio, que tinha mais de 61 metros de extensão levava a uma curta escadaria. Ela era ladeada por colunas neoclássicas de 13 metros de altura e duas estátuas de bronze desenhadas por Arno Brecker, o escultor favorito de Hitler.

Na parte interna, o piso e as paredes do Salão de Mosaicos foram revestidos de mármore vermelho. Essa composição era incrustada com águias de mármore cinza e ornamentada com decorações douradas que remontavam aos palácios dos imperadores romanos. Hitler inclusive tinha adotado a "Águia Imperial" como um emblema. Águias douradas empoleiravam-se em toda a extensão da entrada, com guirlandas exibindo suásticas presas às suas garras.

Para chegar à sala do *Führer*, os visitantes passavam pela opulenta galeria de mármore que, com 146 metros de comprimento, tinha o dobro da extensão do salão de espelhos do Palácio de Versalhes. Ela era revestida de tapeçarias finas num empréstimo permanente do museu da capital. A sala de Hitler era adequadamente imponente e mobiliada com bom gosto, a única característica indicadora [de sua índole] era um motivo com uma espada sacada pela metade marchetado diretamente no topo de sua escrivaninha.

"Quando os diplomatas virem isso, aprenderão a estremecer e tremer de medo", disse ele.

Além da sala privada de Hitler ficava o saguão do gabinete, no centro do qual havia uma longa mesa de conferência acompanhada de 24 cadeiras imperiais. Todas elas eram decoradas com a águia e a suástica. Curiosamente, Hitler jamais

"O longo salão na nova Chancelaria do Terceiro Reich, um edifício que carregava ecos do palácio de Versalhes e que fora similarmente projetado para intimidar todos aqueles que nele entrassem.

comandou uma reunião de gabinete, de modo que os ministros tiveram de se contentar com uma breve visita para ver seus nomes entalhados em ouro no bloco de papel para escrita em seus lugares de honra.

Mais de 4.500 operários foram contratados para construir a nova Chancelaria, e milhares mais foram empregados país afora na produção das luxuosas peças e instalações. Elas incluíam portas de mogno de cinco metros de altura, lustres majestosos, placas de ouro ilustrando as quatro virtudes de Platão: Sabedoria, Firmeza, Moderação e Justiça. A presença deles não causou impressão em Hitler, que se gabava: "É difícil acreditar que poder fenomenal uma mente pequena adquire sobre as pessoas que o rodeiam quando alguém é capaz de se mostrar em circunstâncias tão imponentes".

Foi um dos poucos comentários sensatos que ele faria em sua vida, mas a ironia foi claramente perdida nele.

BORMANN, A EMINÊNCIA PARDA

A indolência de Hitler e seu desprezo por serviços burocráticos indicavam que nenhuma pessoa da nova administração sabia quais eram seus deveres, fazendo com que todos fossem continuamente enfraquecidos por seus colegas. Hitler, cujas ordens eram invariavelmente vagas e contraditórias, somava sua atitude ao caos que criava ao comparar-se a um jardineiro que olhava por cima da cerca de tempos em tempos para observar suas plantas lutando pela luz. A estrutura de sua administração, um labirinto kafkiano de burocratas em que cada distrito era administrado por um Gauleiter (líder distrital) não ajudava na resolução de questões. Esses servidores podiam bloquear ou atrasar ordens se eles não gostassem da repartição que as havia emitido.

Conforme seu secretário de imprensa Otto Dietrich certa vez observou: "Hitler criava na liderança política da Alemanha a maior confusão que jamais existiu em um estado civilizado".

Talvez ele, inconscientemente, estivesse desafiando seu pai, cuja noção de ordem e respeito pela burocracia fora uma das maiores aversões de Hitler.

Felizmente para o *Führer*, ele estava cercado por bajuladores sempre dispostos a executar suas diretivas e registrar cada uma de suas ideias para a posteridade. O mais fiel desses subalternos foi Martin Bormann, cuja devoção obstinada e subserviência sem questionamentos excediam inclusive as de seu superior, Rudolf Hess.

Julho de 1944: Hitler e seus oficiais mais antigos seis dias após ele sofrer um atentado perpetrado por Claus von Stauffenberg na Toca do Lobo. Sob suas ordens, o mais cruel castigo merecido possível estava sendo imposto.

Bormann era um homem baixo e troncudo com ombros pronunciadamente arqueados e tinha uma voz fina e aguda que o impedia de falar publicamente. Em vez disso, ele permanecia nas sombras, uma presença anônima, mas constante. De fato, ele guardava seu acesso ao *Führer* de uma maneira tão zelosa que se recusava a tirar férias por receio de que alguma outra pessoa fosse conquistar a confiança de Hitler. Como consequência, ele era destratado por toda a hierarquia nazista, que o denominava de "eminência parda" numa referência à cor de seu uniforme e à sua presença sempre à espreita. Suas tarefas oficiais eram cuidar das finanças pessoais do *Führer*, que ele executava com um zelo obsessivo. Foi Bormann quem teve a ideia de exigir um *royalty* do serviço postal alemão para cada selo que exibisse o retrato de Hitler. Isso gerou milhões de marcos no intervalo de alguns anos. E também foi ele que administrou um fundo secreto de contribuições feitas por ricos industriais que tinham acumulado gordura em contratos lucrativos do rearmamento. Apenas no primeiro ano, o fundo somava mais de 100 milhões de marcos.

Porém, em vez de encher os próprios bolsos, como muitos dirigentes podem ter tentado fazer em um regime tão negligente e sem auditorias, Bormann prestava favores ao seu *Führer* lavando milhões de marcos na reforma do Berghof, o retiro alpino de Hitler em Berchtesgaden. A cabana original, de porte modesto, foi ampliada em um chalé de diversos andares, e suas flores mais baixas foram semeadas na encosta montanhosa para acomodar salas de estar, cozinhas e despensas. No entanto, a característica mais espetacular do imóvel era uma imensa janela panorâmica que oferecia uma vista fantástica dos Alpes austríacos. Muito embora a residência no topo da montanha fosse praticamente inacessível, ela era cercada por arame farpado e homens fortemente armados todo o tempo. Em meados da década de 1930, Bormann conseguiu os fundos para construir uma casa de chá no cume, conhecida por Ninho da Águia, conectada por um poço de elevador privativo que teve de ser escavado do granito. Foi dito que apenas essa melhoria chegou a custar 30 milhões de marcos, dando margem a deboches de que Bormann era a única pessoa que criara uma corrida de ouro reversa, ao investir dinheiro em uma montanha.

Apesar de ser uma figura apagada, Bormann tinha uma história pitoresca. Após filiar-se ao partido em 1927 com 26 anos, ele se envolveu com um esquadrão da morte nazista e foi para a prisão por um ano por sua participação na morte de um ex-professor do Ensino Fundamental. No entanto, após se casar com a filha de um dirigente nazista, conseguiu convencer Hess a apontá-lo como seu substituto. Posteriormente, com perspicácia, preparou-se para o cansativo trabalho burocrático tão abominado pelo chefe.

Na qualidade de um burocrata nato, ele sabia que o real poder de uma administração devia ser encontrado limitando o acesso ao tomador de decisões. Assim, ele acompanhava Hitler com um bloco de anotações e uma caneta a partir do momento em que o líder acordava, ao meio-dia, até o início da madrugada. Ele registrava todos os pedidos, repassava todas as observações, e não deixava de anotar comentários ou indagações, por mais simples que parecessem. Com isso, ele se congraçava com Hitler, que passou a confiar a seu ajudante a transcrição de suas observações informais em ordens oficiais e o resumo das questões que exigiam sua atenção.

Hitler fez a Bormann o maior elogio que este poderia imaginar quando observou: "Com ele, eu lido com uma pilha de documentos em dez minutos, para a qual, com outro servidor, eu precisaria de horas".

Bormann inclusive aparentava ter a mesma predileção do líder por comida vegetariana, mas, quando Hitler não estava por perto, ele apreciava medalhões de carne bovina, e se deliciava com costeletas de porco e de vitela.

CAPÍTULO 7
A VIDA PRIVADA DE HITLER

CHÁ COM UM TIRANO

No período compreendido entre as duas Grandes Guerras, dignitários estrangeiros viajavam de avião até Berchtesgaden para tomar chá com o líder que havia operado "um milagre econômico" ao recuperar a Alemanha. Eles ficavam invariavelmente chocados ao encontrar um anfitrião indolente e sem graça que dormia até o meio-dia, habituado a monólogos sem objetividade e que devorava quantidades copiosas de bolos cremosos e chocolates. Além disso, ele passava as noites assistindo a filmes como se fosse um homem aposentado que não tivesse assuntos de Estado urgentes para resolver.

Quando ele concordava em se reunir com os ministros e seus assessores mais próximos, várias decisões importantes eram tomadas intuitivamente, ou sem a consideração que seus visitantes lhe tinham dado. Hitler agia como um príncipe da Ruritânia,* que estava mais preocupado com a pompa e a ostentação do que com a realidade da diplomacia moderna.

Embora à época fosse geralmente creditado por ideias políticas astutas e uma capacidade de estadista perspicaz, seus êxitos iniciais eram uma combinação de ameaças e blefes. O que ele demonstrava era pouco mais de uma pura astúcia animal. Hitler era capaz de perceber a debilidade de suas presas e a falta de resolução de seus inimigos em proteger um aliado ferido.

No entanto, durante certo tempo, ele enganou grandes e bons homens. O rei Eduardo VII e sua nova esposa americana Wallace Simpson estiveram entre os visitantes do Ninho da Águia em Obersalzburg. O ex-primeiro-ministro britânico David Lloyd George foi outro hóspede. Ele estava tão entusiasmado com sua alegria que seus comentários tiveram de ser atenuados antes de suas publicações no *Daily Express*.

"Agora eu vi o famoso líder alemão e a fantástica mudança que ele efetuou. Há pela primeira vez desde a guerra uma sensação de segurança. O povo está mais alegre... É uma Alemanha mais feliz. Um homem conseguiu realizar esse milagre. Ele é um líder nato, com uma personalidade dinâmica, magnética, e com um único objetivo na mente, uma vontade obstinada e um coração destemido... Os adultos confiam nele... Os jovens, o idolatram. Não é a admiração concedida a um líder popular, e sim a veneração de um herói nacional que salvou seu país do desânimo e da degradação absolutos... Não ouvi críticas a ele, nem pessoas desaprovando-o.

> "EU ME TORNAREI O MAIOR HOMEM DA HISTÓRIA. TENHO DE ATINGIR A IMORTALIDADE, AINDA QUE TODA A NAÇÃO ALEMÃ PEREÇA NO PROCESSO."
>
> *Adolf Hitler*[18]

---

* Ruritânia é um reino ficcional da Europa Central, criado pelo autor inglês Anthony Hope Hawkins para servir de locação às suas novelas. (N.T)

Topo do mundo: Adolf Hitler e hóspedes avistam o sol brilhando nas montanhas, no terraço de Berghof.

O que Hitler disse em Nuremberg é verdade. Os alemães resistirão até a morte em seu próprio país, mas não têm mais o desejo de invadir nenhum outro território."[19]

HITLER NA PRIVACIDADE
Para toda a conversa sobre seu magnetismo pessoal e seus poderes de oratória, a impressão duradoura de Hitler, derivada daqueles que o conheciam e o serviam diariamente, era a de um burguês superficial, desajeitado e detestável. Ele ficava alegre em chocar seus convidados e suas companhias. Por exemplo, ele tinha o hábito de dizer às mulheres que a maquiagem delas tinha sido feita de gordura humana, água de esgoto ou dejetos de cozinha. Quando era servida carne, o confesso vegetariano apontava sua semelhança com um bebê assado, ou descrevia a cena dentro de um matadouro com riqueza de detalhes. E se aborrecia com seus encontros regados a chá como uma dona de cada de classe média.

Com a intenção de evitar ser lembrado por suas limitações intelectuais, Hitler deliberadamente se cercava daqueles que considerava seus inferiores. Se eles apresentassem deformações físicas, tanto melhor. Seus ajudantes pessoais, Bruckner e Burgdorf, tinham baixa habilidade intelectual, assim como seus três auxiliares da SS, Fegelein, Günsche e Rattenhuber. Rudolf Hess era outro exemplo. Ele, certamente, deve ter sido o líder representativo de um país europeu moderno

Culto à personalidade: antes da guerra, vastas multidões costumavam se dirigir até Obersalzberg, em que Hitler e outros nazistas tinham seus retiros na montanha, simplesmente para ver rapidamente o *Führer* ou para tocar em sua mão.

mais desafiado intelectualmente. Seu voo fadado ao fracasso para a Escócia em maio de 1940 em busca da paz foi extremamente ingênuo e, muito provavelmente, sugestivo de insanidade.

Fisicamente, também, muitos eram esquisitos. O motorista particular de Hitler tinha estatura tão baixa que era preciso colocar blocos sob seu banco de modo que ele conseguisse ver acima da direção. Essa perversa diretriz poderia também ser vista na indicação do coxo Goebbels, do gerente de negócios do partido, o maneta Max Amann, e de um secretário-assistente de imprensa surdo.

Após o assassinato de Ernest Röhm, Hitler indicou o estrábico Victor Lutze como seu sucessor, enquanto Robert Ley, chefe da Frente Trabalhista, sofria de um problema fonológico que divertia o *Führer*. Ele se alegrava perversamente de lhe atribuir tantos encontros em que precisava falar em público quantos conseguia organizar.

No entanto, nem todas as indicações de Hitler tinham a intenção de diverti-lo. Vários integrantes da elite nazista eram sádicos, degenerados sexuais, viciados em droga, alcóolatras, adoradores de conteúdo pornográfico e meliantes, todos os quais teriam sido encarcerados caso não tivessem ascendido ao topo da lista da administração criminosa de Hitler. Hermann Goering, por exemplo, era considerado por seu *Führer* como "o maior gênio da história da aviação", mas é dito que ele passou grande parte da Segunda Guerra Mundial se viciando em narcóticos. Enquanto isso, seu ministro das Relações Exteriores, Joaquim von Ribbentrop, tinha um conhecimento de assuntos internacionais tão lamentável como o de um garoto do Ensino Fundamental. O júbilo infantil de Hitler de causar confusão, e sua atitude arrogante diante de assuntos de Estado, levava-no a duplicar várias tarefas, de modo que seus ministros e oficiais ficavam muito atarefados discutindo entre si, prevenindo-se de ameaçar a sua liderança. Também é dito que Hitler considerava qualquer pessoa que recentemente havia passado férias no exterior um expert em relações internacionais.

Mas a exemplo de todos os tiranos e ditadores, Hitler semeou as sementes de sua própria destruição ao cercar-se de bajuladores e insistir em sua infalibilidade. Se ele tivesse delegado sua autoridade para homens mais competentes e ouvido os conselhos dos oficiais mais capacitados das Forças Armadas, o Terceiro Reich poderia ter durado mais tempo. Mas como seu secretário de imprensa observou: "Em vez de se aconselhar com homens com grande caráter, rica experiência e ampla visão, ele evitou-os e garantiu que não tivessem nenhuma chance de influenciá-lo... [Ele] não permitiu outros deuses além dele."

O MESSIAS TRESLOUCADO

Em seu exaustivo e profundo estudo da personalidade de Hitler, *The Psychopathic God*, o historiador Robert G. L. Waite argumenta que o Estado nazista podia ser visto como a criação da "fantasia de uma criança perversa". Ele continua a traçar paralelos entre a Nova Ordem de Hitler e a sociedade selvagem criada pelos alunos arruinados do romance de William Golding, *Lord of the Flies*.

Tanto Hitler como o personagem central do livro de Golding são personalidades psicopáticas didáticas que tipicamente começarão suas carreiras criminosas como o agressor do bairro. Eles dominarão os fracos e "desafiarão" seus seguidores para cometerem ofensas de menor gravidade de modo a apertar a corda em torno deles. Cansados dessa estratégia, podem visar à notoriedade na idade adulta como o líder de um culto ou de uma seita, pois buscam a adoração, a autoexaltação e a vingança de seus ódios contra o mundo.

Esses homens desdenham dos mais fracos. Eles celebram a destruição estúpida e gostam da crueldade gratuita. Uma de suas manobras é encenar rituais elaborados com música, marchas e a veneração de símbolos antigos de modo a criar a ilusão de que seus subordinados pertencem a um grupo com uma tradição respeitada. Como resultado dessa doutrinação, seus seguidores serão menos propensos a questionar as ordens de seus líderes quando lhes pedirem para se humilhar, intimidar ou inclusive assassinar aqueles que não se conformam. Destituídos de consciência, seus líderes culparão suas vítimas por terem trazido suas sinas sobre si mesmos, enquanto que seus colaboradores os absolverão da responsabilidade, sem sentir qualquer piedade ou remorso. Se convocados para reportar, dirão que tinham sido condicionados a seguir ordens.

POR TRÁS DA MÁSCARA

É revelador que Hitler se apresentava como o "maior ator na Europa" – e com uma certa justificativa, pois ele era um mestre da manipulação e do logro. Hitler usava seu dom inato de fazer mímicas para ludibriar seus inimigos, fazendo-os acreditar que ele era sincero e que poderiam confiar em suas promessas. Isso era conseguido graças a uma combinação entre cálculo e convicção, pois ele não estava apenas desempenhando um papel, e sim o vivenciando por completo.

No entanto, ele também era capaz de recorrer ao melodrama ou fingir um de seus abomináveis ataques de raiva se imaginasse que conseguiria obter o efeito desejado. Durante uma confrontação com Hjalmar Schacht, o ministro alemão das Finanças da administração de Weimar, Hitler conseguiu chorar quando pleiteou com sucesso que Schacht continuasse no cargo. Mas, na hora em que o ministro deixou o salão, Hitler virou-se para seus apoiadores e deu vazão a seus verdadeiros sentimentos. O secretário para Assuntos Internacionais testemunhou outra de suas performances convincentes em 23 de agosto de 1939, quando Hitler impressionou o embaixador britânico Sir Neville Henderson.

"Apenas depois que Neville saiu do recinto que eu percebi que a performance de Hitler havia sido premeditada e encenada."

Ele também ensaiava um longo diálogo privado com seu assistente Rudolf Hess antes de se reunir com algum dig-

Hitler se apresentava como o "maior ator na Europa": ele estava sempre ciente de que era o centro das atenções.

Pai da nação: Hitler abraça uma garotinha convenientemente escolhida para aparecer na fotografia.

nitário ou diplomata estrangeiro, testando várias vozes antes de encontrar o tom apropriado.

Hitler era um ator consumado. Ele encenava o papel que esperavam dele, de modo que todos eram enganados, mas quando ele abandonava o palco mundial com boas intenções, nem mesmo seus companheiros mais próximos conseguiam comunicar as qualidades pelas quais ficaram cativados.

Seu arquiteto-chefe e ministro do Armamento, Albert Speer, que se autoconsiderava o único amigo que Hitler jamais havia tido, se de fato algum dia ele foi capaz de fazer amizade com alguém, confessou: "Pensando retrospectivamente, eu estou completamente incerto quando Hitler era realmente ele próprio, pois sua imagem não era distorcida por uma representação teatral".

Seu piloto privado Hans Baur recorda que era unicamente na companhia de crianças, a quem não tinha de impressionar, que ele demonstrava algo que se parecia com um genuíno sentimento humano. E, no entanto, ele ordenou o assassinato e a escravidão de centenas de milhares de crianças, além de ser responsável por um número muito maior de crianças que se tornariam órfãos sem lares.

Como o historiador Robert Waite observou: "Hitler não possuía os atributos e as qualidades que desejava ou que outros queriam ver nele; ele apenas dava a ilusão de possuí-los".

Peter Kleist, que atuou como assistente do ministro nazista das Relações Exteriores Joachim von Ribbentrop, aponta em suas memórias que o rosto de Hitler sempre o fascinara por causa da variedade de expressões que ele continha. Era como se ele fosse composto de uma série completa de elementos individuais que não se somavam num elemento único total... Um fotógrafo que selecionasse apenas um único momento deslocado do contexto conseguiria mostrar apenas um aspecto, dando assim uma falsa impressão da duplicidade ou multiplicidade do ser que existia por trás disso..."[20]

INFALIBILIDADE

Os exemplos da incapacidade de Hitler de lidar com desacordos e desapontamentos são reveladores. Certa vez, ele foi descrito por um diplomata britânico como se encenasse "igual a uma criança mimada e rabugenta" quando alguém ousava discordar dele, ou quando o tópico de uma conversa não era de seu agrado.

Esses acessos de cólera eram marcantes. Eles, invariavelmente, eram desencadeados por um contratempo insignificante e não por algum contratempo importante aos seus planos. Derrotas militares não o enfureciam tanto, mas se algum empregado ousasse lhe dar um tipo errado de água mineral, ou se fosse sugerido que ele estava assobiando errado uma melodia, ele tinha um furor pontual, independentemente de quem estivesse observando. Hitler batia com os punhos, gritava coisas incoerentes e, inclusive, se esticava contra uma parede, na posição de um mártir, como se estivesse crucificado – estratégias que, sem dúvida, foram desenvolvidas para chamar a atenção de sua mãe. Em uma ocasião, ele respondeu às críticas de uma secretária sobre o seu assobio, assegurando à moça que não havia se desviado da melodia, mas sim que era uma falha do próprio compositor.

Um conhecido de quando ele era criança recordou que Hitler era incapaz de dar algo com um sorriso enquanto um dirigente do Departamento de Relações Exteriores lembrou: "No que diz respeito às pessoas, os julgamentos de Hitler eram, de modo geral, amargos e depreciativos. Qualidades como tolerância, humor e ironia nata lhe eram completamente estranhas".

Geograficamente, Nuremberg situava-se no centro do Terceiro Reich, e os encontros do partido governista lá realizados, com a presença de até 250 mil pessoas, tinham o objetivo de exibir o novo poderio militar da Alemanha.

A única hora em que ele ria era à custa de outros. De acordo com Albert Speer, seu arquiteto e ministro do Armamento: "Ele parecia apreciar a destruição da reputação e da autoestima até de seus parceiros próximos e de companheiros leais".

Isso provavelmente ocorria em função de sua exacerbada arrogância, e o desprezo pelas outras pessoas era temperado por uma tendência à autocompaixão, que o levava a buscar renovação de confiança e solidariedade a todos que ele imaginava ter sofrido e sacrificado em nome do povo alemão.

Hitler constantemente lamentava-se sobre seu receio de ser esquecido de modo que seus assistentes fossem fustigados a tranquilizá-lo de que ele era um grande homem e destinado a ser lembrado ao longo dos futuros séculos.

Foi sua mórbida obsessão pela morte e o obsessivo temor de sua própria mortalidade que o levaram a contratar a construção de um infindável número de monumentos a mártires do movimento. Ele também planejara edificações imperialistas monumentais com uma visão de como seriam suas ruínas após a passagem de um milênio, quando o Reich tivesse passado na história.

O tema da "morte" era dominante no Terceiro Reich, assim como em muitas óperas de Wagner. As paradas nazistas eram representadas como se fossem cenas do *Gotterdämmerung* (Crepúsculo dos Deuses), com as luzes teatrais e as fileiras massivas de tropas uniformizadas da SS no papel de cavaleiros teutônicos, todos escorados na música wagneriana. O objetivo era preparar a cena e estimu-lar a alma alemã. Significativamente, os nazistas preparavam comemorações para heróis fracassados com mais eficácia do que para quaisquer outros eventos de seus apertados calendários.

INFLEXIBILIDADE

Hitler também era rígido em suas rotinas e hábitos. Como seu assessor de imprensa observou com exasperação: "Ele permanecia perpetuamente na mesma companhia, entre os mesmos rostos na mesma atmosfera, e – posso dizer também – no mesmo espírito de monotonia e tédio, fazendo sempre os mesmos discursos e declarações".

Speer também ressaltava como eram vazias as aparições privadas de Hitler, uma mera sombra de sua feroz persona pública. Lembrando-se dos longos e repetitivos monólogos com os quais Hitler entretinha seus convidados e ouvintes, Speer recordou: "O repertório continuava o mesmo. Ele nem o estendia, tampouco o aprofundava, e raramente o enriquecia com novas abordagens. Não posso dizer que achava suas observações muito marcantes". Hitler falava incessantemente sobre seus tópicos favoritos: as dificuldades iniciais do partido, seu conhecimento de história, seu gosto por arquitetura, suas atrizes do cinema preferidas e as indiscrições privadas de dirigentes do partido que não estivessem, é certo, presentes.

Ele não esperava que seus convidados fizessem comentários, mas que somente concordassem com tudo que ele dissesse. As refeições não eram um evento social, mas a oportunidade de se ter uma audiência coletiva com o *Führer*.

Hitler ocupava um lugar especial nos corações e mentes das mulheres alemãs. Nesta foto, uma mulher do partido observa extasiada durante um de seus discursos. Ela está usando a insígnia nazista e a "cruz de mãe".

Mas essa era uma faceta que os cidadãos comuns não viam. Como o dirigente absoluto da Alemanha, Hitler era efetivamente endeusado aos olhos de milhões de seus seguidores. Ele personificou uma mística comparável à dos imperadores romanos ou dos faraós egípcios.

Goering aumentou a fascinação do povo alemão por seu *Führer* em um raro artigo publicado em 1934.

"Provavelmente não há exatamente agora nenhuma outra pessoa que atraia tanto o interesse geral como o *Führer*. E, no entanto, não há alguém cujas qualidades sejam tão difíceis de descrever como as de Adolf Hitler... não há uma única qualidade ou característica sua que, aos nossos olhos, ele não possua até a mais alta perfeição. o *Führer* é infalível. Qual agora é o segredo de sua influência poderosa em seus seguidores? Há algo místico, indizível, quase incompreensível sobre esse homem. Adoramos Adolf Hitler, porque acreditamos com uma fé profunda e inabalável que ele foi enviado para nós por Deus para salvar a Alemanha." [21]

CAPÍTULO 8
POR DENTRO DO REICH

PRIMAVERA PARA HITLER

Gota após gota, a consciência de uma nação estava sendo embalada em submissão como se um anestésico estivesse sendo administrado. No entanto, poucos reclamavam, ao menos não publicamente. A vida estava boa. No primeiro ano de Hitler como chanceler, o desemprego havia sido reduzido em um terço, de 6 milhões de pessoas a pouco menos de 4 milhões. Isso graças a um gigantesco programa de serviços públicos, com custo de 18 bilhões de marcos, que garantia trabalho para centenas de milhares de membros da Frente de Trabalho Alemã sob o comando do dr. Robert Ley. Empresas privadas recebiam polpudos subsídios se contribuíssem para a construção do novo sistema rodoviário, que viu 7 mil quilômetros de estradas de concreto cruzando o país. Havia também imponentes edifícios municipais a serem erguidos em Berlim e outros centros administrativos, incluindo uma nova Chancelaria do Reich para o *Führer* e um complexo de ministérios numa escala imponente. Diversos deles eram esboçados por Hitler que, finalmente, estava realizando suas ambições de adolescente.

No ano seguinte, mais um milhão de pessoas se empregaram e a redução do índice de desemprego aumentava ano a ano até que em 1939 somente 302 mil pessoas fisicamente aptas estavam oficialmente desempregadas, ou seja, 0,5% da força de trabalho total. Por essa razão, poucos resmungavam sobre os prejuízos dos sindicatos, embora à época fossem proibidos de exigir salários mais altos, menos horas ou melhores condições de trabalho. Greves não podiam ser realizadas sob quaisquer circunstâncias. O operariado era até mesmo proibido de mudar de empregador sem permissão. Foi introduzido o pagamento de acordo com o desempenho, que beneficiava os trabalhadores mais jovens, mas que comprovou ser prejudicial à subsistência dos trabalhadores de mais idade, e dos homens e mulheres menos capazes. A obrigatoriedade de se trabalhar um número maior de horas levou a um aumento marcante do absenteísmo. O progresso tinha o seu preço.

Os números do desemprego também eram enganosos. O recrutamento obrigatório para o serviço militar foi introduzido em 1935, o que indicava que centenas de milhares de jovens eram forçadas a entrar no Exército, e, portanto, não apareciam nas estatísticas. Em 1939, um milhão e meio de homens usavam uniforme e com isso não estavam mais desempregados.

Nas regiões rurais os fazendeiros estavam recebendo polpudos subsídios para produzir menos alimentos. Eles eram ati-

> O FUTURO DA NAÇÃO ALEMÃ DEPENDE DOS JOVENS. PORTANTO, É NECESSÁRIO PREPARAR TODOS OS JOVENS ALEMÃES PARA SUAS FUTURAS OBRIGAÇÕES.

vamente desestimulados a ser produtivos de modo a manter os preços artificialmente altos, enquanto nas regiões industriais as fábricas trabalhavam a pleno vapor para atender às metas do programa de rearmamento. Em 1938, o custo para a nação era de 26 bilhões de marcos.

Hitler recebeu os créditos por essa prosperidade, mas de fato a economia alemã melhorou como consequência da recuperação global. A Depressão terminara e a confiança nas principais instituições financeiras havia sido restaurada. Até mesmo o grandioso programa de construção de rodovias com o qual Hitler é creditado foi na realidade planejado pelo governo de Weimar no fim da década de 1920. É um fato pouco conhecido que, em 1927, a república estava gastando mais em novas rodovias do que os nazistas fizeram em 1934. Inclusive os jovens alemães eram mantidos ocupados com atividades saudáveis ao ar livre, que combinavam treinamento físico com a doutrinação da ideologia nazista.

JUVENTUDE HITLERISTA

A inscrição na Juventude Hitlerista, que havia sido fundada em 1926, foi tornada obrigatória para garotos a partir de seis anos, e garotas, a partir de 10 anos, graças a uma lei sancionada em 1939, que estabelecia: "O futuro da nação alemã depende dos jovens. Portanto, é necessário preparar todos os jovens alemães para suas futuras obrigações... Todos os jovens alemães deverão ser treinados física, mental e moralmente no espírito do Nacional-Socialismo para servir à nação e à comunidade racial".

Até então, os pais eram estimulados a inscrever seus filhos na organização do

Os Jogos Alemães, Nuremberg 1938: sob a administração de Hitler, o primeiro dever de todos os cidadãos alemães era servir ao Estado e, se necessário, perder sua vida para a pátria-mãe.

partido. Como outros grupos de jovens tinham sido proibidos em 1933, e grupos religiosos de jovens abolidos três anos depois, eles tinham pouca chance a não ser cumprir a obrigação. Aqueles que resistissem poderiam ser despedidos do trabalho, multados ou até presos.

Os garotos eram obrigados a unir-se ao *Pimpfen* (Camaradinhas) a partir dos seis anos até os 10 anos, quando se inscreviam no *Jungvolk* (Povo Jovem) até os 14 anos. Em seguida, eles ascendiam até a *Hitlerjugend* (Juventude Hitlerista), que os treinaria para o serviço militar aos 18 anos.

As garotas uniam-se à organização *Jungmädel* (Garotinhas) aos 10 anos. Quando atingiam os 14 anos mudavam para a *Bund Deutscher* Mädchen ou Mädel (A Liga das Garotas Alemãs) até os 18 anos.

Em 1932, quando o movimento jovem estava em seu início, havia 108 mil membros. Esse número aumentou para cerca de 5,5 milhões em 1936 e atingiria seu pico em 1939, quando o número total de membros de todas as organizações de jovens atingiu 8 milhões. Isso assegurava que todos os jovens em idade de recrutamento militar fossem devidamente doutrinados com o programa nazista.

Qualquer pai interessado, que não estivesse infectado com a febre do Nacional-Socialismo, deve ter percebido que as crianças da nação estavam sendo condicionadas a servas obedientes do Estado e, depois, apresentadas à propaganda nazista e cinicamente preparadas para a guerra.

"Himmler está treinando jovens que farão o mundo tremer", observou Hitler.

Era o conto de fadas do *Flautista de Hamelim*, dos irmãos Grim, retratado na vida real. A maioria dos garotos estava feliz por fazer parte do movimento jovem nacional e usava seus uniformes com orgulho. Eles respondiam avidamente aos seus ideais de camaradagem, lealdade e honra, e à promessa de competições esportivas e de montar acampamento em regiões rurais. Nessas localidades, aprendiam a interpretar mapas, atirar, sinalizar e os significados místicos dos símbolos rúnicos. Para muitos, era como uma aventura, uma oportunidade de pertencer a algo. Poderiam receber distintivos de mérito pela aquisição de novas competências, e os indivíduos poderiam testar a capacidade de autodisciplina e de resistência física.

Todavia, nem todos compartilhavam do mesmo entusiasmo. Um número reduzido de jovens reclamava que a disciplina no estilo militar era opressiva. Cada atividade era precedida por exercícios repetitivos supervisionados por garotos de 12 anos, que claramente gostavam de disparar ordens a seus subordinados de 10 anos. Alguns apreciavam a autoridade e a inquestionável obediência que eles eram capazes de comandar. Eles gostavam do

Atividades patrocinadas pelo Estado: as crianças alemãs eram doutrinadas desde a tenra idade.

direito de punir aqueles que não faziam o que lhes era dito. Os transgressores tinham de fazer exercícios extras e a limpeza dos banheiros.

O lema do movimento jovem era "Os jovens devem ser liderados por jovens", mas na prática isso significava que agressores poderiam atormentar aqueles de quem não gostassem. Ao serem doutrinados com a ideologia ariana, ensinariam a eles que seu dever era "monitorar" seus pais, professores e demais adultos. Os jovens também recebiam instruções para relatar quaisquer incidentes ou comentários que pudessem ser considerados atos de deslealdade contra o Estado. A ideia era que fossem pequenos Hitlers em fase de crescimento.

A política do regime era explicitada por Robert Ley, líder da Frente de Trabalho Nazista.

"Nosso Estado... não deixa um homem se libertar desde o berço até o túmulo. Começamos nosso trabalho quando a criança tem três anos. Assim que ela começa a pensar, é colocada uma bandeirinha em suas mãos. Depois, chega a fase da escola, da Juventude Hitlerista, as Tropas de Assalto e o treinamento militar. Não deixamos uma única criança fora desses programas, e quando tudo isso é feito, há a Frente de Trabalho, que se apodera delas quando já estão crescidas e não as largas até que morram, gostem ou não disso."

FORÇA ATRAVÉS DA ALEGRIA

A Força de Trabalho Alemã promovia um programa de atividades recreativas e eventos sociais para os trabalhadores conhecido por *Kraft durch Freude* (Força através da Alegria) que objetivava mantê-los felizes e produtivos. Concertos, visitas a teatros, cursos educacionais e de férias, eram oferecidos a preços baixos para aqueles que, de outra forma, não conseguiam pagar. Mas, na prática, ainda eram os trabalhadores mais bem remunerados e os gerentes que conseguiam garantir lugares nos destinos mais desejáveis, como os cruzeiros para a Escandinávia ou a Espanha. Um ramo da organização, conhecido por departamento de "Beleza do Trabalho", patrocinava a construção de cantinas e instalações de lazer em fábricas e em outros locais de trabalho. No entanto, os trabalhadores se ressentiam de que não era esperado que fossem eles que construíssem as instalações em seu tempo vago e às suas próprias custas.

Ley gerou mais ressentimentos ao prometer disponibilizar um carro a cada trabalhador contanto que eles pagassem por ele em prestações. Diz-se que o Volkswagen (carro do povo) no formato de um besouro foi projetado pelo próprio *Führer*. Ele assentou a pedra de fundação para a fábrica em 1938, entre muita propaganda sensacionalista. Porém, após um ano, a fábrica havia mudado para a produção de munições, e os carros jamais foram entregues aos trabalhadores que tinham pagado por eles.

O PAPEL DAS MULHERES NO REICH

No mundo de Hitler, considerava-se que as mulheres não passavam de um ornamento. Durante o Terceiro Reich, elas foram declaradas inelegíveis para o serviço do júri, pois na opinião do *Führer* eram incapazes de pensar com a lógica ou de terem raciocínios objetivos.

Ele disse para a esposa do comandante da SA, Franz von Pfeffer: "A mulher deve ser uma coisinha bonita, carinhosa, ingênua, suave, doce e estúpida". A própria

Salto político (1936): o movimento "Força através da Alegria" era tendência.

escolha que ele fizera para companhia feminina, a pálida Eva Braun, certamente se ajustava a essa descrição.

O papel das mulheres no Terceiro Reich era resumido pelo slogan do partido: *Kinder, Kirche, Küche* (filhos, igreja, cozinha). Embora os membros da elite nazista escolhessem beldades delgadas como amantes, o estereótipo ideal do partido era uma mulher maternal de quadris largos, sem interesses a não ser o lar. Dizia-se que o carrinho de bebê era o "tanque do *front* doméstico".

Os nazistas receavam que a força da população alemã estivesse sendo ameaçada por gerações de pessoas que

> "A MISSÃO DA MULHER É SER BONITA E GERAR FILHOS PARA O MUNDO."
> *Joseph Goebbels, 1929*

mantinham relações sexuais com "raças inferiores" e que, se essa tendência continuasse, elas provavelmente seriam superadas pelos eslavos. Em um esforço de conter tal situação, o regime estimulava as mulheres a abandonar empregos de período integral de modo que pudessem casar e educar os filhos.

Foram oferecidos empréstimos para casamentos sem juros, que seriam amortecidos a um quarto do montante no nascimento de cada filho. As mães produtivas recebiam medalhas em reconhecimento à sua lealdade e sacrifício. Aquelas que não aceitavam a sugestão eram ativamente desestimuladas a seguir uma carreira.

Os locais para mulheres fazerem cursos extras foram drasticamente reduzidos de modo a limitar suas opções, e muitas mulheres com profissões foram forçadas a abandonar os empregos. E, acima de tudo, foram proibidas as clínicas de controle de natalidade, além de entrarem em vigor leis rigorosas contra o aborto.

Se algum ramo da ciência fosse vinculado especificamente ao Partido Nazista, ele seria a prática específica de eugenia, que envolvia programas de reprodução seletiva visando atingir a "purificação" social. Em 1936, foram criados os centros de reprodução infantil *Lebensborn*.

Mulheres aprovadas racialmente eram apresentadas a homens da SS na expectativa de que pudessem gerar descendentes arianos puros. Paralelamente a isso, os nazistas implementaram um programa de eutanásia para extirpar os

Der Bund Deutscher Mädel in der Hitler Jugend (Liga das Garotas Alemãs na Juventude Hitlerista): garotas dançam juntas como se fossem educadas para seus futuros papéis de esposa, mãe e dona de casa.

Lebensborn: experiência insana em reprodução seletiva.

cidadãos "improdutivos" de modo que eles não passassem seus "defeitos" a seus descendentes.

EUTANÁSIA
Em 1933, a lei para a Prevenção de Crianças com Doenças Hereditárias obrigava a esterilização de pessoas com deficiência física, visual, auditiva e de qualquer pessoa que sofresse de epilepsia ou depressão. Alcoólatras crônicos também eram incluídos.

Depois, em 1935, foi sancionada a lei para a Proteção da Saúde Hereditária do Povo Alemão, que proibia pessoas com doenças hereditárias ou infecciosas de casar e gerar crianças "antissociais e doentes" que se tornariam um "fardo para a comunidade".

No espaço de quatro anos, foram realizadas 200 mil esterilizações compulsórias e, paralelamente, estava sendo implementado um programa de eutanásia com a fria eficiência alemã. Manfred, deficiente mental e irmão de Gerda Bernhardt, foi uma das 5 mil crianças cujas vidas foram tiradas por médicos nazistas nos primeiros anos do regime.

Gerda lembra, "Manfred era um adorável garoto, ele apenas conseguia falar 'mamãe' e 'papai'... Ele só conseguiu aprender a andar muito tarde, também. Manfred sempre gostava de fazer muitas atividades. Se minha mãe dissesse: 'Traga um pouco de carvão do porão', ele queria fazer isso repetidas vezes. Meu pai pensava em interná-lo em algum tipo de hospital infantil e, então, instituíram a Aplerbeck, como se fosse uma enorme fazenda em que ele poderia se manter ocupado".

A Aplerbeck havia sido projetada como uma "Unidade para Crianças Especiais", em que os funcionários decidiam quais pacientes deviam viver e quais exigiriam muitos cuidados e, portanto, deviam ser mortos por uma injeção letal.

Gerda recorda a última vez em que viu seu irmão com vida. "Eles o trouxeram até uma sala de espera. Havia uma atendente lá quando eu estava partindo. Meu irmão ficou parado ao lado da janela, e eu acenava, acenava; ele também me acenava. Essa foi a última vez que o vi."

À época não havia uma política oficial de eutanásia nem lei que autorizasse essa prática, mas somente uma diretiva (*Führerstaat*). Os médicos simplesmente estavam atuando com base em instruções dadas por seus superiores, que sabiam que Hitler informalmente sancionara a prática em uma carta dirigida ao seu médico pessoal.

Isso foi suficiente para selar a sorte de milhares de crianças consideradas "indesejáveis" ou não merecedoras da vida. Pacientes como Manfred Bernhardt recebiam doses de luminal ou morfina, e suas mortes eram atribuídas a doenças comuns de modo que suas famílias não levantassem suspeitas (antes disso, o método era a inanição). Os registros da instituição em Aplerbeck apontam que Manfred Bernhardt morreu de sarampo. Naquela mesma semana, 11 outras crianças saudáveis morreriam prematuramente.

SUSPEITAS

Mas nem todos aceitavam as explicações oficiais. Uma família fora informada que seu ente querido havia morrido por causa de um apêndice infeccionado, mas a instituição não sabia que o apêndice do paciente havia sido removido há dez anos.

Erros similares levantaram as suspeitas de dezenas de outras famílias, que apresentaram suas preocupações a religiosos, sabendo que não seriam ouvidos pela Polícia.

Em setembro de 1940, o pastor Braune, um clérigo protestante, escreveu para o Ministério da Justiça a fim de expressar suas inquietações sobre a inanição sistemática de pacientes em sanatórios financiados pela Igreja que estavam sob sua supervisão.

"Visitas às instituições na Saxônia evidenciam claramente que a taxa de mortalidade está sendo aumentada pela redução da alimentação... Como os pacientes não conseguem sobreviver nessas condições, eles são forçados a tomar um medicamento (paraldeído) que os deixa apáticos. Relatos escritos e orais tornam evidentes os pacientes gritando repetidas vezes: 'Fome, fome'. Os funcionários e enfermeiras que não conseguem mais suportar isso, usam seus recursos privados para amenizar um pouco a fome. No entanto, o resultado está além da questão. Centenas de pacientes tiveram morte rápida nos últimos meses como resultado dessas medidas. Nem são apenas esses pacientes envolvidos aqui que estão absolutamente além de sentimentos. Contrariamente, eles sabem muito bem o que está acontecendo e estão assistindo a um número excessivo de funerais realizados dia a dia. Um relatório descreve o medo mortal de um paciente que teve o exato pressentimento do destino que o esperava e o de seus companheiros de infortúnio."

Foi apenas em agosto de 1941 que Hitler ordenou o fim do programa de eutanásia em resposta a um protesto público liderado por um clérigo, o bispo Galen de Munster, amplamente divulgado, que havia protocolado um protesto oficial junto ao procurador distrital e à Polícia.

> "OS CONCEITOS DOS CRISTÃOS E OS DOS NACIONAL-SOCIALISTAS SÃO IRRECONCILIÁVEIS."
> *Martin Bormann, julho de 1941*

"Estão sendo elaboradas listas em hospitais e asilos de enfermagem da Vestefália desses pacientes que, como supostos 'cidadãos improdutivos', devem ser transferidos e, logo após, mortos...

"Provavelmente, isso é para proteger os homens que premeditadamente assassinarão essas pobres e enfermas criaturas, membros de nossas famílias, que os pacientes selecionados para morrer são transferidos de locais perto de suas casas a uma distante instituição. Posteriormente, para a causa da morte, são escolhidas algumas doenças. Como o corpo é imediatamente cremado, nem a família tampouco consegue descobrir se houve realmente essa doença e qual foi a causa da morte. No entanto, me asseguraram que nem no Ministério do Interior nem no Departamento do Líder dos Médicos do Reich, dr. Conti, há muito esforço para ocultar o fato de que mortes premeditadas de números consideráveis de deficientes mentais ocorreram e que outras já estão sendo planejadas para o futuro."[23]

UMA VOZ DISSIDENTE

Poucos ousavam falar publicamente contra o regime, mas certos membros do clero, tanto protestantes como católicos, criticavam os nazistas do púlpito quando ficava claro que eles pretendiam suplantar o cristianismo com uma nova religião pagã. A cruz cristã era para ser substituída pela suástica e retratos de santos seriam retirados de todas as capelas, igrejas e catedrais. Finalmente, a Bíblia seria substituída pelo *Mein Kampf*, e uma espada seria colocada à esquerda do altar.

Adoradores de falsos deuses. Bispo Ludwig Müller com companheiros nazistas nas escadarias da Igreja do Castelo em Wittenberg, onde Martinho Lutero postara no passado as 95 teses contra a venda de indulgências.

Em março de 1935, o pastor Martin Niemöller de Berlim fez um apelo público para as congregações da Prússia, advertindo sobre essa nova idolatria.

"Vemos o nosso povo ameaçado por um perigo mortal. O perigo é o de uma nova religião."

Niemöller, um ex-comandante de submarino na Primeira Guerra Mundial, inicialmente acolhera bem o advento dos nazistas. Mas depois ele ficou rapidamente decepcionado com seus planos de uma Igreja do Reich controlada pelo Estado e pelos ferozes sentimentos anticristãos expressos por Alfred Rosenberg e outros membros do núcleo duro de Hitler. Em sua severa condenação do regime, Niemöller fez lembrar aos seus amigos cristãos que a nova religião se rebelava contra o 1º Mandamento, que preconizava "Amar a Deus sobre todas as coisas". A veneração de sangue e raça, nacionalidade, honra e liberdade constituíam novos ídolos, não ideais.

A fé em uma "Alemanha eterna", discutia ele, estava ameaçando substituir a fé no eterno Reino Celestial de Cristo, e essa "falsa fé" era uma expressão do Anticristo.

Assim, era dever da Igreja resistir à secularização de seus costumes e à descristianização de seus dias sagrados. A sua missão era proteger seus membros da doutrinação que introduzia um "novo mito" que contrariava as crenças cristãs.

O *status* clerical de Niemöller não o salvou da ira do regime. Após ele ter ignorado diversas ameaças e advertências, foi preso em 1937 e enviado para o campo de concentração de Sachsenhausen e depois para Dachau, onde permaneceu por sete anos até ser libertado pelos Aliados. Mais de mil religiosos foram presos na esteira do protesto de Niemöller. Oitocentos deles eram membros da Igreja Confessional, fundada em resposta ao movimento dos Cristãos Alemães pró-Nazismo.

Com os pastores mais fundamentados e eloquentes afastados do púlpito, os religiosos remanescentes relutantemente deram suas bênçãos para o regime. Os nazistas não perseguiram o plano original de uma Igreja Nacional do Reich, mas asseguraram que cada aspecto da vida religiosa fosse adornado com a suástica e recebesse uma marca distintiva militar. Havia casamentos, batismos e, é certo, funerais nazistas.

GENOCÍDIO E OS JUDEUS

Os judeus alemães não desapareceram da noite para o dia. Seus direitos foram usurpados, e eles, destituídos de suas subsistências por meio de um programa metódico e sistemático de leis. A intenção era isolá-los da sociedade alemã até que pudesse ser implementada a "Solução Final" para o problema judaico. Essas leis eram publicadas em boletins noticiosos do rádio, nos filmes semanais do cinema e nos jornais, de modo que a população alemã estava bem ciente do que acontecia.

O assédio aleatório dos judeus por membros da SA nos primórdios do regime nazista passou a ser uma diretriz explícita do partido em abril de 1933, quando Hitler ordenou o boicote às lojas e empresas judaicas. Até mesmo von Hindenberg sabia o que estava acontecendo. Ele expressou sua desaprovação em uma carta datada de 4 de abril de 1933.

"Caro Sr. Chanceler,

Nos últimos dias, recebi informações de uma série de casos em que juízes, procuradores e oficiais de justiça, que são veteranos feridos de guerra e cujas condutas nos cargos têm sido ilibadas, foram aposentados forçadamente e estão a ponto de perder as posições por causa de suas descendências judaicas.

Para mim, pessoalmente, (...) essa forma de tratamento de servidores judeus feridos na guerra é praticamente intolerável.

(...) se eles foram dignos da luta e do sangue pela Alemanha, devem ser considerados dignos de continuar servindo à Pátria em suas profissões."

Com seu característico desprezo, Hitler respondeu que essas medidas eram meramente parte de um "processo de limpeza" que pretendia "restaurar o equilíbrio natural e saudável entre os alemães e judeus em certas profissões. Ele prosseguiu escrevendo que isso era

Nada era sagrado para os nazistas: eles criavam pôsteres para promover uma nova Igreja do Estado alemão.

necessário para purgar o sistema de um corpo estranho que estava corrompendo-o de seu interior.

PERSEGUIÇÃO LEGALIZADA

Em 7 de abril, a lei para a Restauração do Serviço Civil Profissional legalizava a dispensa de todos os judeus dos serviços civil e público. Nos meses seguintes, livros de autores judeus foram queimados publicamente em Berlim. Mais de um jornalista tentou lembrar a seus leitores que, há um século, o poeta romântico alemão Heine advertira que: "Onde se queimam livros, eventualmente queimam-se pessoas".

Em setembro, os judeus foram banidos de todas as atividades culturais e, em outubro, todos os jornalistas judeus, demitidos de seus empregos sem direito a indenização.

No ano de 1934, os estudantes judeus foram expulsos das Forças Armadas, e, em setembro do mesmo ano, as infames leis de Nuremberg privaram os judeus alemães de suas cidadanias, e a lei para a Proteção do Sangue e da Honra Alemã proibiu tanto o casamento como o relacionamento sexual entre judeus e gentios.

Uma série de leis expulsavam os judeus de profissões médicas, acadêmicas e a outras profissões legais. Os médicos judeus somente podiam tratar de pacientes judeus, os advogados judeus foram limitados à atuação e aconselhamento a clientes judeus, e os professores judeus poderiam ter unicamente alunos particulares também judeus. Tanto os professores como os estudantes judeus foram expulsos das escolas alemãs.

Os judeus também foram proibidos de frequentar locais públicos, como parques, restaurantes, salas de cinema e lojas. Todavia, durante os Jogos Olímpicos de 1936, todas as placas públicas que proibiam judeus foram removidas do centro de Berlim com receio de que atraíssem as críticas internacionais. Mas foi apenas uma questão de tempo para que a perseguição aos judeus descambasse em uma violência gratuita e chamasse a atenção da mídia internacional.

A NOITE DOS CRISTAIS [*KRISTALLNACHT*]

Em 9 de novembro de 1938, um ataque organizado de alcance nacional conhecido por *Kristallnacht* (A Noite dos Cristais) provocou a queima praticamente total de cerca de 200 sinagogas enquanto 7 mil pequenos negócios de judeus foram destruídos e vários cemitérios judaicos, profanados.

Trinta mil judeus foram detidos e aprisionados em campos de concentração, 2 mil dos quais mortos naquela mes-

Conforme advertido por Heine: "Onde se queimam livros, eventualmente se queimam pessoas".

ma semana. A violência havia sido instigada pelos líderes nazistas, que posteriormente alegaram haver sido uma reação espontânea de cidadãos alemães ultrajados. Comentou-se que o assassinato de um diplomata alemão por um extremista judeu havia provocado a plebe.

Emmi Bonhoeffer, dona de casa berlinense, comenta que: "Em 1938, quando as sinagogas foram queimadas, todas as pessoas sabiam o que estava ocorrendo. Lembro que meu cunhado me disse que estava a caminho do trabalho de trem na manhã seguinte à Kristallnacht e que entre as estações de Zarienplatz e Zoological Gardens havia uma sinagoga em chamas, e ele murmurou: 'Essa é uma vergonha de nossa cultura'. Nesse exato momento, um cavalheiro sentado à sua frente virou sua lapela e exibiu o emblema de seu partido, apresentando seus documentos para mostrar que era da Gestapo. Meu cunhado teve de mostrar os documentos e dar o endereço, e recebeu ordens para se apresentar no escritório do partido às 9 horas da manhã seguinte. Ele foi questionado e teve de se explicar o que quis dizer com aquele comentário. O cunhado tentou desconversar, mas recebeu como punição a tarefa de arranjar e distribuir os cartões de racionamento para a região no início de cada mês. E, ele foi obrigado a cumpri-la durante sete anos até o final da guerra. A família tinha de organizar os cartões para cada categoria populacional: operários, crianças etc., mas o rapaz não podia ter um ajudante. Era preciso fazer tudo isso sozinho. Essa era a forma como eles 'quebravam a espinha dorsal' das pessoas".[24]

Quando Emmi tomou conhecimento do que estava ocorrendo nos campos de concentração, ela contou a seus vizinhos, que disseram não querer ouvir essas histórias pavorosas. Não se podia acreditar em tantas coisas. Essas notícias eram criadas pelas rádios estrangeiras. Quando o marido de Emmi ouviu o que ela estava dizendo, advertiu-a de que ela estava colocando a família em grave risco. Ele lhe disse que um ditador é como uma serpente: "Se você ataca a cauda, ela simplesmente vira e morde você. É preciso atacar sua cabeça".

No entanto, agir contra um governo não é algo que possa ser executado com leveza, e em uma ditadura o risco de um insucesso é terrível demais para ser contemplado.

No final de 1938, foram introduzidas mais medidas que legalizavam o confisco de empresas e propriedades judaicas. Agora, elas poderiam ser compradas a uma fração de seus valores pelo Estado, e seus antigos proprietários despejados na rua ou levados para campos de concentra-

Ilusões despedaçadas: após a "noite do terror", os dias dos judeus na Alemanha estavam contados.

ção. Em 1939, os judeus foram obrigados a ceder todos os seus bens, inclusive joias, antes de serem expulsos forçosamente de suas casas e ser realojados em guetos.

Os judeus deviam ser fisicamente removidos de todos os aspectos da vida alemã, e todas as lembranças de sua existência, erradicadas. Os nomes dos soldados judeus mortos na Primeira Guerra Mundial foram cinzelados dos monumentos e os registros militares de mais de 100 mil judeus, que lutaram pela Pátria, destruídos.

NÃO OUÇO NENHUMA MALDADE. NÃO VEJO NENHUMA MALDADE

Todas as pessoas sabiam o que estava acontecendo com os judeus, mas a maioria fingia que não via ou optava por acreditar nos boatos de que eles estavam sendo deportados. Muitos abrigaram essas ilusões até que os Aliados libertaram os campos de concentração em 1945 e a terrível verdade foi revelada para todos verem. No entanto, outras pessoas presenciaram pessoalmente a perseguição aos judeus nos primeiros anos do regime, e logo começaram a entender a terrível verdade a respeito da sorte de milhares de judeus que haviam sumido.

A dona de casa alemã Christabel Bielenberg, cujo marido foi posteriormente executado por sua participação no complô de julho para assassinar Hitler, ainda é assombrada pelas lembranças da noite em que lhe pediram para abrigar um casal judeu. Ela aceitou-os, contrariando os conselhos de um vizinho, que era conspirador. Seu vizinho a fez lembrar que ao aceitar os judeus dentro de sua casa ela arriscava não apenas a vida dela como a de seu marido, mas também de seus filhos, que seriam, indubitavelmente, enviados a um campo de concentração se a Gestapo descobrisse. No entanto, ela acomodou o casal judeu no porão de sua casa da forma mais confortável possível.

"Eu poderia simplesmente dizer 'não'", recorda ela. Os judeus ficaram no porão por dois dias. Na manhã do terceiro dia, Christabel desceu até o porão para descobrir que o casal havia partido, mas antes disso eles limparam e arrumaram tanto o esconderijo de modo que não ficassem vestígios de sua estadia.

Passados alguns dias, ela soube que eles tinham sido capturados enquanto compravam bilhete em uma estação ferroviária e que, em seguida, foram transportados até Auschwitz.

"Eu então me dei conta que Hitler me transformara em uma assassina", disse ela.

Meio milhão de judeus possuía a cidadania alemã em 1933. Muitos deles seriam assimilados na sociedade alemã por casamentos com pessoas de outras raças se os nazistas não tivessem os matado sistematicamente. Alguns tiveram a visão de perceber qual seria o destino se caíssem nas mãos do regime e tiveram sorte suficiente para serem autorizados a emigrar para a Grã-Bretanha ou os Estados Unidos. Entre eles, estavam o cientista Albert Einstein e os cineastas Alexander Korda, Fritz Lang e Michael Curtisz, bem como o ator Peter Lorre. No total, 280 mil judeus conseguiram fugir para algum destino seguro.

Todavia, muitos cidadãos comuns permaneceram no país, quer porque não queriam abandonar as famílias, ou porque lhe foram negados os vistos de emigração. Vários países limitaram a cota de refugiados que aceitariam, e nem todos que queriam fugir de avião receberam autorização.

Alguns ainda se apegaram à convicção de que os nazistas não os molestariam, e iriam realocá-los no Leste. Havia inclusive os que inicialmente se negavam a ver as reais intenções de Hitler. Em seu diário de março de 1933, o dramaturgo Erich Ebermayer registrou uma reunião que teve com a jovem viúva de um ex-professor. Ele expressou surpresa com a ingenuidade dela em relação aos nazistas... A moça não se opunha totalmente a eles. Ao contrário, fazia uma preleção sobre as incríveis qualidades de Hitler, a grandeza da era que nos permitiram testemunhar, o renascimento nacional e está firmemente convencida de que não haverá nenhum dano aos judeus criados na Alemanha. Eu mal consigo compreender esse grau de ilusão... Nem parece ser um caso isolado. Há pouco tempo, fui testemunha de uma cena em Leipzig, em que a esposa do conselheiro Simonson da Suprema Corte, batizada e obviamente judia, disse a meu pai sobre o mais recente discurso de Hitler no Reichstag: 'Ele não parece um salvador?' Meu estômago embrulhou..."

OS JUDEUS SÃO A NOSSA DESTRUIÇÃO

Não demorou mais que 1941 para que a estratégia do regime dirigida aos judeus passasse da discriminação ao extermínio.

Em novembro daquele ano, a política dos líderes foi explicitada em um artigo assinado por Goebbels. Ele afirmava que compartilhava a paranoia de seu *Führer*

e deixou bem claro que qualquer pessoa que ajudasse um judeu seria tratada como um traidor do Estado.

"Deixem-me dizer mais uma vez:

1. Os judeus são a nossa destruição. Eles provocaram e fizeram acontecer esta guerra. O que eles pretendem com isso é destruir o Estado e a nação alemã. Esse plano deve ser frustrado.

2. Não há diferença entre os judeus. Todo judeu é um inimigo ferrenho do povo alemão. Se ele deixa de exibir sua hostilidade contra nós é meramente por causa da covardia e da malícia, mas não porque seu coração está livre disso.

3. A morte de cada soldado nessa guerra é responsabilidade dos judeus. Eles guardam isso em suas consciências, e, portanto, deverão pagar por isso.

4. Qualquer pessoa que usar a estrela judaica terá de ser marcada como um inimigo da nação. Qualquer pessoa que ainda continuar a ter relações sociais com eles é um deles e deverá ser considerado um judeu e tratado como tal. Ela merecerá o desprezo de toda a nação por ter desertado na hora mais grave para passar para o lado daqueles que a odeiam.

5. Os judeus têm a proteção das nações inimigas. Não são necessárias mais provas de seus papéis destrutivos entre o nosso povo.

6. Os judeus são os mensageiros do inimigo em nosso meio. Quem se aliar a eles está mudando para o lado inimigo em tempos de guerra.

> **"O POVO JUDEU SERÁ EXTERMINADO', DIZ QUALQUER MEMBRO DO PARTIDO. CERTAMENTE, ISSO ESTÁ EM NOSSO PROGRAMA DE GOVERNO: A EXCLUSÃO DOS JUDEUS; O EXTERMÍNIO."**

Após a invasão da Polônia em 1939, os judeus eram obrigados a usar uma Estrela de Davi. Essa prática foi reforçada em setembro de 1941, com um decreto assinado por Reinhard Heydrich, o carrasco de Hitler.

7. Os judeus não possuem direito de pretender ter direitos iguais aos outros. Sempre que quiserem se manifestar nas ruas, nas filas em frente das lojas, nos transportes públicos, deverão ser silenciados. Eles precisam ser silenciados não apenas porque partem de princípios errados, e sim porque são judeus e não têm voz na sociedade.

8. Se os judeus fazem um ato sentimental para você, tenha em mente que eles estão especulando em sua capacidade de perdoar. Mostre-lhes imediatamente que você consegue enxergar as suas almas e puna-os com a desonra.

9. Um inimigo decente após sua derrota merece nossa generosidade. Mas os judeus não são inimigos decentes. Eles apenas fingem sê-los.

10. Os judeus deverão ser culpados por esta guerra. O tratamento dado a eles não deixa dúvida. Eles têm mais do que merecido isso."[25]

No entanto, talvez o exemplo mais revelador da mentalidade nazista na prática será encontrado em um discurso proferido por Himmler a um grupo de líderes da SS em Posen em 1943. O *Reichsführer* estava tentando justificar a matança a sangue frio de milhões.

"Deixem-me, com toda a franqueza, mencionar um capítulo terrivelmente difícil para vocês. Entre nós, podemos falar abertamente sobre isso, embora jamais falemos uma só palavra sobre o assunto publicamente... Estou falando sobre a evacuação dos judeus, o extermínio do povo judeu. Isso é algo sobre o qual as palavras fluem tão naturalmente.

'O povo judeu será exterminado', diz cada membro do partido. É certo. Está em nosso programa. A exclusão dos judeus, o extermínio. Tomaremos conta disso... A maioria de vocês saberá o que significa ver cem corpos juntos, quinhentos ou mil. Ter passado por isso, e – alguns exemplos de fraqueza humana à parte – ter permanecido uma pessoa decente ao longo de todo o processo, é o que nos faz ser resistentes. Essa é uma página de glória de nossa história que jamais foi e jamais será escrita...

Temos o dever moral e a missão diante de nossa nação de matar essas pessoas que desejavam nos matar... estamos exterminando um bacilo... podemos ver que cumprimos a mais difícil de nossas tarefas pelo amor ao nosso povo. E, não sofremos nenhum dano em nossa essência, em nossa alma, em nosso caráter..."[26]

CAPÍTULO 9
DOUTRINAÇÃO E IDEOLOGIA

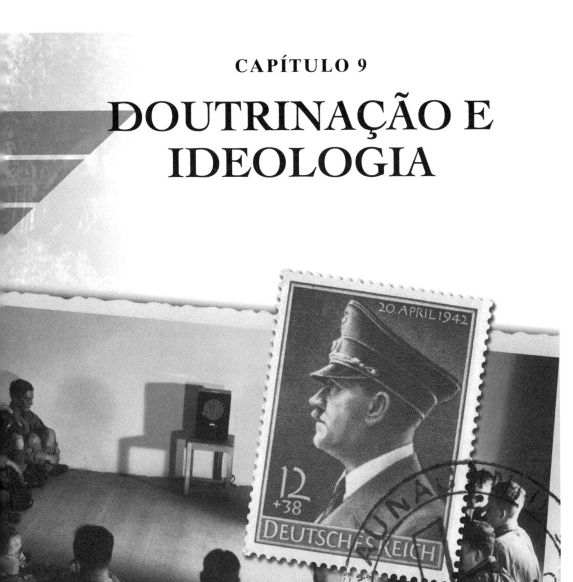

NAZIFICAÇÃO

A Nazificação da nação não foi conseguida pela intimidação apenas. A conversão foi um maior fator. A ideologia nazista foi assimilada com entusiasmo quando grupos culturais e instituições acadêmicas foram estimulados a alinharem-se com o partido (um processo conhecido como Gleichshaltung). Era esperado que todas as associações profissionais e clubes amadores promovessem os valores populistas do partido e trabalhassem juntos para o bem maior. O regime era diabólico, mesmo assim iludia muitas pessoas decentes para que trabalhassem por ele, incluindo objetivos chamativos nos seus programas.

A aspiração central do programa era a criação de uma sociedade sem classes. Até os nazistas iniciarem seu programa comunitário *Volks*, a Alemanha era estritamente hierárquica. Apenas os filhos de pessoas com títulos e dos ricos podiam se matricular nas universidades, por exemplo, enquanto a maioria dos oficiais das Forças Armadas era oriunda de famílias aristocráticas. Sob a administração nazista, os empregadores eram estimulados a fazer suas refeições com os trabalhadores. Em organizações como a Frente do Trabalho, os profissionais autônomos misturavam-se com a classe operária como iguais.

Dessa forma, a nação ficava desatenta às medidas mais extremas do governo. Elas incluíam a proibição de jornais da

Uma família de refugiados judeus foge de Memel (hoje Kaipeda), após a cidade da Lituânia ter se rendido aos alemães em março de 1939. Ao fundo, nazistas uniformizados zombam e se divertem.

A voz do mestre: um grupo cuidadosamente arrumado de membros da Juventude Hitlerista reunidos em torno de um rádio em uma sala vazia, ouvindo encantados um discurso proferido por Adolf Hitler.

oposição; o banimento dos sindicatos; o boicote às empresas de judeus; a dispensa de judeus do serviço civil; e o encarceramento de oponentes políticos nos novos campos de concentração em Oranienburg, próximo de Berlim, e em Dachau, na Baviera. As condições nesses campos eram inicialmente rigorosas, mas não brutais.

Após a guerra, ex-nazistas negavam qualquer conhecimento sobre o que estava ocorrendo nos campos ou nos centros de eutanásia e esterilização, mas suas cartas e diários relatam uma história diferente. Já em 1934, o ativista do partido Johann Schnur estava tendo de defender a sigla contra as acusações de que ela havia lançado uma campanha de intimidação e repressão.

"As pessoas me censuravam com acusações de que o movimento hitlerista estava destruindo as igrejas cristãs, removendo todas as pessoas deficientes e inúteis, que iria dissolver os sindicatos e, em seguida, ameaçar os direitos dos trabalhadores, que o seguro social terminaria, e que o que os nazistas desejavam era uma outra guerra. Quando eu ouvia essas mentiras e calúnias, tentava esclarecer as pessoas que..."[27]

PROPAGANDA

O nazismo foi o primeiro regime totalitário a reconhecer e explorar o poder do rádio. Assim que os nazistas assumiram o poder, Goebbels encomendou a fabricação de milhões de aparelhos de rádio baratos sem fio de modo que em 1939, 70% das casas alemãs tinham um rádio e um número muito maior de pessoas podia ouvi-lo no trabalho, ou em bares e cafés. Conforme observado por Albert Speer: "Graças a dispositivos tecnológicos como o rádio... 80 milhões de pessoas eram despojadas de ter pensamentos independentes. Portanto, era possível submetê-las à vontade de um homem".

De 1934 em diante, todas as transmissões tinham de ser autorizadas pelo Ministério da Propaganda. As transmissões nazistas em língua estrangeira – "grotescamente não convincentes", de acordo com um escritor – visavam à conversão de ouvintes no estrangeiro, mas os alemães eram proibidos de ouvir transmissões estrangeiras, particularmente a BBC.

Jornais e revistas também eram vetados pelo Estado. O conteúdo dos noticiá-

"O PRINCÍPIO BÁSICO COM O QUAL ATRAÍMOS TODO O POVO ALEMÃO PARA SEGUIR-NOS ERA MUITO SIMPLES: O INTERESSE COMUM ANTES DO INTERESSE INDIVIDUAL..."
Joseph Goebbels, no discurso "Der Krieg als Weltanschauungskampf", 1944

rios tinha de ser aprovado por uma agência de imprensa controlada pelo Estado, a DNB, e qualquer relato que colocasse o regime sob uma perspectiva negativa, ou que não recebesse a sua aprovação, era rejeitado. As críticas ao regime eram proibidas. Em um discurso dirigido aos jornalistas em 10 de novembro de 1938, Hitler deixou claro suas obrigações:

"O que é preciso é que a imprensa siga cegamente o princípio básico: A liderança está sempre certa!"

Goebbels mantinha um rígido controle editorial de todas as publicações dentro do Reich e, evidentemente, percebia que era necessário emitir um memorando diário para garantir que os jornalistas e editores se mantivessem dentro da linha do partido. Suas instruções de 22 de outubro de 1936 traíam sua marca característica de sarcasmo:

"O tempo passa e novamente essas notícias e relatos de bastidores ainda aparecem na imprensa alemã, que gotejam com uma objetividade praticamente suicida e são simplesmente irresponsáveis. O que não se deseja são jornais editados no antigo espírito liberal, e sim que os jornais sejam alinhados com os princípios básicos da construção do Estado Nacional Socialista."

Sob os nazistas, os jornais passaram a pouco mais que cartazes impressos do partido. Os editores recebiam ordens sobre o que publicar e, inclusive, em que seção inserir o relato de modo que os itens que mostravam o regime em uma perspectiva favorável recebessem proeminência.

As visões de políticos estrangeiros, ou notícias que refletiam desfavoravelmen-te no regime, eram relegadas às últimas páginas.

A Instrução Geral nº 674, datada de setembro de 1939, dizia:

"Na próxima edição, deve haver um artigo principal apresentado com o maior destaque possível, em que a decisão do *Führer*, independentemente de qual for, será discutida como a única correta para a Alemanha..."

ARTE ARIANA E A CIÊNCIA NAZISTA

A nazificação tinha também o seu lado ridículo. Em sua avidez de purgar o mundo da cultura judaica, os nazistas tentavam fazer uma distinção entre arte ariana e arte não ariana, bem como com a ciência.

A arte ariana exaltava as virtudes nórdicas do heroísmo, força física, camaradagem, comunidade, maternidade, patriotismo e sacrifício. A arte degenerada, como a chamavam, era aquela que distorcia a perfeição simétrica ou a alma humana, ou que explorava os aspectos mais sórdidos da vida.

O fato de que as pinturas favoritas de Hitler ilustravam cenas de putrefação (*The Plague in Florence*, de Hans Makart, por exemplo) e de erotismo mórbido (especificamente as pinturas de Franz von Stuck, que retratavam mulheres nuas enroladas em serpentes ou perseguidas por centauros) não era de conhecimento público à época. Nem que Goering havia adquirido uma vasta coleção de arte degenerada para a sua coleção particular. A "arte degenerada englobava tudo que podia ser considerado moderno, tal como o cubismo, o dadaísmo e o expressionismo, enquanto a arte representativa contemporânea (ou seja, retratos e paisagens

Hitler gostava de se associar ao ideal clássico, que era a base da "Arte Ariana". Ele desprezava como "degenerada" praticamente toda a arte moderna, incluindo o Cubismo, o Dadaísmo e o Expressionismo.

realísticas bem como retratos sentimentais da vida rural) certamente obteriam o selo de aprovação do Estado.

O jazz era expressamente proibido porque era considerado como cultura dos negros, embora grupos de jovens rebeldes conhecidos por "Swing Kids" desafiassem a proibição. Eles se reuniam em segredo e dançavam acompanhados dos últimos discos americanos, embalados ao som de Count Basie e Duke Ellington.

Cineastas como o diretor Fritz Lang também eram minuciosamente monitorados, e descobriram que suas liberdades estavam sendo sufocadas sob os rígidos controles exigidos pelo regime. Lang foi chamado até o Ministério da Propaganda para se reunir com Goebbels, que deixou claro quais os temas que ele esperava que o diretor enfatizasse em seu próximo filme. Ele apenas pôde assentir com a cabeça e agradecer ao ministro por seus cumprimentos. Na manhã seguinte, no entanto, Lang havia reservado uma passagem para Paris e de lá viajou até os Estados Unidos. Ele jamais retornou à Alemanha.

Curiosamente, dos 1.300 filmes aprovados por Goebbels apenas cerca de 200 eram propaganda explícita. Ele sabia que o público não tinha apetite por filmes políticos, mas muito mais provavelmente aceitariam sua mensagem se ele fosse lançado com o intuito de entretenimento. A última coisa que ele queria era arriscar uma queda no público do cinema, pois milhões de pessoas costumavam assistir a filmes todas as semanas antes da guerra.

EMINENTES EMIGRANTES

Todos os livros, músicas, filmes, peças de teatro e obras de arte também ficavam sob o controle do Ministério da Propaganda. A organização determinava que artistas, escritores, músicos e cineastas eram elegíveis à inscrição na Câmara de Cultura do Reich. Os considerados inapropriados eram incapazes de obter trabalho se não conseguissem mostrar uma comprovação do registro. Isso forçava vários famosos e talentosos artistas a emigrar para a Inglaterra e os Estados Unidos. Esses intelectuais não eram facilmente ludibriados pelo charme sutil de Hitler, mas eram abrandados por suas afirmações de que ele não tinha ambições territoriais na Europa. Quando a Universidade de Bonn retirou o título de honorário do novelista Thomas Mann em 1937, ele contra-atacou com uma resposta escrita. Apesar de sua carta conter uma acusação aguda contra o regime, essa advertência foi negligenciada como alarmista.

"O único possível objetivo e propósito do sistema Nacional-socialista somente pode ser esse, preparar o povo alemão para a 'guerra que se aproximava' pela eliminação implacável, supressão e extermínio de qualquer sentimento se opondo à essa guerra, para tornar o povo alemão um instrumento totalmente obediente, e não crítico da guerra, cego e fanático em sua ignorância."

Em 1939, cerca de 600 autores haviam sido colocados em uma lista negra, e foram queimados milhares de seus livros.

Em retrospectiva, alguns deles pareciam inofensivos. Por exemplo, o livro *What is Life, What is Nutrition?*, de Karl Wachtelborn, foi considerado "ofensivo e indesejável", pois ele criticava a dieta alemã. Também foi vetado o livro *Basic Economics*, do Dr. Eugen Steinemann, que acusava o regime de promover o capitalismo dirigido pelo Estado à custa dos trabalhadores.

Os romances também eram proibidos se retratassem um aspecto negativo da vida alemã, tal como o submundo dos criminosos descrito em *See Berlin, then go on Probation*, de Erich von Voss. *The Devil's Kitchen*, de Emil Otto, era "ofensivo", pois tinha um criminoso italiano como protagonista à época em que Mussolini e Hitler eram aliados. Os burocratas de Goebbels também eram facilmente ofendidos pelas exóticas aventuras de adolescentes em *Game of Love*, de Margarete von Sass, e, no entanto, eles ainda não se preocupavam com a propaganda sádica e antissemita que passava por sátira política em suas próprias publicações.

A ciência ariana era difícil de ser definida, mas o regime encontrou um *expert* disposto a fazer isso. O físico Philipp Lenard (1862-1947), laureado com o Nobel, que à época era professor de Física da

Duas pessoas inigualáveis: um selo alemão estampava uma imagem muito similar, com os dizeres "Duas pessoas, uma luta".

Universidade de Heidelberg, assumiu essa função. Na introdução de *German Physics*, sua obra de referência com quatro volumes, a lógica tortuosa de Lenard execrava as descobertas de Albert Einstein, um judeu, e ao mesmo tempo enaltecia as leis da ciência ariana.

"Na realidade, a Ciência – a exemplo de todas as outras coisas criadas pelo homem –, é condicionada pelo sangue e pela raça... Pessoas com diferentes miscigenações raciais têm diferentes maneiras de perseguir a ciência. A 'teoria da relatividade' de Einstein pretendia remodelar e dominar todo o campo da Física, mas quando confrontou a realidade perdeu todo o selo de validade... É de se esperar que o trabalho atual de maneira alguma precisará lidar com esse arcabouço intelectual equivocado... O fato de não sentirmos a falta dela será a melhor prova de sua insignificância."

Esse pensamento dúbio certamente não sobreviveu ao regime ou à luz da razão. A arte nazista agora é vista como grosseira ou sem imaginação – a antítese mais dura da criatividade –, enquanto a ciência nazista é, em termos, considerada uma contradição. É significativo que, quando livros oficiais nazistas de referência foram queimados para aquecer os desabrigados de Hamburgo, Berlim e Colônia, no inverno de 1945, ninguém tentou salvá-los das chamas.

CRESCENDO SOB HITLER

A história é moldada por reis e conquistadores, mas é vivenciada por pessoas comuns. Apenas aqueles que viveram na Alemanha durante a era nazista podem saber o que significava existir naqueles tempos turbulentos.

Horst Krüger era o filho de 14 anos de um servidor público berlinense quando Hitler tornou-se chanceler em 1933. Ele recordou aquela memorável noite em sua autobiografia campeã de vendas *A Crack In The Wall*.

"Minha primeira lembrança de Hitler é de exultação. Quero me desculpar sobre isso, pois os atuais historiadores sabem melhor – mas, a princípio, eu ouvia apenas exultação. Era uma noite fria de janeiro e havia um desfile com pessoas empunhando archotes. O locutor do rádio, cujas ecoantes entonações eram mais próximas de um canto e de um soluço do que uma narrativa de informações, estava experimentando eventos inefáveis... algo sobre o redespertar da Alemanha, e sempre acrescentava um refrão que agora tudo, tudo, seria diferente e melhor."

Krüger lembrou que seus pais estavam inicialmente assombrados com a euforia que varria o país. Depois, ficaram intrigados e um pouco céticos. Mas, logo depois a crença em um novo futuro chegava em seu tranquilo subúrbio tão sutilmente como uma nova estação.

"A hora estava amadurecendo... uma onda súbita de grandeza parecia cruzar o nosso país..."

A primeira evidência dessa renovação era uma fileira de bandeiras balançando das janelas das casas no tranquilo subúrbio berlinense de Eichkamp em que Krüger morava e estudava. Muitas bandeiras eram feitas à mão, e algumas tão apressadamente que a suástica havia sido pregada do avesso. A mãe do garoto havia lhe dado um dia uma flâmula com a suástica para a sua bicicleta, simplesmente porque todos os meninos do bairro estavam utilizando-as em suas bicicletas. Não se tratava de um gesto político, mas sim um que expressava o senso de comunidade de que as pessoas necessi-

Cordeiros para o matadouro: membros da **Juventude Hitlerista passam por exame médico para servir na Luftwaffe, 1943. Nessa época, as chances eram muito desfavoráveis para eles, pois os alemães tinham perdido o controle dos céus.**

tavam tanto. Na verdade, sua mãe havia comprado a flâmula de um comerciante judeu que, igualmente, ignorava o seu significado. De repente, os indivíduos se sentiam alguém, parte de uma classe de pessoas, em um nível mais alto – um alemão. A consagração permeava a nação alemã."

Havia paradas, procissões e novos feriados celebrando aspectos da vida e cultura alemãs que jamais foram reconhecidos anteriormente.

As pessoas pareciam cheias de esperança e tinham um sentido de propósito. Membros do Serviço do Trabalho marchavam pelas ruas com espadas penduradas nos ombros. Eles estavam no caminho para a construção de novas rodovias ou para montar galerias de arte ou casas de ópera. O velho e decadente coração da Alemanha imperial estava sendo extirpado, e estava sendo instalada uma nova e vital infraestrutura. Infraestrutura essa que faria o pulso da nação vibrar com vigor e vitalidade renovados.

A violência nas ruas e a perseguição aos judeus apenas aumentava a inquietação de que o elemento insubordinado do partido poderia provocar problemas para a nova administração. Nas ruas estreitas e iluminadas a gás de Eichkamp, e por trás das persianas verdes de suas asseadas casas suburbanas, os "bons" alemães se perguntavam: "Será que o *Führer* sabe sobre isso?" Mas a depuração de Röhm de 1934 respondeu essa pergunta e muitos balançaram a cabeça quando leram os jornais. Ficava claro que pervertidos sexuais e brigões de rua atarracados tinham traído o partido e praticamente derrubado o regime antes de ele ter tempo de ser comprovado. Eles concordaram que havia sido necessário "disciplinar" o elemento insubordinado e trazê-lo para a linha.

Conforme Krüger recorda, seus vizinhos estavam "desarmados, desejosos e dóceis" pelo pensamento de fazer parte de uma Alemanha mais grandiosa. Eles estavam no degrau mais baixo da sociedade e tinham somente muita disposição de serem varridos juntamente com a onda crescente de produtividade e prosperidade. Os homens paravam nas esquinas e conversavam sobre pedir a devolução das colônias ou de ter remessas mais rápidas dos correios graças às novas rodovias. Todos concordavam que estava chegando a hora de eles subirem ao palco da história mundial. Suas esposas esperavam em filas nas agências dos correios e diziam aos vizinhos que era seu dever maternal adotar crianças agora, pois muitas mulheres estavam tendo bebês para a pátria.

Após Hitler ter anexado a Áustria, os alemães estavam convencidos de que o *Führer* havia sido enviado a eles por Deus e alguns diligentemente recortavam suas falas dos jornais de modo que pudessem discuti-los com seus familiares e amigos do mesmo modo que discutiam a Bíblia. As aquisições territoriais de Hitler, obtidas sem um combate e contra todas as expectativas, tinham dado ao povo fé na Providência e na Justiça divina. O *Führer* deve estar correto se ele consegue unir o povo alemão sem envolver a nação em outra guerra. Era milagroso. Ele era um trabalhador milagroso.

MITO DAS PESSOAS PERSEGUIDAS

De acordo com Krüger, muitos alemães de sua geração não querem admitir seu envolvimento com os nazistas. Logo após

DOUTRINAÇÃO E IDEOLOGIA 149

Rio de Luz: Hitler e seu círculo próximo de assessores assistem a uma procissão com faroletes do balcão do edifício da Chancelaria em Berlim. Apenas Hitler faz a saudação.

a guerra, eles alegaram que tinham sido pessoas perseguidas – intimidados pelo "terror dos camisas marrom" da SA e assustados pela obediência ao Decreto Noite e Nevoeiro. Este dava à Gestapo o direito de arrastar suspeitos, tirando-os de casa no meio da madrugada, para jamais serem vistos novamente. Vinte anos depois, aqueles que tinham acenado entusiasticamente suas faixas com a suástica nas procissões das tropas de rua nazistas alegavam que realmente tinham sido combatentes da resistência. Eles eram agentes secretos e homens que se inseriram numa "emigração interna"; raposas astutas que somente pretendiam prosseguir de modo a evitar o pior.

E historiadores neogermânicos endossaram essa visão revisionista para aliviar a nação de seu fardo de responsabilidade coletiva.

"Eles fazem tudo tão inteligível... tudo, exceto um ponto: por que os alemães adoravam este homem, por que honestamente se regozijaram com a sua vinda, por que morreram milhares de alemães por ele?"

Krüger lembra-se de que seus vizinhos eram "crentes honestos, entusiastas e inebriados", porém, jamais nazistas. Os legítimos nazistas não passavam de 5% da população. Eles eram trabalhadores não capacitados, os desempregados, "fracassados de nascença" que teriam retornado à obscuridade da qual tinham emergido se os bons e decentes alemães em Eichkamp e Alemanha afora não tivessem colocado às suas disposições "toda a energia nativa, diligência, fé e habilidades que possuíam". Esses honestos cidadãos estavam orgulhosos do que Hitler tinha feito a eles sem entender que foram eles próprios que o

criaram. Se alguma pessoa houvesse tentado assassinar Hitler em 1938, não haveria nenhuma necessidade da Gestapo ou de tropas de assalto. As pessoas teriam executado o assassino no ato. Esse era o sentimento prevalente.

Durante alguns anos, Krüger testemunhara a transformação gradual de seus amigos e vizinhos. Eles mudaram de cidadãos obedientes à lei a apoiadores entusiastas do regime. Nenhum deles poderia chegar mesmo a alegar que havia sido corroído na euforia de um comício de massas ou que fora carregado na esteira de uma procissão com archotes. Eles tinham simplesmente se convencido de que a vida seria melhor com a administração de Hitler e esperavam que os boatos sobre a guerra não passassem de rumores maliciosos.

Conforme Krüger admitiu, "Eu sou o típico filho desses alemães inocentes que jamais foram nazistas, e sem os quais os nazistas jamais teriam sido capazes de fazer seu trabalho. É isso".

Seus pais "viviam iludidos", pois sua mãe via em Hitler o artista que havia feito o bem. Sendo católica devota, ela não conseguia imaginar que um líder que nascera em sua fé não colocaria os interesses de seu povo em primeiro lugar. Hitler não mentia, tampouco desejava a guerra. Mas quando começou a guerra e seus filhos foram enviados para o *front* russo, eles eram pessoas mudadas, pois acenavam dando-lhes adeus nas plataformas ferroviárias.

De repente, elas pareciam "famintas, exaustas e medrosas, como viciados sofrendo de uma abstinência abrupta". Elas haviam acreditado, mas em outubro de 1944 o pai de Krüger, que jamais havia se filiado ao partido e entendido o entusiasmo de seus vizinhos por Hitler, estava culpando abertamente os nazistas por traí-los.

"Os bastardos, os criminosos, o que eles fizeram conosco? Após a guerra, todos nós seremos levados à força para a Rússia..."

Não demorou muito para que Krüger se tornasse um prisioneiro de guerra na Páscoa de 1945 e a decisão implacável que o havia mantido são e salvo durante o rigoroso inverno de cinco anos de guerra foi finalmente exorcizado como um espírito maligno. Krüger e seus companheiros nasceram na Alemanha de Hitler. Eles tinham crescido "sob o tacão" dos nazistas e doutrinados com suas mentiras, jamais conhecendo outra realidade. Hitler não apenas havia conquistado a Europa, mas também conquistara o espírito do povo alemão. As pessoas existiam somente para servi-lo, e ele tinha roubado suas juventudes. Embora Hitler certamente seria derrotado um dia, Krüger tinha a certeza de que sua geração não estaria viva para ver isso. Eles não teriam a resistência para sobreviver ao conflito contra os Aliados que se aproximava. A guerra prosseguiria por muito tempo – talvez por uns 30 anos ou mais – e todos eles morreriam por Hitler, jamais tendo a oportunidade de conhecer qualquer outro tipo de vida.

Até a língua alemã havia sido roubada pelos nazistas. Nada nos jornais poderia ser aceito como a verdade. Foi somente quando ele leu o noticiário sobre a morte de Hitler em um jornal em maio de 1945 que Krüger percebeu que estava livre.

Nada nos jornais poderia ser aceito como fato, eles existiam unicamente para servir ao Partido Nazista.

"Eu não conseguia acreditar que houvesse tal coisa... um jornal inteiro que não era editado pelos nazistas. Um jornal alemão legítimo sem ódios ou juramentos de lealdade ou a reafirmação de uma eventual vitória alemã. Era como um milagre... As sentenças alemãs contra Hitler."

Apenas em um campo americano de prisioneiros ele finalmente se sentiu curado do sórdido contágio do nazismo.

"Pela primeira vez, eu senti o que é realmente o futuro; esperança de que o amanhã seja melhor do que hoje. Um futuro. Jamais poderia ter havido uma coisa como essa sob Hitler."

CAPÍTULO 10
O CAMINHO ATÉ A GUERRA

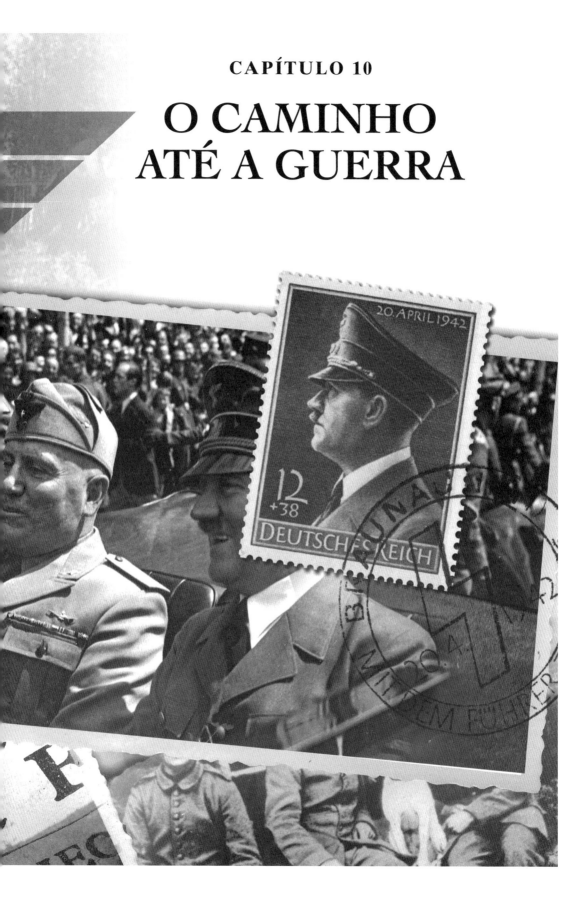

LEBENSRAUM

"A razão por que durante anos falei unicamente de paz era que eu tinha de fazer isso. A necessidade agora era provocar uma gradual mudança psicológica no povo alemão, e, lentamente, deixar bem claro para eles que há coisas que, se pacíficas significam o fracasso, devem ser atingidas pela força. Para fazer isso, era necessário não louvar a força como tal, e sim descrever certos eventos no exterior para o povo alemão de tal forma que a voz interna do povo lentamente comece a clamar pelo uso de força."

Nota secreta de Adolf Hitler dirigida à imprensa alemã em 10 de novembro de 1938[28]

Três anos após completar o livro *Mein Kampf*, Hitler escreveu um segundo livro, sem título, que retirou de publicação. Ele sentira que não podia se dar ao luxo de tornar outras pessoas cientes de sua convicção inabalável de que uma segunda guerra europeia não apenas era inevitável, mas também necessária. Ela era o único meio de assegurar o *Lebensraum* (espaço vital) para o povo alemão.

"Todas as nações não exploradas, robustas... veem a aquisição de novos territórios não como algo útil, mas sim como algo natural... Ele que proibia essa espécie de disputa da Terra por toda a Eternidade possivelmente poderia eliminar a luta do homem contra o homem, mas também liquidaria com a maior força já existente para a evolução."

Esse era o pensamento de Hitler em 1928, e ele permaneceu como a base de sua diretriz para assuntos externos assim que estivesse no poder. Hitler aparentemente desejava negociar com os poloneses e romenos, mas sabia que mesmo se pudesse forçá-los a renunciar a territórios, não poderia esperar que os russos fossem tão prestativos. Consequentemente, teria de haver uma guerra com a União Soviética. O destino da Alemanha era se engajar em uma luta de vida e morte com o urso russo para provar a superioridade da raça ariana. Se a Alemanha confirmasse ser merecedora da recompensa, não apenas teria uma vasta expansão de terras ricas aráveis como também um suprimento ilimitado de trabalho escravo, além dos recursos naturais da Crimeia e da Ucrânia. Essas regiões incluíam os vastos campos petrolíferos, vitais para sustentar um império moderno e sua máquina de guerra. Seria uma guerra que os alemães não poderiam perder. A crença em sua própria superioridade dependia disso.

Mas primeiro as fronteiras da Alemanha precisavam ser asseguradas e os territórios que tinham sido tomados do país sob os termos do Tratado de Versalhes deveriam ser recuperados. A Tchecoslováquia tinha de ser conquistada, e a Polônia necessitava ser convencida a submeter-se à Nova Ordem, ou ser consumida por ela. Então, o antigo inimigo, a França, seria derrotado e uma aliança com a Inglaterra e a Itália seria costurada de modo que a invasão da Europa Ocidental pudesse ser executada sem o risco de uma segunda frente abrindo no oeste. Mesmo com sua limitada experiência militar, Hitler sabia que combater numa guerra em dois *fronts* era uma aposta que nenhum comandante poderia fazer.

A NECESSIDADE DE UMA GUERRA
De acordo com um ajudante, Hitler tinha uma "necessidade patológica por batalhas".[29] Ele já havia confidenciado a seus comandantes que a "necessidade de atacar" sempre havia sido uma parte de sua natureza e que a guerra, quando viesse, seria a mesma luta que ele outrora travara dentro de si próprio. Seus conflitos internos evidentemente levavam-no a manipular e dominar outras pessoas, testando as resoluções deles de resistir em um conflito de desejos. É revelador que sempre que ele obtinha êxito em molestar seus oponentes fazendo concessões, sempre fez seu "juramento solene" de que essas exigências seriam as últimas que faria. De fato, ele estava prometendo se comportar desse momento em diante.

Arte inspirada no nazismo. Três jovens se esforçam para empurrar um carrinho carregado com minério de ferro em uma elevação num campo de trabalho. Todos tinham que alinhar o carro e puxar juntos por trás do esforço de guerra, ou enfrentariam as consequências.

Mas, quando era contrariado por alguém igualmente cabeça-dura e determinado, Hitler ficava em silêncio e mal-humorado e desempenhava o papel do mártir que sofria há muito tempo – como ele fazia quando surrado em submissão ao seu pai dominador.

Incapaz de enfrentar o pai quando este era vivo, Hitler repetidamente vocalizava em represália contra políticos e burocratas que se opunham a ele na idade adulta. Ele falava em "discipliná-los" e "ensiná-los", além de "tirá-los de suas indolências", como se estivesse ocupando o lugar de seu pai.

É significativo que ele conseguia tolerar críticas do chanceler austríaco Dollfuss, que se opunha à anexação de seu país à Alemanha, mas tinha um de seus horrendos ataques de raiva quando Dollfuss ousava contradizê-lo. Um dos argumentos poderia ser que Hitler, inconscientemente, transferia os sentimentos que tinha em relação a seus pais aos países que desejava conquistar ou abarcar (a desgastada Áustria Imperial e a desonrada e violada Pátria mãe germânica eram dois exemplos óbvios).

É revelador também que ele repetidamente referia-se à Alemanha como a Pátria mãe em vez da Pátria nativa, embora frequentemente fizesse comentários depreciadores sobre sua terra natal, a Áustria, que ele considerava ultrapassada, esvaziada e decadente.

Essa transferência poderia responder pelo que, aparentemente, era sua relutância em invadir a Inglaterra monarquista. Ele professava respeito, e choque quando os supostamente desmoralizados britânicos abertamente o desafiavam. Seu único receio era que "na última hora" al-

Etiópia em 1945: pessoas saúdam uma enorme imagem do "Grande Pai Branco", Mussolini, que expandira o território colonial italiano pelo interior do continente africano quando ele o invadiu em 1935.

gum *Schweihund* (suíno imundo) fizesse alguma proposta de mediação.

AMIGO DO TEMPO AMENO
Jamais poderia haver "paz em nosso tempo" contanto que Hitler estivesse no poder. Ele não valorizava tratados ou acordos. Como ele disse a seu ministro das Relações Exteriores von Ribbentrop: "Se hoje sou um aliado da Rússia, amanhã posso atacá-la. Eu simplesmente não consigo me controlar".

Ele acreditava que a guerra era o objetivo final dos políticos, que era o modo natural das coisas, e que a invasão dava ao agressor a oportunidade de "limpar" a terra conquistada dos "desajustados e indignos".

No entanto, em 1933, Hitler não estava em posição de promover sua guerra na Europa. O Exército Alemão tinha um contingente inferior a 100 mil homens, limite esse imposto pelo Tratado de Versalhes. Até a Polônia havia dobrado esse número, e a França também tinha uma força muito superior, mas nenhuma nação tinha "estômago" para um confronto. Os franceses, recordando os sacrifícios que fizeram em Verdun na Primeira Guerra Mundial, favoreciam uma estratégia defensiva. Assim, eles "se entocaram" por trás da Linha Maginot, esperando que as nuvens de guerra se dissipassem. A Linha Maginot era uma rede de fortes e bunkers com 140 quilômetros de extensão, que se estendia paralelamente à fronteira alemã entre a Bélgica e a Suíça. Todavia, os poloneses não eram tão desinteressados. Corriam rumores de que eles se aproximaram do Alto Comando francês com uma proposta para uma invasão conjunta com a Alemanha, mas os franceses não estavam dispostos a arriscar a ira de Hitler. Além disso, eles ainda estavam ocupando a Renânia na fronteira ocidental alemã, o que deixava o Reich aberto a ataque a qualquer hora que quisessem.

Hitler sabia que daria aos franceses um motivo para marchar sobre a Alemanha se rearmasse o país, desafiando abertamente o tratado. Assim, em outubro de 1933, ele pediu que a França e o Reino Unido reduzissem os seus armamentos para garantir uma paridade com o Reich, sabendo muito bem que os dois países recusariam. Quando assim fizeram, ele retirou sua delegação da Conferência de Desarmamento de Genebra e abandonou a Liga das Nações, alegando discriminação e o direito de a nação alemã poder se defender contra agressões. Foi um estratagema cínico, mas que desencaminhou os Aliados e solapou seriamente a credibilidade deles como mantenedores da paz.

O "CACHORRO LOUCO" EUROPEU

O segundo estratagema de Hitler era dividir e conquistar. Ao assinar um pacto

> **"A GUERRA É O GOVERNANTE SECRETO DE NOSSO SÉCULO; A PAZ SIGNIFICA NADA MAIS QUE UM ARMISTÍCIO ENTRE DUAS GUERRAS."**
> *Deutsche Wehr, revista oficial do Exército alemão, 1925*

de não agressão de 10 anos com a Polônia, em janeiro de 1934, ele conseguiu formar uma cunha entre os Aliados e deu aos poloneses uma razão para adiarem a modernização de suas Forças Armadas. Isso, no final, foi um erro fatal.

No ano seguinte, o *Führer* receberia boas notícias.

A rica região carbonífera do Saar que havia sido retirada parcialmente como pagamento de reparações sob os termos do Tratado de Versalhes deveria ser devolvida ao país se os habitantes votassem a favor da reunificação. A votação foi ganha e a Alemanha se deparou com uma rica fonte de combustível para o seu programa de rearmamento, que agora seria tocado abertamente. Em março de 1935, Hitler anunciava a formação da Luftwaffe, a nova força aérea alemã, sob o comando do marechal de campo Goering, e a introdução do alistamento militar obrigatório.

Ambas as medidas eram violações gritantes do tratado, mas, novamente, nenhum dos Aliados fez mais do que expressar sua desaprovação.

Incomodados por seu fracasso de interpretar Hitler – os Aliados esperaram que a devolução de parte do Saar poderia apaziguá-lo –, Reino Unido, França e Itália concordaram em atuar conjuntamente para prevenir quaisquer futuras violações. A França também assinou um pacto de assistência mútua com a União Soviética, que por sua vez assinou um pacto similar com os tchecoslovacos. Esses países devem ter imaginado que essa exibição de unidade dissuadiria Hitler de tomar mais liberdades, mas somente serviu para encorajá-lo. Ele, então, pediu ao Reino Unido se poderia consolidar a Marinha alemã a não mais que um terço do tamanho da frota inglesa. Incrivelmente, eles concordaram, acreditando que seria melhor saber o potencial de seu inimigo. Curiosamente, o Reino Unido foi a primeira nação a assinar um pacto com os nazistas. Essa iniciativa serviu para ofender os franceses, que estavam sendo excluídos das negociações, mas sua instabilidade política doméstica tornou-os efetivamente impotentes em uma época em que poderiam ter limitado as grandiosas ambições de Hitler.

Porém, nem todos estavam inconscientes do perigo. O delegado militar britânico para a Conferência do Desarmamento de Genebra, brigadeiro Arthur Temperley, supostamente disse o seguinte: "Há um 'cachorro louco' solto no estrangeiro mais uma vez, e nós devemos decididamente combinar para assegurar a sua destruição ou ao menos o seu confinamento até a doença ser extirpada".

No entanto, a então aliança tênue das nações contra a Alemanha estava se descosturando. Em outubro de 1935, Mussolini invadia a Etiópia. A França condenou as ações, mas o país não fez nada para evitar a invasão, enquanto os ingleses ecoavam sua consternação com os relatos de nativos sendo bombardeados com gás venenoso e expulsos de suas terras por tanques.

O PLANO QUADRIENAL

O argumento de que Hitler foi forçado a entrar em um conflito inevitável com o Ocidente em 1939, ou que ele previa apenas um conflito limitado no porto estrategicamente vital de Danzig e no corredor polonês, simplesmente não resiste a um exame mais minucioso. Três anos antes, ele havia implementado o que chamava de Plano Quadrienal, que assegurava que em 1940 todos os elementos estariam posicionados para uma guerra em grande escala na Europa Ocidental. A primeira etapa era reduzir a dependência da Alemanha da importação de petróleo, borracha e minério de ferro necessária para a fabricação de tanques, veículos blindados e aeronaves. Isso foi feito graças à produção de combustível e borracha sintéticos e pelo aumento da estocagem de minério de ferro alemão de baixo teor.

Enquanto as fábricas trabalhavam a pleno vapor para rearmar o Reich, os futuros pilotos da Luftwaffe treinavam secretamente. Eles estavam usando planadores sob o pretexto de fazer parte da Liga dos Esportes Aéreos, pois a Alemanha fora proibida de ter uma força aérea sob o Tratado de Versalhes. Ao mesmo tempo, os antigos regimentos de Cavalaria estavam sendo desmantelados e os homens, familiarizados com a rápida mobilidade e o poder de fogo de pequenos veículos blindados, em

> "NÓS JÁ ESTAMOS EM GUERRA. APENAS NÃO COMEÇARAM OS TIROS."
> *Adolf Hitler,*
> *dezembro de 1936*

Homem em sua máquina voadora: os futuros pilotos da Luftwaffe treinavam secretamente com planadores desde que a Alemanha fora proibida de ter Força Aérea sob o Tratado de Versalhes.

antecipação aos tanques que logo seriam manufaturados nas linhas de produção. Enquanto isso, seus comandantes eram treinados para participar de uma nova forma de luta armada – mecanizada e de movimento rápido. Desenvolvido pelo general Guderian, era conhecido por *Blitzkrieg*. Essa era uma campanha relâmpago concebida para irromper pelas linhas de frente inimigas, demolir suas defesas e semear pânico na retaguarda, difícil para reagrupar e revidar. Mas antes que o poder da máquina militar alemã pudesse ser implementado, o flanco sudeste da Alemanha teria de ser protegido pela anexação da Áustria e a subjugação da Tchecoslováquia.

A REOCUPAÇÃO DA RENÂNIA

A próxima etapa lógica da campanha de Hitler era a retomada da região do Reno – 24.475 km² de território alemão fronteiriço à Bélgica, França e Holanda. Os Aliados declararam essa faixa de terra uma Zona Desmilitarizada para evitar um ataque alemão no Ocidente. Na assinatura do Pacto de Locarno em 1925, os alemães prometeram respeitar a zona-tampão com o compromisso de que os cossignatários Reino Unido e Itália garantissem que a França não invadiria a Alemanha.

No entanto, Hitler sabia que se conseguisse recuperar a região do Reno, que incluía a cidade estrategicamente importante de Colônia, ele aumentaria sua reputação doméstica e silenciaria os críticos que acreditavam que os nazistas eram incapazes de governar. Tratava-se de um jogo, mas as chances de vitória estavam de seu lado. Ele sabia que a Itália não o condenaria, pois o país estava engajado em suas próprias aventuras militares na África. A França também estava passando por outra crise política, com 24 mudanças de governo durante a década, e os britânicos seguramente não agiriam unilateralmente. Assim, na manhã de 7 de março de 1936, 22 mil tropas alemãs marcharam até a zona desmilitarizada, para o júbilo dos habitantes que permaneciam nas esquinas das ruas e atiravam flores aos homens que julgavam ser seus libertadores.

Um destacamento de dois mil homens continuou atravessando as pontes em Colônia, com ordens secretas para recuar caso os franceses se opusessem à travessia. Mas não se podia ver nenhum soldado francês. Foi outro golpe sem derramamento de sangue para o ex-cabo bávaro.

Sua audácia foi recompensada posteriormente naquele mês. Convocou-se um plebiscito para legitimar o movimento e mostrar ao mundo que o povo alemão endossava a liderança de seu *Führer*. O resultado foi de 99% a favor de suas ações. A popularidade de Hitler com as pessoas comuns à época atingira o maior ápice de todos os tempos. Ele agira baseado nos instintos contra os conselhos de seus comandantes militares e se vingara. Desse ponto em diante, Hitler assumia o comando das Forças Armadas alemãs, dando ordens que esperava serem cumpridas sem questionamento.

A audaciosa reocupação da Renânia por Hitler fez Mussolini se aproximar. Hitler admirava o ditador italiano há muito tempo, mas o sentimento não era recíproco. Quando eles se encontraram pela primeira vez, em Veneza em 1934, Mussolini reclamou que o líder alemão se parecia com um gramofone com apenas sete melodias, e que, quando terminava, tocava o mesmo repertório diversas vezes. Mas, nos anos subsequentes, ele havia testemunhado que as apostas de Hitler obtiveram excelentes resultados enquanto a Itália se tornara isolada. O Duce precisava desesperadamente de um aliado, e Hitler estava muito disposto a fazer esse favor. Ele conseguira que fossem vendidos aos italianos carvão e armas e unira-se a eles na luta contra os

O Duce e o Führer passeiam juntos de carro pelas ruas de Munique em junho de 1940. A Guerra Civil Espanhola havia os reunido e a audaciosa recuperação da Renânia cimentara a aliança entre eles.

comunistas na Guerra Civil Espanhola (julho de 1936 a março de 1939), o que efetivamente foi um ensaio para a Segunda Guerra Mundial.

ÁUSTRIA

No início da década de 1930, Viena era um microcosmo da situação política existente na vizinha Alemanha. O Império Austro-Húngaro havia sido retalhado pelos Aliados após a Grande Guerra e fascistas e socialistas rivalizavam pelo controle da antiga capital, uma batalha que frequentemente irrompia em violência. Embora os cidadãos da Hungria, Iugoslávia e Tchecoslováquia aparentemente desejassem aceitar seus novos status de nações independentes, a maioria dos seis e meio milhões de habitantes da Áustria considerava que haviam perdido sua identidade e ansiavam pela unificação com a pátria-mãe. Quarenta mil deles eram fanáticos membros do Partido Nazista, que eram ativos em Viena. Eles recebiam a oposição dos socialistas, que estavam igualmente comprometidos com a causa comunista. Temendo uma rebelião armada, o chanceler austríaco Engelbert Dollfuss proibiu o Partido Nazista em março de 1933, mas não conseguiu controlar as milícias rivais, que passaram a lutar nas ruas.

Em julho, Hitler aproveitou a oportunidade para perpetrar um golpe. Ele autorizou um plano convocando 150 homens da SS a cruzar a fronteira vestidos com uniformes do Exército e da Polícia Austríaca, com ordens para atacar o edifício do Parlamento em Viena. Na confusão, Dollfuss foi ferido mortalmente, mas outros membros do gabinete conseguiram mobilizar o Exército Austríaco, que prontamente prendeu os homens da SS e restaurou a ordem.

Dollfuss foi sucedido por seu substituto Kurt von Schuschnigg. A exemplo de Dollfuss, ele também desconfiava de Hitler, mas astutamente deu ao líder alemão garantias de que seu país não se uniria a uma aliança anti-germânica. Em um gesto de boa-fé, ele libertou 17 mil nazistas da prisão, apenas para vê-los iniciar um reino de intimidação e violência. Nos anos subsequentes suas atividades subversivas não apenas foram bem-sucedidas em enfraquecer a autoridade de Schuschnigg, mas também intensificaram o pedido de união do país com o Reich.

Madri, 1939. Os falangistas celebram a vitória, inspirando outros fascistas europeus a pegar em armas.

Com as condições lhe favorecendo, Hitler convocou a presença de Schuschnigg em Berchtesgaden em 12 de fevereiro de 1938. Hitler, então, exigiu que o chanceler retirasse o banimento do Partido Nazista austríaco e apontasse líderes nazistas vienenses para ministérios-chave. Schuschnigg ainda teria que anunciar seu apoio para a *Anschluss* (anexação da Áustria). Se ele não fizesse isso, o Exército Alemão tomaria seu país pela força. Temendo por sua vida, o chanceler concordou, mas em seu retorno disse ao Parlamento austríaco que jamais acordaria com a exigência de Hitler. No entanto, ele faria um plebiscito de modo a dar ao povo a oportunidade de escolher entre a independência ou a *Anschluss*.

Mas, em 11 de março de 1938, um dia antes da votação, Schuschnigg soube que Hitler havia dado ordens para invadir a Áustria no dia seguinte. Em desespero, ele convocou os Aliados para que interviessem, mas nem a França nem os britânicos se posicionaram a seu favor, no que eles consideraram ser uma disputa doméstica. Mussolini preferiu não tomar parte e esperou pelo resultado.

A única alternativa de Schuschnigg era mobilizar o Exército Austríaco, mas ele sabia que os austríacos não atirariam em seus irmãos alemães. Em qualquer caso, o Exército Alemão era superior em termos de contingente e armas. Naquela noite, e com o coração amargurado, ele fez o último discurso pelo rádio como chanceler. Após declarar que não haveria derramamento de sangue alemão se as tropas desse país invadissem a Áustria, ele depois se demitiu. Na manhã seguinte, o 8º Exército Alemão se esgueirou pela fronteira e tomou a terra natal de Hitler sem disparar um tiro.

Saudando o herói conquistador: Hitler passa de carro pela cidade de Viena em seu Mercedes-Benz.

As tropas foram recebidas tão calorosamente que Hitler decidiu aparecer pessoalmente em Linz naquele dia. Dirigindo uma Mercedes conversível pela cidade, ele parecia, para as multidões que o adoravam, um herói conquistador. Falando da sacada da Prefeitura, ele se dirigiu ao povo: "Eu acredito em minha missão. Tenho vivido e lutado por ela. E todos vocês são testemunhas de que agora consegui realizá-la".

Embora não tenha havido derramamento de sangue, contas antigas estavam sendo pagas distantes do olhar do público. Cerca de 70 mil socialistas e "outros inimigos do Reich" foram detidos em Viena e muitos deles foram presos.

O próprio Schuschnigg teve de passar sete anos na prisão. Ele ainda teve sorte, enquanto outros foram levados até o Campo de Concentração de Mauthausen, no Danúbio.

Qualquer pessoa que se perguntasse o que a nova administração faria para a Áustria, somente tinha de olhar pela janela nos dias subsequentes. Nas ruas, judeus eram arrancados de seus lares ou locais de trabalho e forçados a limpar as calçadas por facínoras da SA, para a diversão de espectadores zombeteiros.

AMIGO TCHECO
A anexação da Áustria reacendeu o desejo nacionalista da maioria dos 3 milhões de exilados alemães que viviam nos Sudetos, na fronteira ocidental com a Tchecoslováquia. O partido do Sudeto alemão patrocinado pelos nazistas e liderado por Konrad Henlein explorava a incerteza dessa população ao passo que o Ministério da Propaganda de Goebbels repercutia falsas histórias descrevendo como eram perseguidos pelos tchecos. Tudo isso era parte de uma estratégia minuciosamente planejada para dar um pretexto para a invasão. Hitler saboreava a emoção da conquista e, agora, estava ainda mais sedento.

Em abril de 1924, incitado por Hitler, Henlein exigiu a autonomia completa para os alemães da região dos Sudetos, sabendo muito bem que o presidente tchecoslovaco Edvard Benes recusaria. Em 19 de maio, as tropas alemãs se agruparam em torno da fronteira tcheca, mas foram retidas temporariamente por 174 mil reservistas tchecos armados. Ao tomar conhecimento da resposta tcheca, Hitler ordenou o ataque. No entanto, ele deve ter sido estimulado pela complacência do ministro francês das Relações Exteriores, George Bonnet, que o elogiou por seu "calmo e digno controle", embora condenasse os tchecoslovacos por provocarem a crise.

A velocidade com que os tchecoslovacos mobilizaram suas forças obrigou Hitler a reconsiderar sua tática original. Ele, então, percebeu que o único modo de assegurar o sucesso da empreitada era fazer um rápido ataque surpresa que não desse a mínima chance de retaliação. Hitler estava certo ao acreditar que os reservistas tchecos eram a única força a sobrepujar. Mesmo quando os soldados estavam marchando de volta aos quartéis, os Aliados estavam traindo os tchecos na crença de que valia a pena manter a paz a qualquer preço.

Os ingleses enviaram um diplomata mais experiente, Lorde Runciman, para atuar como um "agente honesto", mas ele se deixou convencer que os alemães dos Sudetos faziam uma legítima reivindicação, e elogiou Henlein como um "camarada absolutamente honesto".

Sentindo-se traído pelos Aliados, o gabinete tcheco concordou com as exi-

Tchecoslováquia em 1938: Alemães nativos saúdam membros do Serviço Militar alemão da região dos Sudetos em seu caminho em busca da paz na pátria-mãe antes de obter segurança para os seus retornos.

gências de Henlein, que certamente não poderia aceitar, pois sabia que Hitler somente concordaria com a capitulação total. A resposta de Henlein foi ordenar que seus correligionários iniciassem desordens pela região na esperança de provocar a Polícia. A população dos Sudetos poderia, então, clamar que estava sendo perseguida e que, portanto, seria justificável pedir a intervenção alemã.

Enquanto as autoridades tchecas batalhavam para suprimir a violência, enviados diplomáticos e forças de inteligência elaboravam relatórios em Londres e Paris.

Havia uma grande movimentação de forças alemãs na direção da fronteira com a Tchecoslováquia, foram impostas restrições a viagens para todos, exceto aos membros do corpo militar dentro do Reich, e despachados trabalhadores civis para locais de importância estratégica. Não poderia haver dúvidas sobre isso: a Alemanha estava se preparando para a guerra.

Mas se Hitler pensava que poderia confiar na obediência inquestionável de seus comandantes militares meramente porque os havia rearmado, ele estava totalmente enganado. O chefe do Estado-Maior do Exército, general Beck, pediu demissão quando percebeu que Hitler estava comprometido com a guerra. Depois, em 17 de julho, seu equivalente na Marinha, o vice-almirante Guse, expressou suas inquietações em um memorando a seu comandante-supremo. Ele, claramente, estava disposto a apelar para a razão.

"Não pode haver dúvida alguma que, em um conflito europeu, a Alemanha seria a nação perdedora, e que a obra completa de Hitler até o momento seria colocada em risco. Até agora, todos os oficiais ranqueados das Forças Armadas com quem falei compartilham dessa mesma opinião."

No entanto, Hitler estava louco por uma guerra. Sua personalidade e sua defesa do povo alemão exigiam isso.

PAZ A QUALQUER PREÇO

Os Aliados desconheciam, mas Hitler já definira uma data para a invasão da Tchecoslováquia. Seria em 30 de setembro. Assim, quando o primeiro-ministro britânico Neville Chamberlain voou para Berchtesgaden em 15 de setembro, em um último esforço para conseguir uma solução para a crise tcheca, ele estava trabalhando contra o relógio de Hitler.

Quando chegou ao Ninho da Águia, o político de 69 anos estava exausto após o percurso de carro de sete horas desde o aeroporto de Munique. Ele não estava em suas melhores condições de debater a questão com um homem de temperamento tão volátil como Hitler. O encontro inicial entre eles foi breve e desconfortável, pois Hitler tratava seu convidado da forma mais brusca possível, como se ele fosse um caixeiro-viajante tentando empurrar seu produto a alguém que não quisesse comprá-lo. Hitler assustou o primeiro-ministro britânico com um monólogo cansativo e que detalhava mais uma vez as várias injustiças impostas à Alemanha pelo Tratado de Versalhes. Ele concluiria afirmando que a questão dos Sudetos era mais de raça do que territorial, e que por essa razão não havia campo para negociação. Ao ouvir isso, o gentil Chamberlain perdeu a compostura.

"Se o *Führer* está determinado a resolver isso pela força, por que me deixou vir até aqui?", perguntou furiosamente em voz alta.

Na teia de aranha: Neville Chamberlain é bem recebido em Berchtesgaden por Hitler e seu intérprete-chefe Paul Schmidt. A política conciliadora de Chamberlain custou caro aos tchecoslovacos.

Essa explosão inesperada surpreendeu Hitler. Ele fez uma pausa para pensar o quanto razoável e generoso poderia parecer se oferecesse para perdoar os tchecoslovacos de seus pecados contra o povo dos Sudetos. Hitler poderia ignorar o problema na derradeira hora. Se os Aliados pudessem garantir que os tchecoslovacos entregariam a região dos Sudetos para o Reich, ele daria ordens para o seu Exército recuar e faria seu "juramento sagrado" de respeitar a soberania do Estado tchecoslovaco.

Com a ilusão de que obtivera uma concessão, Chamberlain retornou para ser saudado por multidões jubilosas em Londres. Mas, nos bastidores, os tchecos estavam "efervescendo" de ira. Na opinião deles, haviam sido traídos pela "ambição senil" de Chamberlain de "desempenhar o mantenedor da paz". Em vez de chegarem para ajudar, os franceses e os ingleses deram um ultimato ao povo tcheco. A menos que aceitassem os termos de Hitler, os Aliados não se consideravam comprometidos por qualquer acordo passado para garantir a soberania tchecoslovaca. Amargurado, Benes liderou uma reunião do gabinete e informou aos colegas que não tinham outra escolha a não ser concordar com a cessão dos Sudetos ao Reich. Benes disse para eles: "Nós fomos traídos".

Chamberlain foi para a Alemanha em 22 de setembro acreditando que apaziguara o ditador e que a assinatura dos termos do acordo era uma mera formalidade. Contrariamente, Hitler rejeitou as propostas anglo-francesas para uma retirada sistemática das tropas e da Polícia tchecas e, em vez disso, exigiu que elas o fizessem imediatamente. Quando Chamberlain começou a explicar as inviabilidades práticas de um movimento como esse e os benefícios da programação dos Aliados, Hitler teve um de seus terríveis ataques de raiva e a reunião teve de ser cancelada.

RUMORES DA GUERRA

Chamberlain retornou para Londres com seu plano para uma resolução pacífica da situação dos Sudetos em frangalhos e com sua confiança seriamente abalada. Ficou claro para os Aliados que não podiam mais trabalhar sob a ilusão de que Hitler seria um líder razoável. Ele pretendia uma guerra e estava bem preparado, pois o Plano Quadrienal havia sido cumprido segundo a sua satisfação. O Exército Alemão crescera de 7 para 51 divisões, entre as quais cinco com pesados blindados e quatro leves, enquanto a Marinha Alemã conseguia ostentar uma frota formidável consistindo de dois couraçados de 31.200 tons, dois cruzadores pesados, 17 destróieres e 47 submarinos. A Luftwaffe havia saído do zero para atingir 21 esquadrões, todos manejados por pilotos que ganharam considerável experiência e habilidades durante a Guerra Civil Espanhola. A indústria alemã de armamentos estava operando com capacidade plena e já superava o pico de produção da última guerra. A Alemanha nazista era uma nação armada até os dentes e arredia a qualquer forma de controle. É possível entender porque os franceses e os britânicos fizeram tudo que podiam para evitar um conflito. Os dois países sabiam que havia uma boa chance de eles serem derrotados.

A atitude britânica foi resumida por Chamberlain em uma transmissão para a nação feita em 28 de setembro. Ele expressou indelicadamente sua indiferença com o destino do povo tchecoslovaco ao referir-se a uma "disputa em um país distante entre povos sobre os quais não se sabia nada".

Tendo se resignado ao ser abandonados por seus ex-aliados, os tchecoslovacos convocaram um contingente extra com um milhão de reservistas. De seu lado, os britânicos não podiam fazer muito a não ser escavar trincheiras em parques públicos e preparar a população civil para um iminente ataque aéreo. Blecaute foram instalados nas janelas de todas as instalações domésticas e empresariais de modo que após o crepúsculo não exibissem luzes para os ataques dos bombardeiros. Os faróis dos veículos também eram parcialmente cobertos, o que provocava um aumento no número de acidentes fatais de trânsito e nos crimes cometidos sob o manto da escuridão.

O grande temor era que os alemães usassem gás venenoso, como haviam feito na França durante a Primeira Guerra Mundial. Também se esperava que lançassem bombas de gás em cidades britânicas. Os noticiários exibiam londrinos corajosos testando máscaras anti-gás e fazendo o V de vitória num desafio à ameaça nazista, mas fora das câmeras o humor da população estava próximo do pânico.

Imagens de uma chuva mortífera caindo dos céus deixava os cidadãos comuns horrorizados. Os especialistas previam que nos primeiros dois meses de guerra haveria um milhão de pessoas feridas.

Foram implantados planos de enviar as crianças londrinas para as Home Counties para a segurança delas. Elas ficariam com estranhos que lhes ofereceriam um local para dormir e alimentação, mas seus pais teriam de ficar na retaguarda. A angústia e o sofrimento tinham começado ainda antes de ser disparado o primeiro tiro.

Quando as notícias da mobilização alemã chegaram aos ouvidos do Alto Comando francês, por trás dos muros altos de seus lares, os homens da Linha Maginot foram postos em alerta e enviados mais reservistas para reforçar sua defesa antecipando-se ao ataque iminente.

TRAINDO OS TCHECOS
Talvez fosse essa demonstração da tardia resolução dos Aliados que estimulara Hitler a adiar sua invasão planejada. Uma explicação mais provável foi a oferta de mediação por Mussolini, que o persuadiu a reconsiderar a decisão a apenas algumas horas antes do ataque programado ocorrer. No dia seguinte, 30 de setembro, Hitler reuniu-se com os primeiros-ministros da Grã-Bretanha e da França em Munique, sob o olhar atento do ditador italiano e da imprensa mundial. Desempenhando seu papel de estadista internacional, Mussolini informou a Chamberlain e Daladier as exigências alemãs, que ele apresentava como suas próprias propostas para a paz. Os tchecos deveriam se retirar da Sudetolândia em 1º de outubro, o que significava ceder suas principais fortificações e sua indústria pesada em troca da garantia da nova fronteira pelos Aliados. Embora os tchecos não tivessem nenhuma voz na questão, os Aliados assumiram sua culpa informando-os que não tinham outra opção a não ser assinar o Acordo de Munique.

Quando o primeiro-ministro tcheco Jan Syrovy soube dos termos, disse que era uma escolha entre "ser assassinado ou cometer suicídio".

Em um pronunciamento radiofônico à nação naquela mesma noite, ele disse ao seu povo: "Tínhamos a chance entre uma defesa desesperada e desesperançosa e a aceitação de condições desumanas sem precedentes na história."

Os comandantes das Forças Armadas talvez não fossem tão flexíveis como tinham provado ser os líderes aliados. Eles se ofereceram para lutar apesar das baixíssimas probabilidades de vitória, esperando que se conseguissem suportar os ataques durante várias semanas, os Aliados finalmente poderiam entrar em ação por vergonha. No entanto, o presidente Benes havia perdido toda a confiança nos britânicos e franceses. No dia 1º de outubro, as primeiras divisões alemãs marchavam sem resistência na Sudetolândia.

O Acordo de Munique não evitou a guerra, mas apenas adiou-a. Foi um ato de covardia vergonhoso dos Aliados, que iriam pagar o preço por sua política de moderação no próximo conflito. Se a França e a Grã-Bretanha poderiam alterar o curso da história caso viessem a ajudar os tchecos é um ponto duvidoso,

Tropas alemãs entram na região dos Sudetos, que, em sua maioria, era povoada por alemães étnicos.

mas o certo é que a moderação não deteve um ditador.

PAZ EM NOSSO TEMPO

Como um pós-escrito ao Acordo de Munique, Chamberlain pressionou Hitler para que ele assinasse uma declaração redigida apressadamente ratificando uma cooperação anglo-germânica no evento de uma disputa futura. O líder nazista aparentemente fez pouco caso do documento, mas Chamberlain acreditava que havia assegurado o futuro da Europa. Em seu retorno a Londres, agitou a tira de papel que levava sua assinatura e a do *Führer* em triunfo, enquanto a multidão regozijava-se. Ele anunciou que garantira a "paz com honra" e a "paz em nosso tempo".

Mas o primeiro-ministro Conservador Winston Churchill, que havia sido alertado sobre os riscos do rearmamento alemão ao longo dos anos em vão, declarou que essa era apenas o "início da conta a ser paga". Ele não era o único. O primeiro-ministro francês Daladier também estava bastante ciente do terrível erro que cometera ao ceder a Hitler. Quando seu avião se aproximava para aterrissar em Paris, ele viu as multidões de boas-vindas à espera e pensou que as pessoas tinham vindo para ofendê-lo. Quando percebeu que as pessoas acenavam e sorriam, virou-se para seu assistente, disparando:

"Idiotas! Elas não sabem o que estão aplaudindo", murmurou ele.

Certamente as ambições territoriais de Hitler não estavam satisfeitas com a dominação da região dos Sudetos. Os alemães dessa região não significavam nada para Hitler. Eles eram somente um símbolo de sua autoridade, um troféu com o qual escarnecia de seus inimigos. Ele não aceitava nada que não fosse a rendição da nação tcheca e a humilhação de seu primeiro-ministro Emil Hácha (Benes

16 de março de 1939: O presidente da nação Emil Hácha senta-se desconfortavelmente do lado oposto a Hitler em uma sala de recepção do antigo castelo do Kaiser em Praga. Não paira nenhuma dúvida sobre quem estava ditando os termos.

O CAMINHO ATÉ A GUERRA

Amargurada e chorando, uma mulher saúda Hitler após a anexação da Sudetolândia.

renunciara em outubro de 1938, um mês após o Acordo de Munique). Na madrugada de 14 de março de 1939, Hitler recebeu Hácha na Chancelaria em Berlim, na presença de Goering e Ribbentrop, dando-lhe um ultimato. Ele poderia convidar o Exército Alemão para pacificar os supostos distúrbios em seu país, portanto tornando o Estado tcheco um protetorado alemão, ou poderia assistir a Praga sendo bombardeada até esfarelar por Stukas. Confrontado com essa ameaça e com a presença física intimidadora de Hermann Goering, o político de 66 anos aparentemente teve um ataque cardíaco brando seguido da perda de consciência.

O médico charlatão do *Führer*, dr. Morell, foi chamado. Ele conseguiu reanimar Hácha brevemente, antes de ele desfalecer pela segunda vez. Foi administrado novamente um estimulante, e Hácha foi lembrado de quantas vidas de tchecos inocentes ficariam em posição crítica se ele não assinasse as duas declarações que haviam sido preparadas para ele pelos nazistas. A primeira declaração pedia a "proteção alemã" e a segunda ordenava que o Exército Tcheco depusesse suas armas. Ele suportou até as 4 horas da manhã, momento em que sua resistência e saúde cederam – e assinou os dois documentos.

Seis horas depois, uma coluna de centenas de veículos blindados alemães chocalhava pelo calçamento nas ruas e praças de Praga. A neve emprestava uma visão de cartão postal natalino à pitoresca cidade, mas não era o tempo que mantinha a população afastada.

PEQUENA DEMAIS, TARDE DEMAIS: O DESTINO DA POLÔNIA

"Agora fomos informados que este confisco de território foi necessário por causa dos distúrbios na Tchecoslováquia. Se havia desordeiros, eles não foram estimulados somente no exterior?... Este é o final de uma antiga aventura, ou o começo de uma nova? Este é o último ataque a um pequeno Estado ou será seguido por outros? Esta é, de fato, uma etapa na direção de uma tentativa de dominação do mundo pela força?"

**Neville Chamberlain,
17 de março de 1939**

Normalmente, os historiadores retratam a Polônia como vítima inocente da agressão nazista. A história relata que o mundo entrou em guerra para defender este país sitiado, mas não em tempo de salvá-lo. A verdade, no entanto, não é tão simples. Desde 1935, a Polônia havia sido governada por uma junta militar. Três anos depois, seus dirigentes ameaçaram invadir a Lituânia se eles não recuperassem as estradas, ferrovias e outras redes de comunicação cortadas após uma disputa que durara vinte anos. Isso é, a ocupação polonesa de Vilna, uma cidade lituana habitada massivamente por poloneses. Temendo que a Alemanha pudesse atacá-los caso se mobilizassem em sua própria defesa, os lituanos consentiram com as exigências da junta na crença de que a ocupação polonesa era o inferno mais brando.

Durante a crise tcheca, a junta polonesa pró-nazismo tivera uma proposta de que receberia parte dos espólios, contanto que se alinhasse com a Alemanha no evento de uma guerra. Eles recusaram da forma mais diplomática possível sob tais circunstâncias, o que apenas enfureceu Hitler e intensificou sua desconfiança em relação à junta. Quando a crise passou, os nazistas pressionaram para que a junta se unisse ao Pacto Anti-Comintern contra a Rússia.

Mas novamente os poloneses prevaricaram na esperança de que a águia nazista e o urso soviético no final fossem se digladiar mutuamente, e eles apenas observariam essa luta em segurança do lado de fora.

Em janeiro de 1939, a paciência de Hitler com os poloneses estava se esgotando. Ele recebeu o ministro de Relações Exteriores polonês, coronel Josef Beck, em Berchtesgaden e repetiu as exigências feitas em meses anteriores para as quais ainda não tivera uma resposta satisfatória. Essas exigências eram a devolução do porto báltico de Danzig e o direito de construir ligações rodoviárias e ferroviárias ao longo de uma faixa de terra que corria do rio Vístula ao mar Báltico. Conhecida por Corredor Polonês, ele dividia a Alemanha da Prússia Oriental. Embora o coronel Beck fosse um simpatizante nazista, ele entendia que a abertura a essas concessões indicaria o fim da independência polonesa. Assim, recusou a proposta.

Mas quando parecia que a Polônia seguiria a mesma trajetória da Tchecoslováquia, os ingleses tardiamente declararam a intenção de entrar na guerra para defender a soberania polonesa. Essa foi uma virada extraordinária dos eventos.

A Grã-Bretanha e a França não ajudaram a democrática Tchecoslováquia, mas agora os dois países estavam se declarando dispostos a entrar na guerra para dar suporte àquela junta militar pró-nazismo. Até mesmo Hitler, o mestre da duplicida-

Novembro de 1939: Os oficiais da guarda de elite de Hitler marcham comprimidos com uma força irresistível por Praga à medida que os invasores alemães impõem a lei marcial após a execução de três rebeldes tchecos.

de diplomática, não previra isso. De acordo com o almirante Canaris, Hitler reagiu às notícias batendo com os punhos na mesa e prometendo "cozinhar os britânicos em um guisado que os deixaria chocados".

A pesar disso, ele não rejeitaria sua guerra pela segunda vez. Em 15 de março, as tropas alemãs marcharam na direção da Boêmia, Morávia e Eslováquia, o que sinalizava que a Polônia estava cercada por tropas alemãs em três lados de seu território, com os russos ao leste. Era uma situação indefensável. Confiante em uma rápida vitória, Hitler emitiu uma diretiva supersecreta às suas Forças Armadas em 3 de abril. Codificado como "Case White" [Pasta Branca], ela detalhava os planos para a invasão da Polônia, a ser executada invariavelmente até 1º de setembro. Era um plano audacioso e visionário – um golpe de sorte decisivo que teria como ponta de lança muitas divisões de tanques, que receberiam apoio de ataques aéreos, com a Infantaria cobrindo a retaguarda para acabar com os bolsões de resistência. O ataque seria dirigido e coordenado por uma moderna rede de comunicações.

Todavia, isto não foi ideia de Hitler, e sim o trabalho do coronel Günther Blumentritt e dos generais Rundstedte e Manstein. Hitler familiarizou-se com os detalhes do ataque e fez sugestões, mas a única parte construtiva da qual participou, de acordo com o general Warlimont, foi o planejamento do assalto em uma ponte em Dirschau.

Em 23 de maio, Hitler liderou uma reunião com o Estado-Maior Alemão e apresentou sua estratégia. Foi proibida a elaboração de atas, mas o tenente-coronel Rudolf Schmundt fez algumas anotações à mão que registravam a determinação de Hitler de "atacar a Polônia na primeira oportunidade". Ele acrescentou: "Não podemos esperar a repetição do caso tcheco. Haverá guerra. Nosso dever é isolar a Polônia. O sucesso nessa tarefa será decisivo... O *Führer* duvida da possibilidade de um acordo pacífico com a Inglaterra. A Inglaterra é nossa inimiga, e o conflito com ela é uma questão de vida ou morte... O objetivo deve ser tentar esmagar o inimigo ou finalmente fazer um ataque decisivo exatamente no início... As preparações devem ser feitas para uma longa guerra bem como para um ataque-surpresa e toda possível intervenção da Inglaterra no continente deve ser suprimida. Se tivermos êxito na ocupação e retenção da Holanda e da Bélgica, bem como de uma França derrotada, a base para uma guerra bem-sucedida com a Grã-Bretanha foi criada... Não há mais vitórias a ser atingidas sem derramamento de sangue."

O coronel Beck era igualmente beligerante. Em março de 1928, ele convocou o embaixador alemão para lhe informar que qualquer tentativa do Senado nazista em Danzig para alterar o *status* de cidade livre seria considerado como um ato de guerra.

O alemão, indignado, protestou que Beck evidentemente desejava negociar na ponta de uma baioneta.

"Este é o seu próprio método", Beck replicou friamente.

No início de maio, com a guerra parecendo ser mais provável do que nunca, Beck discursou no Parlamento polonês:

Coronel Josef Beck, ministro das relações exteriores da Polônia, que resistiu ao assédio de Hitler em 1939.

"Nós, na Polônia, não reconhecemos o conceito de paz a qualquer preço. Há uma única coisa na vida dos homens, nações e estados que não tem preço, e isto é a honra."

Essa não foi uma mera bravata. A Polônia poderia convocar mais de 2 milhões de homens e havia recebido garantias dos franceses de que eles atacariam a Alemanha pelo ar, além de lançarem uma enorme invasão dentro de 15 dias após ser dado o primeiro tiro. No entanto, os poloneses não sabiam disso, e os franceses não tinham nenhuma intenção de cumprir suas promessas. Seu apoio público aos poloneses tinha a mera intenção de persuadir os russos a ficar do lado dos Aliados. O serviço francês de inteligência havia superestimado o Muro Ocidental da Alemanha e aconselhado o Alto Comando de que eles eram incapazes de romper as defesas alemãs.

Os britânicos eram menos afáveis, oferecendo promessas vagas de reforços e ofensivas de bombardeamentos contra o invasor. Sua relutância era compreensível, pois àquela época somente tinham uma brigada blindada e cinco divisões de infantaria, um número extremamente inadequado de caças, além de não disporem de sistemas contra ataques aéreos ou instalações de radares para manter uma defesa efetiva. A indústria britânica de armamentos ainda estava num processo de recuperação após a Primeira Guerra Mundial, e precisava de, no mínimo, um ano para suprir as linhas de produção com equipamentos modernos e manufaturar munições suficientes de modo a alimentar suas Forças Armadas apropriadamente.

VÉSPERA DA GUERRA

Hitler acreditava piamente que a próxima guerra seria limitada e que acabaria rapidamente. Seus comandantes concordavam, com a exceção do general Thoma, que argumentava que a Polônia seria a centelha que inflamaria uma guerra mundial. Keitel falou em nome de todos quando rejeitou essas dúvidas, dizendo que a Grã-Bretanha estava muito decadente, a França, muito degenerada, e os Estados Unidos, muito desinteressados. Nenhum dos países sacrificaria a vida de seus filhos pela Polônia. Mas, tanto ele como Hitler, haviam negligenciado a possibilidade de que, sendo uma democracia, os britânicos poderiam encontrar um novo e mais capacitado líder para desafiar o tirano nazista, e que os Estados Unidos poderiam ser incitados a agir se atacados.

Na véspera da guerra, Hitler tinha dúvidas se os Aliados seriam capazes de confirmar suas ameaças com ações. No caso de hostilidades, os britânicos teriam de enviar tropas desde o Egito, sob a mira atenta da Marinha Alemã e dos *U-Boot* (em alemão: *Unterseeboot*, literalmente "barco submarino"), que rondavam o Mar Negro.

Um memorando escrito pelo almirante Bohm na véspera da invasão planejada da Polônia apontava:

"Na visão do *Führer*, a probabilidade de as potências ocidentais intervirem no conflito não era grande... A França não tem recursos para sustentar uma guerra longa e sangrenta. Sua mão de obra é muito pequena; seus suprimentos são insuficientes, e o país tem sido empurrado para essa situação contra o seu desejo; para a França, o termo guerra de nervos se aplica..."

Hitler corretamente assumira que a França havia sido exaurida pela Grande Guerra, e capitularia em vez de imergir em um conflito protelado.

No entanto, se algum evento pode ser apontado como o que convenceu Hitler de que, finalmente, havia chegado a hora de resolver a questão polonesa, isso foi a assinatura do pacto de não agressão entre a Alemanha Nazista e a Rússia Soviética, em 21 de agosto de 1939. A notícia do acordo foi uma surpresa total para os Aliados e reverberou ondas de choque mundo afora. Parecia inconcebível que o estado comunista poderia chegar a um acordo com o ditador fascista e, no entanto, isso deveria ter sido previsto.

Os britânicos tinham feito avanços com a Rússia há mais de um ano, mas trabalhara mal, enviando um dirigente do segundo escalão do Departamento de Relações Exteriores para negociar com Molotov, o então ministro russo para Assuntos Internacionais. Ele interpretara essa visita como uma desfeita, e a indicação de que os britânicos não tinham grandes expectativas de êxito. Ou aceitavam isso, ou pensavam que um acordo seria uma mera formalidade. Além disso, o servidor civil fora despachado por barco, de modo que chegou uma semana depois do prazo que levaria se tivesse ido de avião até Moscou, tempo em que os nazistas persuadiram os soviéticos a selar o acordo bilateral.

No entanto, além dessa gafe diplomática, os soviéticos desprezavam e desconfiavam das democracias ocidentais, que não estavam em posição de oferecer concessões ou incentivos significativos.

Por outro lado, os nazistas estavam preparados para assinar um protocolo secreto prometendo não apenas metade do território polonês como também toda a Letônia e a Estônia se os russos colaborassem.

Os russos tinham outra razão para se aliar a Hitler. Eles simplesmente não estavam preparados para a guerra. As expulsões do corpo de oficiais feitas por Stalin tinham dizimado os líderes do Exército Vermelho e deixado tanto a tropa como a elite desmoralizadas e sem disciplina. Eles não podiam confiar em lutar se não houvesse oficiais experientes para comandá-los. Ao aliar-se aos alemães, Stalin assegurou sua própria posição e promoveu seus próprios interesses, mas ao fazer isso deu a Hitler um passe livre para ele fazer o que quisesse na Europa Ocidental. Tudo o que Hitler precisava, à época, era um pretexto para invadir.

CAPÍTULO 11
GUERRA TOTAL

O ATAQUE DO HOMEM MORTO

Os primeiros tiros da Segunda Guerra Mundial foram disparados por homens que já estavam mortos. Em 31 de agosto, um pelotão de homens da SS apanhou uma dezena de prisioneiros de um campo de concentração próximo à fronteira polonesa e sob a ameaça de armas ordenou que eles vestissem o uniforme do Exército Polonês. Eles, então, atiraram a sangue frio em todos eles, menos um. Eles e o único sobrevivente foram de carro até a estação de rádio em Gliewitz, na fronteira polonesa, onde a SS simulara o falso ataque. Eles invadiram o estúdio comunicando uma mensagem que anunciava a invasão polonesa à Alemanha e, em seguida, atiraram no prisioneiro remanescente para simular que ele e seus companheiros mortos tinham sido assassinados durante um ataque à estação radiofônica. O ataque recebeu o codinome de Operação Himmler. Agora, os nazistas estavam livres para retaliar.

Contrariamente à crença popular, a invasão alemã da Polônia não começou com colunas de Panzer se aprofundando pelo território polonês, e sim de uma forma mais convencional. Na madrugada de 1º de setembro de 1939, o couraçado alemão SMS *Schleswig-Holstein* abriu fogo contra uma fortificação cerca de seis quilômetros ao norte de Danzig. O couraçado havia se esgueirado furtivamente pelo porto diversos dias antes sob o pretexto

Esfregando os deques: Um navio de treinamento alemão na costa de Falmouth um ano antes do começo da Segunda Guerra Mundial e quando a cooperação mútua ainda parecia ser possível.

de uma visita cerimonial e ficou posicionado para golpear a posição no momento em que recebesse as ordens de Hitler para iniciar as hostilidades. Eram 4h45 da manhã e a Segunda Guerra Mundial começava.

O afamado *Blitzkrieg* alemão, quando finalmente chegou, teve um início nem tanto auspicioso. Enquanto as sirenes dos barulhentos aviões de bombardeio Stuka atacavam os campos de aviação, ferrovias e instalações militares, a ponta de lança das colunas mecanizadas de Hitler se escondia na neblina e, na confusão, era atingida por sua própria artilharia. Apenas uma de seis divisões tinha o suporte de tanques – as outras eram divisões de infantaria supridas principalmente por carretas puxadas a cavalo. Mas as massivas colunas mecanizadas faziam um incrível progresso apesar da má condição das estradas polonesas; em alguns casos avançando distâncias de até 64 quilômetros por dia. Era uma operação clássica de pinças duplas que pretendia cercar as principais forças polonesas e cortar sua retirada até o rio Vístula.

No segundo dia, o XIX Corpo do Exército Panzer liderado pelo tenente-general Guderian, teve de parar repentinamente, por falta de combustível e munições. Mas antes de as divisões polonesas conseguirem preparar um ataque, as colunas de suprimento alemãs passaram pelas linhas polonesas e moveram os Panzer novamente. Em outro local, o 4º Exército alemão cercou duas divisões de tropas polonesas no Corredor de Danzig, destruindo-as em questões de horas. Foi durante essa batalha que a cavalaria polonesa fez seu ataque suicida contra a divisão blindada alemã.

Uma coluna blindada do Terceiro Reich esgueira-se pela Polônia, incendiando a guerra na Europa.

A Grã-Bretanha e a França deram um ultimato no segundo dia. Os dois países ameaçaram entrar em guerra se Hitler não desse garantia que retiraria suas tropas até o domingo – 3 de setembro. Não foi recebida nenhuma garantia e, desse dia em diante, a Grã-Bretanha e a França estavam oficialmente em guerra com a Alemanha. Dessa vez não houve uma corrida patriótica para o alistamento, como ocorrera em 1914.

POLÔNIA

Sete dias após a invasão ter começado, o 14º Exército Alemão invadiu a Cracóvia. Guderian reportou para Hitler que ele havia sofrido menos de mil baixas, e que tudo se devia à mobilidade e ao poder de fogo superior dos Panzer. Nas semanas seguintes, as obsoletas artilharias e os tanques poloneses provavam que não conseguiam se equiparar aos fortemente armados e de rápida movimentação Panzer alemães, que atacavam *em massa*, enquanto os poloneses alocavam seus tanques inferiores defensivamente em apoio à sua infantaria. A Força Aérea polonesa

Parada da Vitória: Os alemães marcham a passo de ganso sobre o território polonês em 1939. A invasão começou em 1º de setembro e terminou em 6 de outubro, quando o país foi dividido entre a Alemanha e a União Soviética.

definitivamente não obtinha melhores resultados. A ideia dominante era que a Luftwaffe era insuperável.

A maioria das 900 aeronaves mais antigas era considerada útil apenas para treinamentos, mas os pilotos poloneses compensavam a desvantagem de suas máquinas com habilidade e coragem, abatendo ou danificando severamente 400 dos caças de Goering. Tragicamente, a eficácia dos combatentes poloneses foi fatalmente solapada por seus líderes, que não conseguiram coordenar uma defesa efetiva, pois eles confiaram nas comunicações civis, que eram facilmente interceptadas pelos alemães.

Em questão de semanas, os alemães avançavam na direção de Varsóvia, mas não tomaram a capital com a facilidade esperada. Em 10 de setembro, o grosso do Exército Polonês foi reforçado com os sobreviventes da batalha no Corredor de Danzig, e, agrupados, atacaram o flanco do 8º Exército Alemão 112,5 quilômetros a oeste da cidade. Durante dois dias, eles fustigaram os alemães até que Rundstedt foi forçado a desviar duas divisões a fim de contra-atacar. Em 17 de setembro, Varsóvia estava cercada e o Exército polonês, se desintegrando. No total, 52 mil homens foram capturados e o número estimado de mortos era de 750 mil. Ainda havia bolsões de resistência, que custariam caro aos alemães, mas era apenas uma questão de tempo para que os últimos defensores da cidade abandonassem suas armas e se rendessem.

Se os remanescentes do Exército polonês esperavam resistir até a chegada dos Aliados para ajudá-los, eles estavam profundamente desapontados. Os britânicos tinham receio de bombardear cidades alemãs e matar civis. Assim, se contentaram em espalhar panfletos na Renânia, enquanto os franceses enviavam nove divisões, adentrando 11 quilômetros do território alemão. Essa foi uma manobra simbólica e para desviar o foco, e uma mensagem de solidariedade aos poloneses sitiados. Incrivelmente, o ministro da Aviação Britânica votou contra o bombardeamento das fábricas de munição alemãs ou das recém-adquiridas instalações para a produção das Skoda na Tchecoslováquia, que tinham sido convertidas para a produção de aeronaves.

Eles consideraram que se tratava de propriedade privada, além de recear as retaliações dos alemães.

Se os poloneses ainda tinham algum fôlego para a luta, eles devem tê-lo perdido neste momento. No entanto, o golpe fatal não foi desferido pelos alemães, e sim pelos russos. Trinta e cinco divisões do Exército Soviético receberam ordens para ocupar a região oriental da fronteira, em uma antecipação à divisão da Polônia. As notícias da incursão soviética apressaram o chefe das Forças Armadas polonesas, marechal Rydz-Âmigly, a fugir de avião para a Romênia, logo seguido por outros membros do governo.

Após terem sido traídos pelos Aliados, o exército e o povo polonês acabaram abandonados pelos próprios líderes. No entanto, eles resistiram na capital sitiada por ainda mais dez dias, embora sem água e alimentos e sendo continuamente bombardeados pela Luftwaffe e a artilharia alemã. Em 27 de setembro, finalmente a cidade se rendeu, e 140 mil soldados poloneses exaustos e feridos foram capturados e levados ao cativeiro.

No dia seguinte, uma forte guarnição de 24 mil homens em Modlin caiu em mãos alemãs, deixando o restante do Exército Polonês cercado por três lados e com suas retaguardas voltadas para a fronteira romena. Dentro de alguns dias, mais 150 mil homens foram mortos ou capturados, enquanto 100 mil escaparam pela fronteira da Romênia – mas não antes de encontrar os ucranianos, que haviam se aliado aos russos.

Os últimos poloneses se detiveram em Koch, uma fortificação 120 quilômetros a sudeste de Varsóvia, até 6 de outubro.

A conquista da Polônia por Hitler custou a vida de oito mil alemães, além disso, cinco mil se perderam em combate e pouco mais de 27 mil feridos. O sofrimento polonês, no entanto, não terminara. De fato, ele estava apenas no início. Quando os Panzer e a Wehrmacht se retiraram, os administradores nazistas e os *Einsatzgruppen* (esquadrões da morte da SS) entraram no país.

> "*Não estamos interessados na prosperidade do país... Estamos interessados em estabelecer a autoridade alemã nesta região... Julgaremos se será impossível ou não que um dia a Polônia possa se reerguer novamente... O que temos agora é um gigantesco campo de trabalho.*" **Hans Frank, governador-geral da Polônia ocupada, novembro de 1940**[31]

GUERRA NO OCIDENTE

A conquista da Polônia lançou a semente da derrota de Hitler. Ela o convenceu de que ele era um gênio militar guiado pela Providência que não precisava das recomendações de seus generais. Ele acreditava que a falta de um treinamento militar formal e sua experiência de soldado comum nas trincheiras lhe conferiram um maior entendimento de táticas do que seus próprios comandantes. Ele também estava convencido de que havia concebido o plano para a invasão. No entanto, embora recebesse o crédito por isso, na primeira oportunidade que teve novamente, aprovou o trabalho feito por seus comandantes.

> "EU NÃO PEÇO A MEUS GENERAIS QUE ENTENDAM MINHAS ORDENS, MAS SIM QUE SOMENTE AS EXECUTEM."
> *Adolf Hitler, 1939*

Logo após a rendição da Polônia, ele convocou uma reunião com seu Estado-Maior na nova Chancelaria do Reich em Berlim. O objetivo era informar que ele exigia obediência incondicional. Durante um discurso de três horas, Hitler falou: "Nem um militar, tampouco um civil, pode me substituir. Eu estou convencido de meus poderes intelectuais e de decisão. Nenhuma pessoa jamais conseguiu o que eu consegui. Liderei o povo alemão a uma grande altura. Se tenho de escolher entre a vitória ou a destruição, escolho a vitória. É preciso levantar ou cair nessa luta. É preciso encolher-se do nada e destruir qualquer pessoa que se oponha a mim".

Essa última observação pretendia intimidar qualquer um que pudesse estar pensando em depô-lo, pois Hitler não confiava em seus oficiais antigos. Ele ainda os culpou pela derrota da Alemanha na guerra anterior e desprezou os que o tinham alertado contra prosseguir em uma guerra que a Alemanha poderia perder.

Foi formada uma nova estrutura de comando, a ser conhecida por *Oberkommando der Wehrmacht* (OKW), que seria operada por seu estafe militar pessoal e dirigida pelo general Keitel, cuja conformidade sem questionamentos tinha-lhe rendido o apelido de "Lacaio Obediente".

HITLER ASSUME O COMANDO

As Forças Armadas Alemãs agora estavam sob o comando pessoal de Adolf Hitler. O único propósito de seus membros era servir aos seus desejos para a glória maior da Alemanha. Que país ele gostaria de invadir em seguida? A resposta foi dada quando ele realizou uma convenção do Alto Comando de modo a anunciar uma ofensiva no outono contra os Países Baixos. Essa era a próxima etapa lógica, mas os generais esperaram que a França e a Grã-Bretanha negociassem um tratado de paz após terem deixado de agir para salvar a Polônia. Goering, inclusive, ficou em silêncio, mas Hitler estava confiante do sucesso. Ele confiava nas mesmas táticas que resultaram na vitória na Polônia – uma decisiva incursão por regiões rurais, desviando de cidades de modo

que os Panzer não ficassem encurralados nas ruas estreitas.

O general von Brauchitsch fez lembrar ao *Führer* que havia somente a disponibilidade de cinco divisões blindadas, que as munições estavam seriamente reduzidas após a campanha polonesa e que uma ofensiva no outono por regiões rurais poderia provocar o atolamento de vários veículos na lama. Hitler replicou rispidamente que o inimigo também sofreria com a chuva.

No entanto, o tempo ruim convenceu-o de adiar o ataque até a primavera, mas sua decisão também foi influenciada pela equivocada invasão que a Rússia havia perpetrado na Finlândia em novembro de 1939, que "foi a pique" quando os finlandeses se mostraram surpreendentemente resilientes. Hitler sentiu-se obrigado a apoiar os soviéticos. Seu raciocínio foi que se ele não agisse decisivamente, os britânicos poderiam intervir, cortando as linhas de fornecimento de minério de ferro da Suécia para a Alemanha e ameaçando a frota alemã no Báltico.

As tropas esquiadoras finlandesas montaram uma oposição formidável, mas foram finalmente esmagadas pelo peso gritante dos números. Nesse ponto, o governo norueguês tornou público que não iria intentar uma luta. Eles viram o que a Luftwaffe havia feito com Varsóvia e Belgrado e não queriam que o mesmo destino sucedesse a Oslo, mas não conseguiram evitar que os britânicos desembarcassem no porto de Narvik e colocassem minas em águas norueguesas.

A campanha norueguesa agradava a Neville Chamberlain, que queria manter a guerra a certa distância. Mesmo em sua última hora, ele ainda esperava que Hitler poderia ser deposto se o embate entre exércitos fosse adiado por tempo suficiente.

No entanto, Hitler estava no jogo para terminá-lo. Ele insistira em planejar a campanha norueguesa pessoalmente, recusando teimosamente qualquer conselho de Brauchitsch. Mas isso praticamente resultou na primeira derrota da Alemanha na guerra. Embora o plano britânico houvesse sido improvisado, num prazo bem curto a Marinha Real conseguiu afundar dez destróieres alemães e obrigou as tropas alemãs a se retirarem para as colinas acima de Narvik.

Todavia, as tropas britânicas desembarcaram sem armas pesadas, mapas ou esquis, que eram essenciais naquele terreno, mesmo no início da primavera quando a batalha estava em seu ápice. Incapazes de perseguir os alemães pela neve, os britânicos se mantiveram nas rodovias principais e eram forçados a recuar cada vez que encontravam o inimigo, que mantinha posições nas colinas circundantes. Enquanto isso, as sirenes dos barulhentos Stukas bombardeavam pesadamente os destróieres britânicos e a presença deles provou ser decisiva. A lição da Noruega foi clara: é a supremacia aérea e não o poder naval que vence batalhas. Após seis semanas de intensos combates, a Marinha Real retornou cambaleante para casa, e a Noruega caiu nas mãos das forças alemãs.

A maioria dos membros da Força Expedicionária Britânica foi capturada e imediatamente exibida diante das câmeras de documentários nazistas, enquanto Hitler mais uma vez recebia os créditos. "Foi obtida a vitória contra um inimigo determinado", disse ele a seus assistentes mais próximos, "pois há um homem como eu que não conhece a palavra 'impossível'."

O veredito do general Warlimont foi um pouco diferente. Ele observou que o incidente expusera as "deficiências de caráter e de conhecimento militar" de Hitler. O general Jodl teve de interceder nas ordens contraditórias do *Führer*, pois ele estava criando o "caos no sistema de comando".

Antes, ele havia tentado convencê-lo, estimulando-o a confiar em seus comandantes e não considerar que uma batalha estivesse perdida até que se disparasse o último tiro.

A aventura norueguesa também refletiu mal para Winston Churchill, que à época era Primeiro Lorde do Almirantado, e o principal responsável pelo planejamento da campanha. Mas foi Chamberlain quem foi finalmente afastado do cargo em 9 de maio de 1940 por uma ultrajada Câmara dos Comuns que perdera

Winston Churchill na entrada da residência na 10 Downing Street, após ser informado sobre a invasão da Polônia.

UMA NOVA HISTÓRIA DE HITLER E DOS NAZISTAS

a paciência com sua política pacificadora. Seu sucessor teria de ser um homem que possuísse a coragem de lutar com o inimigo no Norte da África e no Mediterrâneo; um homem com um dom ou oratória que inspirasse o país em sua hora mais sombria. Esse homem era Churchill.

BLITZKRIEG

O espectro de uma provável derrota na Noruega assustou Hitler ao longo do inverno de 1940 e do ano seguinte, incitando-o a revisar seu plano original para o ataque na Europa Ocidental. Ele imaginou que provavelmente os Aliados se anteciparam ao seu jogo de xadrez de abertura, pois era a mesma estratégia utilizada pelo Exército Alemão em 1914.

Além disso, ele havia negligenciado considerações práticas, como a rede de canais e rios dos Países Baixos, que poderiam impedir o avanço de seus veículos blindados. Enquanto ele raciocinava sobre o problema, chegaram notícias de que um dos oficiais de seu estafe tinha sido capturado após a queda de seu avião na Bélgica. Ele carregava consigo os planos para a invasão. Assumindo que os mapas e documentos haviam caído em mãos inimigas, Hitler ordenou a seus comandantes que apresentassem um novo plano, que pegasse os Aliados com a guarda baixa.

Coincidentemente, um talentoso oficial da equipe, major-general von Manstein, esboçara um plano detalhado e audacioso para um ataque na França através dos Países Baixos, mas ele havia sido engavetado por seus superiores por ser considerado pouco prático. Agora, eles eram forçados a desengavetá-lo e apresentá-lo ao *Führer* como uma alternativa viável. Manstein propunha um ataque decisivo por blindados pela Floresta das Ardenas, que era considerada praticamente impenetrável e, portanto, seria pouco protegida. Essa manobra também evitaria o problema da Linha Maginot, que seria simplesmente contornada à medida que as colunas mecanizadas avançassem na direção do rio Meuse próximo de Sedan, que era defendida por um destacamento francês relativamente pequeno. Então, elas seguiriam para o oeste pelas planícies do noroeste francês até chegar aos portos de canais de Calais e

Blitzkrieg no oeste: O plano de Manstein de atacar pelas Ardenas originalmente havia sido considerado muito arriscado, mas no final provou ser decisivo.

Le Havre. Isso surpreenderia a Força Expedicionária Britânica, que estaria esperando um ataque pela Bélgica. A essência da operação era a velocidade. Os blindados deveriam atacar forte e rapidamente e de nenhuma maneira os comandantes tentariam dispersar suas forças ou arriscariam perder a iniciativa.

A Inteligência Militar Alemã confirmou que as estradas estreitas e sinuosas pelas Ardenas tinham largura suficiente para a passagem dos tanques, mas havia uma probabilidade de que os Aliados pudessem saber do plano antes do início da ofensiva. Eles poderiam, desse modo, montar uma boa defesa. Se o fizessem, os blindados alemães poderiam ser totalmente parados e os Panzer ser destruídos um a um. Era uma aposta desesperada, mas Hitler entusiasmava-se em assumir riscos e estava desejoso dessa tentativa.

Na tarde de 9 de maio de 1940, ele embarcou no Führer Special, uma composição blindada que havia servido como seu quartel-general durante a campanha polonesa. Saindo de Berlim, o trem viajou para a fronteira belga onde um carro o esperava para levá-lo, a uma curta distância, ao Felsennest, um complexo de bunkers e alojamentos espartanos que haviam sido escavados no topo de uma colina. Foi desse ponto, às 5h35 da manhã seguinte que Hitler observou quando aviões de bombardeio, caças e aeronaves de transporte escureceram o céu até uma distância visível a olho nu. Ao mesmo tempo, colunas de tanques e veículos blindados serpenteavam pela floresta abaixo na direção de defensores que nada suspeitavam.

Em termos de homens e máquinas, os alemães e os Aliados praticamente se equiparavam. Hitler poderia contar com quase 3 milhões de homens que, perfilados, formariam uma frente de cerca de 500 quilômetros, enquanto os Aliados tinham um contingente similar –, mas eles estavam sob comandos separados e não tinham um plano coeso de defesa. Os alemães tinham 7.400 peças de artilharia, e os franceses, 10.700, e estes podiam abastecer 900 tanques a mais que os alemães, que tinham 2.500 Panzer contra os 3.400 dos franceses. No entanto, os alemães objetivavam utilizar seus tanques em massa, como fizeram na Polônia, além de ostentarem uma vantagem no ar, superando os Aliados na razão de 2:1. O fator decisivo seria a surpresa.

ATORMENTADO PELA DÚVIDA

A imagem de Hitler como um gênio militar "doentio" é essencialmente criação de historiadores populares, mas ela contradiz totalmente os fatos.

De acordo com o general Halder, chefe do Estado-Maior de Hitler, o *Führer* estava muito relutante em assumir riscos durante a campanha da primavera de 1940 e, continuamente, ficava tentando impedir o avanço com medo que as linhas estendidas de suprimentos fossem interrompidas e seus exércitos, cercados.

Hitler estava consumido por dúvidas após os êxitos iniciais, que viram os tanques alemães sobrepujarem as defesas belga e holandesa e avançarem 160 quilômetros no primeiro dia de ofensiva. Até mesmo a dizimação dos 2º e 9º Exércitos franceses além do Meuse em 13 de maio (que justificou a decisão de atacar pelas Ardenas) não dissipou o seu humor.

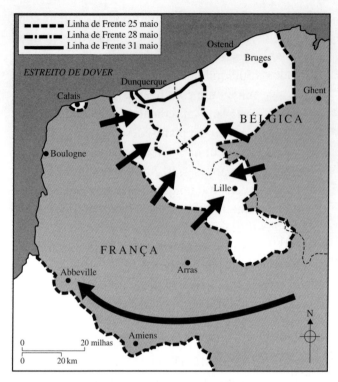

Os britânicos ficam de costas para o mar enquanto as colunas mecanizadas alemãs avançam em direção a eles.

"Ele vociferou e gritou que estávamos fazendo o melhor possível para arruinar toda a operação", escreveu Halder.

Então, em 17 de maio, Bruxelas caía. Ainda assim, Hitler parecia ter a intenção de sabotar seu próprio sucesso. Ele dava contraordens antes mesmo de as ordens originais serem executadas, contribuindo para que vários oficiais seniores as ignorassem e, em vez disso, confiassem em seus próprios discernimentos. Em diversas ocasiões, Hitler ordenou aos comandantes dos Panzer que se detivessem quando deveriam avançar. Seu erro mais crítico foi permitir que os britânicos evacuassem 338.226 homens (incluindo 139 mil soldados franceses) das praias de Dunkerque enquanto os comandantes dos Panzer observavam frustrados a alguns quilômetros de distância. Eles foram proibidos de atirar nos soldados na praia. Quando questionado, o *Führer* não quis explicar essa extraordinária decisão, embora pensou-se que ele teve receio de os tanques se tornarem alvos parados na areia. Ele confiou que as Forças de Goering metralhariam os soldados na praia, mas a Luftwaffe estava muito ocupada rechaçando a RAF para atacar as tropas no solo. Esse foi o erro tático mais grave que Hitler cometeu antes da invasão da Rússia, pois essas mesmas tropas retornariam anos depois como parte da força de invasão que libertaria a Itália, o Norte da África e, finalmente, a Europa Ocidental.

Mas mesmo esse erro foi perdoado com a capitulação da França após três semanas. Seus líderes foram premiados com a humilhação final de ter que assinar a rendição em Compiègne, no mesmo vagão ferroviário em que tinham recebido a delegação alemã em 1918.

"Meu país foi derrotado. Esse é o resultado de 30 anos de marxismo", exclamou o marechal Pétain.

Todavia, a debandada do outrora formidável Exército francês havia sido inevitável. A tropa era liderada por homens idosos, cansados (o general Gamelin tinha 68 anos, e o general Weygand, seu sucessor, 72) cujas táticas datavam de 1914, e não 1940).

Uma linha fina de soldados apresenta dificuldades para embarcar de volta em um navio britânico durante a evacuação de Dunquerque.

E todos eles estavam infectados com a aflição fatal do derrotismo. Isso enfraqueceu o comando e rapidamente se infiltrou por todo o sistema, de modo que os soldados abandonavam suas armas ao primeiro sinal de um combate feroz e aceitavam a inevitável – ocupação.

Em apenas 46 dias, o Exército Alemão conquistara a Europa Ocidental e forçara os britânicos a fugir correndo para o mar, para limpar as feridas e lamentar a perda de 100 mil soldados aliados (com mais 2 milhões de internos nos campos alemães de trabalho forçado durante todo o tempo). A Wehrmacht tinha perdido exatamente 27 mil homens, com mais 18 mil em ação. Parado diante da Torre Eiffel, Hitler se justificava ao se autoproclamar "o maior gênio estratégico de todos os tempos". Porém, nem todos seus aliados concordavam com ele. Em conversas reservadas, eles reclamavam que Hitler não tinha o temperamento que se exigia de um comandante. Ele era imprevisível, errático e excessivamente desconfiado para delegar autoridade. Na visão da elite dos oficiais prussianos, ele ainda era um ambicioso cabo austríaco cujos instintos e sorte tinham dado à Alemanha uma série de conquistas sem precedentes; mas, eles se perguntavam, por quanto tempo mais a sorte persistiria?

O ESPÍRITO BULDOGUE

Hitler havia estado eufórico e aliviado pela velocidade de seus triunfos na campanha ocidental, mas, independentemente se era sua sorte ou se o favorecimento do destino que o próprio *Führer* acreditava ter, ele não conseguia saborear o seu sucesso após a rendição da França. Seu dilema era o de um homem comum que queria ser soberano. O destino de milhões estava em suas mãos, e um vasto exército, sob o seu comando. Ele estava, ao mesmo tempo, extasiado e receoso, mas no auge exato de seu sucesso, completamente sozinho, à mercê de sua própria natureza volátil, atormentado pelos demônios da dúvida e da indecisão.

Em junho de 1940, com a Grã-Bretanha desafiando, porém praticamente indefensável, Hitler sancionou a Operação Leão-Marinho, a invasão das Ilhas Britânicas pelo mar. Após alocar 500 mil homens e vários milhares de tanques para a operação, ele depois adiou-a com a convicção errada de que a Marinha Real e a RAF poderiam rechaçar sua poderosa armada. Ele estaria vulnerável para o ataque se cruzasse o notoriamente imprevisível Canal Inglês, pensou ele. A invasão, ele decidira, somente seria lançada como um "último recurso".

Três dias após o armistício, Hitler visitou Paris em 1940. Ele pensou em bombardear completamente a cidade, mas reconsiderou: "Quando terminarmos com Berlim, Paris não passará de uma pálida sombra, assim, por que destruí-la?".

Hitler temia que uma única derrota destruísse a imagem de invencibilidade da sua Werhrmacht. Ele preferia agir com segurança, fazer com que seus bombardeiros atacassem a exaurida Marinha Real e lançar bombas nos portos do Canal antes de voltar sua atenção para fechar os campos de aviação britânicos. Ao mesmo tempo, seus caças abateriam os celebrados Spitfires e Hurricanes dos céus. Ele disse a si mesmo que os britânicos haviam perdido a guerra, mas simplesmente não aceitaram o fato. Ele estava confuso pelo desafio obstinado do novo primeiro-ministro britânico Winston Churchill, que jurara lutar nas praias e prometera que o povo britânico jamais se renderia.

Churchill, Hitler dizia, era fortificado por coragem líquida. Era apenas uma questão de tempo antes de os britânicos chegar ao bom senso e implorar pela paz. Afinal, segundo os genealogistas nazistas, eles eram do mesmo caldo racial de seus "primos alemães".

O DIA DA ÁGUIA

Goering lançou a *Adlertag*, sua ofensiva aérea, na tarde de 13 de agosto de 1940. Ela começou com um ataque de Stukas à base da RAF, em Detling, em Kent, que destruiu 22 aeronaves britânicas no solo. Centenas de bombardeiros alemães então fizeram um ataque massivo em campos de aviação e defesas costeiras britânicas, a primeira das 1.485 investidas naquele dia. O mau tempo deu à RAF um breve alívio, mas as investidas retornaram dois dias depois. Dessa vez, os radares deram aos britânicos um aviso antecipado dos ataques, de modo que eles conseguiram interceptá-los antes de os bombardeiros alemães poderem fazer muitos estragos. Goering perdeu 75 aeronaves contra 34 do Comando de Caças, mas como o chefe dos aviadores marechal Dowding observou na época, Goering podia se dar ao luxo de perder essa quantidade de aviões e ainda assim vencer. A RAF perdera metade de sua força na França e 100 aviões na defesa de Dunkerque. Mas, graças aos esforços do lorde Beaverbrook, ministro dos Armamentos britânico, as linhas de produção estavam fabricando cerca de 100 novos Spitfires por semana. O problema era que a RAF não tinha pilotos para voá-los.

Nas semanas subsequentes, os pilotos britânicos trabalharam num sistema de rodízio diversas vezes ao dia, e o estresse

A HORA MAIS SUBLIME

O dia mais crucial das batalhas aéreas foi o 7 de setembro, quando Goering montou a maior armada de aeronaves já vista – mil aviões agruparam-se em uma extensão de 3 quilômetros, escurecendo 2 mil quilômetros quadrados de área do céu. Mas, dessa vez, os alvos não eram os campos de aviação do inimigo, e sim suas docas, depósitos e as fábricas londrinas.

O maior erro de Hitler, e um dos mais custosos da guerra, foi ordenar que a Luftwaffe interrompesse seus ataques diários aos campos de aviação da RAF enquanto eles ainda estavam em operação, em vez de focar na capital. Isso deu aos britânicos tempo para se reagrupar e preparar ataques coordenados aos bombardeiros que retornavam. Não foi um erro de cálculo tático, mas mais um erro de julgamento, cujo significado pode ser compilado de um comentário feito pelo comandante da Luftwaffe Theo Osterkamp, que reclamou: "Foi com lágrimas de raiva e desânimo que, no momento crucial da vitória, eu vi a batalha decisiva contra os caças britânicos parar em favor do ataque a Londres".

"Avancemos Juntos": 1940-1941, com uma diferença marcante dos que eram produzidos na Alemanha.

de ficarem continuamente de sobreaviso estava começando a mexer com seus nervos. O fato é que isso continuou e, no fim de agosto, a RAF perdera 231 de seu complemento original de mil pilotos, e seus substitutos eram muito inexperientes. Mesmo quando pilotos poloneses e de outras nacionalidades foram utilizados, a RAF ainda estava sendo vastamente superada no ar.

> "HITLER SABE QUE TERÁ DE NOS FRAGMENTAR NESSA ILHA OU PERDERÁ A GUERRA. SE CONSEGUIRMOS RESISTIR A ELE, TODA A EUROPA PODERÁ FICAR LIVRE... MAS, SE FRACASSARMOS, AFUNDAREMOS EM UM ABISMO DE UMA NOVA ERA DAS TREVAS."
> *Winston Churchill, maio de 1940*

A mudança de tática havia sido acelerada por ataques britânicos pontuais em Berlim, que causaram poucos danos, mas enfureceram tanto o *Führer* que ele se permitiu desviar o foco de um legítimo ponto estratégico. Isso marcou a reviravolta na Batalha da Grã-Bretanha, pois deu à

RAF mais tempo para a montagem de a aclamada operação Big Wing, um ataque coordenado por diversos esquadrões. Ao mesmo tempo, os alemães presentearam os britânicos com um alvo fácil – os lentos bombardeiros Junker e Heinkel, que de modo geral não tinham o apoio de caças.

No restante de setembro, os dois lados travaram escaramuças no ar, com o triunfo dos britânicos por uma leve margem. Eles passaram a desgastar os alemães, que começavam a perder o ânimo com maior rapidez do que perdiam seus companheiros.

Em 12 de outubro, após a Luftwaffe sofrer suas piores perdas até aquela data, e o bombardeamento de Londres ter sido respondido por ataques repetidos em Berlim e outras cidades alemãs, Hitler cancelava a Operação Leão-Marinho e voltava suas atenções para a Rússia. Não querendo admitir a derrota, ele avisou seus pilotos que os ataques a Londres tinham sido somente uma "camuflagem" para a próxima campanha na Rússia.

Hitler havia subestimado seriamente a disposição dos britânicos de resistir à tirania e também havia sido tolo em colocar toda a confiança na Luftwaffe de Goering. A força poderia exibir superioridade em números, mas seus caças perdiam na capacidade de fazer manobras dos superiores Spitfires, que eram capazes de retornar às bases para reabastecimento antes de se reagruparem para a batalha. Os caças alemães, por outro lado, conseguiam se envolver em combates aéreos por dez minutos, mas o combustível logo terminava. Se os pilotos alemães fossem abatidos e sobrevivessem, eles eram aprisionados durante a guerra, enquanto os pilotos da RAF podiam juntar-se aos seus esquadrões no mesmo dia.

Os alemães tinham outra desvantagem. Eles não sabiam que suas formações estavam sendo monitoradas por radares, a arma supersecreta da Grã-Bretanha dava aos esquadrões da RAF fina sintonia e amplos avisos de um ataque. Eles podiam, então, interceptar o inimigo antes de este atingir seus alvos. Diz-se que os radares ganharam a Batalha da Grã-Bretanha, mas a vitória dependeu ainda muito mais dos pilotos.

Churchill, com muita habilidade, resumiu os sentimentos de uma nação agradecida quando ele rendeu homenagem aos corajosos pilotos que repeliram o invasor com enormes dificuldades. "Jamais, no campo do conflito humano, um número tão grande de pessoas deve tanto a tão poucos."

BATALHA PELOS BALCÃS

Em outubro de 1940, Mussolini começou uma mal aconselhada invasão da Albânia como um trampolim para um ataque à Grécia. No entanto, o ataque à Grécia foi mal planejado e mal executado. Ele deixou as tropas italianas com sérias dificuldades para garantir uma fortaleza no continente e instigou os britânicos a ocupar as ilhas de Creta e Lemnos em preparação para uma contraofensiva. A presença dos italianos ameaçou o equilíbrio de poder nos Balcãs e colocou seus aviões muito próximo dos campos petrolíferos romenos que Hitler acabara de adquirir de seu novo aliado do Eixo, o ditador Ion Antonescu.

Relutantemente, Hitler foi forçado a agir para ajudar Mussolini. No início de 1941, ele alocou 10 divisões para a Grécia e dedicou uma força substancial de 25 mil paraquedistas para a tomada de Creta, o

Montgomery deu aos cercados britânicos a vontade de derrotar Rommel, a Raposa do Deserto.

maior ataque de uma força aerotransportada já montada. Mas enquanto eles recebiam todas as informações necessárias, ele decidiu segurar a Iugoslávia pela força antes que os sérvios pró-britânicos pudessem arrancar violentamente o controle do país dos croatas-pró-alemães. Em 26 de março, antes de ele poder fazer o planejado, os oficiais sérvios das Forças Armadas iugoslavas deram um golpe. Hitler ficou extremamente furioso, e ordenou a destruição total de Belgrado por meio de uma ofensiva com o codinome de Operação Punição. O novo governo iugoslavo estava praticamente indefeso. Quando ele despachou aviões para interceptar a primeira onda de mais de 300 bombardeiros alemães, eles foram abatidos por suas próprias baterias antiaéreas – os iugoslavos estavam usando as Messerschmitt Me 109s compradas da Alemanha.

Na confusão, uma força diminuta de soldados alemães, sem suporte de tanques, conseguiu caminhar pelos destroços fumegantes da capital e tomá-la de seus amedrontados e chocados defensores, que depuseram suas armas e se renderam. Quando foi feito o cálculo final, o Alto Comando alemão ficou surpreso ao descobrir que haviam capturado todo o país com a perda de somente 151 homens mortos e 400 feridos.

A RAPOSA DO DESERTO

Em fevereiro de 1941, Hitler despachou um de seus mais hábeis e talentosos táticos, o general Erwin Rommel, para resgatar seu aliado italiano que estava lutando no vasto deserto do Norte da África. Mussolini havia invadido a Líbia nem tanto por razões táticas nem por território, mas simplesmente para ganhar credibilidade com Hitler – ele sentiu que Hitler estava vencendo muito, e com muita rapidez. O Duce acreditava que precisaria de mil italianos mortos para sentar-se à mesa de conferência, mas ele obteve muito mais do que esse número quando o comparativamente pequeno 8º Exército Britânico, sob o comando do general Wavell atacou uma série de guarnições italianas em Mersa Matruh, 130 quilômetros a leste de Sidi Barrani. Nos três primeiros dias de combate, 39 mil italianos renderam-se quando ficaram frente a frente com duas divisões britânicas e alguns tanques. Havia tantos prisioneiros que os captura-

As habilidades e os recursos táticos de Rommel eram admirados por Hitler.

dores perderam a conta e registraram o resultado da operação como "5 acres de oficiais e 200 acres de outros estafes".

Os britânicos agora dominavam uma área do tamanho da Grã-Bretanha e da França juntas, mas estavam lamentavelmente sob tensão e seus tanques eram propensos a defeitos mecânicos sempre que entravam em contato com a areia árida do deserto. Os tanques italianos eram de qualidade inferior e recebiam a alcunha de *rolling coffins* (caixões de rolamento). O Afrika Korps de Rommel não tinha nenhuma experiência de guerra no deserto, mas eles tinham a visão de embarcar em transportadores de tanques, o que possibilitava a recuperação de seus veículos quando eles sofriam avarias ou eram danificados. Os britânicos simplesmente abandonavam seus tanques. Eles também cometeram um crítico erro tático ao separar suas forças de modo que várias divisões pudessem ser desviadas para a Grécia. As forças britânicas deveriam ter tomado Trípoli primeiro, e com isso garantir o Norte da África, para depois enviar homens e materiais remanejados para a Grécia.

Após quatro meses do desembarque, Rommel e seu Afrika Korps tomaram a iniciativa, avançando 1.600 quilômetros antes de empurrar o 8º Exército Britânico por todo o caminho de volta ao Egito, local de onde haviam partido. Por esse feito, o grato *Führer* promoveu o Raposa do Deserto a marechal de campo.

Nos próximos 16 meses, a Guerra do Deserto foi travada em várias localidades à medida que cada lado explorava uma vantagem temporária em termos de homens e material. Em um ponto, foi a

ausência de Rommel devido a uma doença que virou a guerra para o lado dos Aliados, em outra ocasião a dispensa de um comandante britânico desmoralizou o 8º Exército de tal modo que os alemães obtiveram o controle. No período de poucos meses, Bengazi trocou de poder não menos de cinco vezes, até que, finalmente, em julho de 1942, o general Montgomery assumiu o comando do 8º Exército e manobrou Rommel para uma escaramuça em El Alamein. Essa seria a última vitória britânica significativa antes de os americanos entrarem na guerra. Churchill colocou-a em perspectiva: "Esse não é o fim [da guerra]. Não é nem mesmo o começo do fim, mas talvez seja o fim do começo".

CRETA

Os alemães não tiveram vida fácil em Creta. Hitler informara a seu Comando que a ilha deveria ficar em mãos alemãs até o final de maio de modo que ele pudesse se concentrar na invasão da Rússia, que estava planejada para junho. Seus comandantes obedeceram, mas a um custo enorme e pouca vantagem estratégica. Hitler não utilizou a ilha como base para dominar o Mediterrâneo ocidental apesar do sacrifício de 4 mil homens e da perda de mais de 300 aeronaves, recursos que poderiam ter um uso mais efetivo na Rússia.

Os Aliados também perderam 4 mil homens e mais 12 mil foram capturados. O restante tinha sido abatido sob o nariz dos alemães em uma operação que custou à Marinha Real dois destróieres e três cruzadores. Mas para os alemães foi uma vitória vazia. A força paraquedista sofreu pesadas perdas e somente obteve

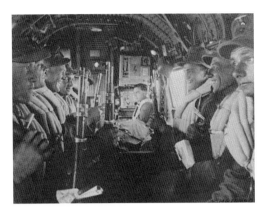

Paraquedistas alemães sobre Creta em junho de 1941: eles tiveram uma recepção mais calorosa do que esperavam, com 4 mil homens mortos e mais de 300 aeronaves abatidas; esta revelaria ser uma vitória em vão.

a vitória pela quantidade bem superior de homens. As divisões de paraquedistas mostraram-se ineficazes contra tropas de solo que se entrincheiravam e estavam bem preparadas. Os paraquedistas somente tinham vantagem tática quando apanhavam o inimigo de surpresa.

Hitler declarou-se "extremamente descontente" com a ação, opinião repetida pelo general Ringel, comandante da 5ª Divisão.

"Este sacrifício não deveria ter sido tão grande se a campanha de Creta tivesse significado um começo e não um fim", afirmou ele.

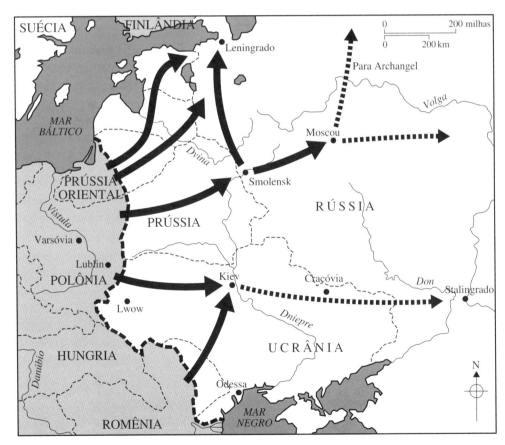

Operação Barbarossa. A invasão da Rússia por Hitler começou bem, mas terminou em desastre. Ele subestimou as vastas distâncias envolvidas e os recursos que iriam opor-se a ele.

BARBAROSSA

O otimismo de Hitler na véspera da Operação Barbarossa, a invasão da Rússia Soviética, surpreendeu seus comandantes mais pragmáticos pela extrema ingenuidade.

No entanto, sua confiança era plenamente justificada. O ânimo na vitoriosa Wehrmacht estava em seu pico, enquanto no Exército Vermelho ocorria o oposto, pois havia perdido 30 mil de seus oficiais mais experientes em virtude dos expurgos políticos de Stalin na década de 30. Hitler acreditava que o soldado russo médio não tinha estômago para a luta e iria insurgir-se contra seus opressores comunistas assim que visse os alemães como seus libertadores. Além disso, embora a Rússia pudesse parecer um vasto continente inconquistável, a intenção de Hitler era parar o avanço após 2 mil quilômetros da fronteira, em uma linha de Arkangel a Astrakan. Ele ignoraria a Ásia Central Soviética, que era uma região desolada, inóspita e sem recursos naturais. Mesmo assim, ele estava pedindo à Wehrmacht algo bem próximo do impossível. Mas, na mente de Hitler, as vastas distâncias que precisariam ser cobertas eram meros pontos em um mapa.

Relatórios da Inteligência levaram o Alto Comando alemão a acreditar que a maioria das 12 mil aeronaves e 22.700 tanques russos era inapropriada para o combate. Sabia-se que os pilotos russos eram forçados a sinalizar entre si mergulhando suas asas, pois poucos tinham

> "TEMOS SOMENTE QUE CHUTAR A PORTA, E TODA A ESTRUTURA APODRECIDA CAIRÁ AO CHÃO."
> *Adolf Hitler*

rádios em boas condições de uso. Mais significativamente, as divisões da linha do *front* alemão somavam 3 milhões de homens com mais 500 mil na reserva, enquanto os russos supostamente tinham apenas um terço desse contingente disponível para repeli-los. Algo da escala das forças alemãs pode ser estimado pelo fato de que foram precisos 17 mil trens para transportar as tropas para as áreas de reunião na Prússia, Polônia e Romênia nas vésperas da invasão.

Mas Hitler e o OKW subestimaram fatalmente a resistência e os recursos do inimigo. Stalin poderia convocar 17 milhões de homens e vários milhões de mulheres em idade militar, que poderiam aprender a atirar com um rifle mesmo sem jamais terem treinamento em suas vidas. E também não haveria escassez de armas, tanques e munições. Estavam sendo construídas fábricas de munições no interior dos Urais, que forneceriam o novo tanque T34 soviético e o assustador lançador de foguetes Katyusha a uma velocidade incrível, enquanto os alemães encontrariam extremas dificuldades para substituir os tanques perdidos e os equipamentos de artilharia quando estivessem se aprofundando no interior do território inimigo.

Além do mais, os soldados do Exército Vermelho não lutavam por uma ideologia nem para o seu país, tampouco por suas vidas. Eles temiam muito mais os comissários do que os próprios nazistas. Havia uma leve chance de sobrevivência se fossem capturados pelos alemães, mas o fato era que seus próprios oficiais não hesitariam em matá-los a tiros se ousassem bater em retirada. Stalin inclusive decretara que as famílias dos desertores seriam encarceradas por suas traições.

UMA GUERRA DE EXTERMÍNIO
O plano de ataque alemão era irresistivelmente simples em teoria; uma arremetida com três braços veria o Grupo do Exército Norte capturar os portos bálticos de Riga e Tallinn e, depois, avançar sobre Leningrado, enquanto o Grupo do Exército Central investiria sobre Moscou, deixando a captura da Ucrânia aos cuidados do Grupo do Exército Sul. Havia uma concordância mútua que eles tinham de destruir os principais exércitos soviéticos antes de se retirar para o interior, mas Hitler e o Alto Comando discordavam sobre a importância estratégica de Moscou. Hitler via a cidade como uma simples localização no mapa. Após as linhas de frente russas serem esmagadas, ele pretendia desviar a ponta de lança de suas divisões blindadas e, então, desviá-las para capturar os campos petrolíferos da Ucrânia. Os comandantes defendiam que os Panzer deveriam permanecer com o esforço principal para assegurar a tomada da capital russa, pois ela também concentrava o comando soviético e o centro de comunicações e seria extremamente defendida. Hitler rejeitou todas essas recomendações, mas esse crítico desacordo gerou uma confusão, que foi acumulada pela natureza separatória dos dois grupos de comando competidores, o OKW (Oberkommando der Wehrmacht, Estado-Maior das Forças Armadas) e o OKH (Estado-Maior do Exército).

O OKW ficou do lado do *Führer*, mas o OKH aconselhou cautela.

Se algum integrante do Alto Comando alemão imaginou que a guerra na Rússia seria uma campanha militar convencional, ele seria despertado por um forte pesadelo. Quando Hitler se dirigiu brevemente a eles antes da invasão, deixou claro que essa seria "uma guerra de extermínio". Ele lembrou-os que a União Soviética não era signatária da Convenção de Genebra nem da Convenção de Haia que regulavam a conduta de guerra e o tratamento de prisioneiros e, portanto, os soldados alemães não estariam amparados pelas regras habituais de guerra. A Wehrmacht não seria responsável pelos crimes contra a população civil russa. Civis armados seriam executados sumariamente.

"Essa luta apresenta diferenças ideológicas e raciais, e terá de ser conduzida com uma crueldade sem precedentes e uma severidade implacável."

Apelidado de o "Órgão de Stalin", Katyusha, o lançador de vários foguetes conseguia disparar até 48 projéteis estridentes de uma única vez a uma distância superior a 3 quilômetros. Esse armamento foi decisivo para derrotar os alemães em Stalingrado.

CAPÍTULO 12
PUNIÇÃO MERECIDA

O AVANÇO ALEMÃO

Às 3h da madrugada de 22 de junho de 1941, milhares de armas iluminavam o céu noturno enquanto os alemães despejavam ondas e mais ondas de homens e máquinas dentro da União Soviética. No setor central, divisões da Infantaria atravessavam o rio Bug em botes e tanques anfíbios destinados à invasão da Grã-Bretanha. Acima de suas cabeças, centenas de aviões bombardeiros se dirigiam para os campos de aviação e instalações-chave soviéticas, algumas das quais se situavam a distâncias de até 320 quilômetros para o leste.

A desconfiança patológica de Stalin em relação aos Aliados levou-o a minimizar repetidas advertências dos serviços de inteligência britânicos e americanos que haviam dado a ele uma data exata da invasão. Mas ele também estava ciente que a última guerra iniciara pela mobilização russa e, portanto, estava relutante em alertar o Exército até ter a confirmação. No entanto, em 22 de junho, ele teve a confirmação que não poderia negar. Nesse primeiro dia, 10 divisões do Exército Vermelho foram destruídas, milhares de prisioneiros detidos e 1.800 aviões soviéticos abatidos ou postos fora de combate, com isso erradicando a maior força aérea do mundo de uma só vez. No final da primeira semana, ficou claro que os blindados soviéticos não se equiparavam aos Panzer. Embora o pavoroso e pesado tanque KV1 tivesse uma espessa blindagem, ele era incômodo e suas guarnições eram pouco treinadas. O tanque soviético podia assimilar até sete impactos e continuar rodando, mas mostraria vulnerabilidade frente à Infantaria Alemã, que era capaz de se esgueirar lentamente na direção deles e explodir suas lagartas.

Mais uma vez, a infantaria russa era um adversário terrível, mas aparentemente as tropas não tinham nenhum senso de tática. Eles faziam repetidas cargas suicidas contra as metralhadoras alemãs como se estivessem combatendo nas trincheiras da última guerra. Apenas nas duas primeiras semanas, foram mortos 500 mil soldados soviéticos. Aparentemente, a avaliação feita por Hitler sobre o poder militar do inimigo parecia ser, afinal de contas, exata.

Com o passar dos dias, o rápido progresso criou seus próprios problemas. Em diversos setores, os Panzer avançavam, deixando as unidades de combate da infantaria muito atrás, e com isso deixaram seus próprios flancos expostos.

Hitler e Mussolini exibem ar de proprietários enquanto percorrem a Frente Oriental em 1942: nessa época a situação ainda estava calma, mas ela estava a ponto de mudar.

Refugiados fogem de Stalingrado, que foi seriamente danificada pelas bombas alemãs durante o primeiro inverno do cerco, 1941-1942. Poucas cidades algum dia suportaram um bombardeamento tão intenso como esse na era moderna.

Cinco divisões Panzer, sob o comando do general von Kleist, sobrepujaram os russos no sul, próximo da chamada Linha Stalin, mas sem a infantaria não foi possível evitar que divisões inteiras de tropas soviéticas escapassem para lançar contra-ataques em suas retaguardas e flancos. O terreno também gerava suas próprias dificuldades para os invasores. A inteligência alemã não fornecera mapas topográficos atualizados, de modo que avanço mecanizado frequentemente era obrigado a parar, e seus comandantes lutavam para se orientar em um vasto território sem acidentes geográficos marcantes que parecia não ter fim. Muitas vezes as colunas mecanizadas atolavam em estradas estreitas e enlameadas, pois os comandantes confundiam as linhas vermelhas do mapa com as estradas principais.

A situação não melhorava pelas contínuas intromissões de Hitler à medida que ele monitorava o progresso de suas forças a partir da segurança da Toca do Lobo, seu novo quartel-general na floresta de Rastenburg, na Prússia Oriental, onde ele permaneceria até novembro de 1944. Após a invasão da Rússia, ele fez somente raras visitas a seus outros QGs – uma base temporária na Ucrânia, Berchtesgaden e Berlim. Os generais eram levados ao desespero por suas contínuas interferências e sua obsessão por detalhes irrelevantes. Quando eles o pressionavam para esclarecer suas ordens geralmente vagas e contraditórias, Hitler fazia uma longa declamação sobre o tratamento dos prisioneiros ou os efeitos dos bombardeamentos nas linhas de frente.

Esses problemas eram exacerbados pela inimizade pessoal entre os generais. Em uma ocasião, Guderian, o herói do *Blitzkrieg*, foi ameaçado com a corte marcial pelo marechal de campo von Kluge, um supercauteloso tradicionalista, por deliberadamente desobedecer uma ordem para desacelerar seu avanço quando havia uma oportunidade de acelerar. Guderian novamente foi quem permitiu que 100 mil soldados soviéticos escapassem do cerco em Smolensk no último julho.

Suas ambições levaram-no a rumar na direção leste, para Yelnya (um objetivo-

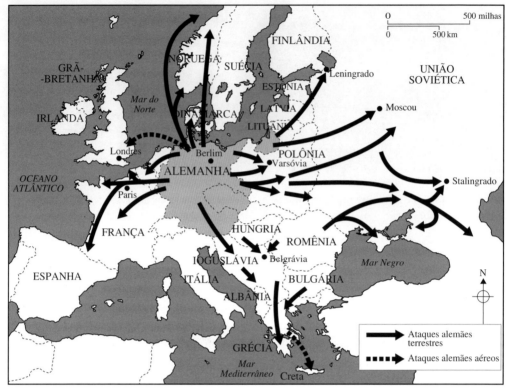

Acúmulo de nuvens negras: à medida que a suástica se disseminou pela Europa, parecia como se os nazistas e suas legiões fossem incontroláveis, mas suas forças inevitavelmente ficaram muito estendidas.

-chave na estrada até Moscou) em vez do norte, onde ele era esperado para se conectar ao general Hoth.

Mas o avanço implacável em todos os *fronts*, e os informes da capitulação em massa dos soviéticos, deixou que as facções bélicas negligenciassem essas infrações. Qualquer crítica séria da liderança de Hitler também era impedida. Em 27 de junho, o Grupo 2 de Panzer de Guderian e o Grupo 3 de Panzer, do general Hoth, cercaram 500 mil soldados soviéticos sitiados na cidade de Minsk, enquanto um bolsão menor foi sitiado em Bialystock. Após dias de violentos combates, milhares de russos caíram mortos ou foram feridos gravemente, e 300 mil foram feitos prisioneiros. Mais de 2 mil tanques soviéticos foram capturados ou tirados de combate, e 4 mil tanques foram perdidos em Smolensk. Essas perdas exigiam punição. Stalin convocou o comandante regional, general Pavlov, e seus oficiais seniores para uma reunião em Moscou, em 30 de junho, e eles foram executados por traição.

Mas a devassidão na vida humana continuava. O cerco de Leningrado, que começara em setembro de 1941 e durara por dois longos anos, custou aos russos mais mortes que as baixas combinadas dos Aliados por toda a guerra. Um coronel da Wehrmacht comparou a situação a um elefante que houvesse topado em um formigueiro. "O elefante", disse ele, "poderia matar milhões de formigas, mas sempre haveria mais formigas e, no fim, elas o derrotariam e o devorariam só deixando o osso".

" OS RUSSOS PERDERAM A GUERRA "

Quando Hitler recebeu a notícia de que seus exércitos tinham avançado 644 quilômetros ao longo de uma frente de 1.600 quilômetros num período de apenas três semanas, ele ficou exultante. Há uma semana, eles controlavam uma área com o dobro do tamanho da Alemanha.

"Os russos perderam a guerra", disse ele a seu estafe, e eles não estavam em posição de discutir.

Contra o conselho deles, ele agora desviava os mecanizados do Grupo do Exército Central, que então estava no perímetro de 322 quilômetros de Moscou, para outros objetivos – muitos dos quais irremediavelmente inatingíveis.

"Rimos alto quando recebemos essas ordens", recordou Rundstedt, que fora informado para assumir uma posição a 644 quilômetros de distância.

Com os Panzer de Kleist apenas a 19 quilômetros de Kiev, Hitler ordenou que ele cancelasse o ataque e rumasse para o sul para armar uma cilada ao Exército Vermelho em retirada.

A captura de 665 mil soldados soviéticos parecia justificar sua decisão, mas havia mais milhões que teriam o mesmo destino e a oportunidade de tomar Kiev não ocorreria novamente. De mais importância, o desvio usou um recurso que os alemães não poderiam desperdiçar – tempo. Quando Hitler finalmente deu o sinal verde para o ataque a Moscou, já era tarde demais.

Quando a primeira precipitação de neve caiu em 10 de outubro, as tropas alemãs pensaram que ela poderia retardar seu avanço. Eles não tinham ideia de como a neve lhes seria desastrosa. Hitler havia estado tão confiante do êxito inicial da campanha que ele tinha recusado o fornecimento de roupas de inverno para seus homens. Essa foi uma negligência que provou sua destruição. Então a neve derreteu e as sujas estradas se transformaram num lamaçal. Logo, o inverno russo ficaria tão severo que o óleo congelava nos motores dos veículos blindados, e seus armamentos não funcionavam direito porque não tinham o tipo correto de lubrificante. Mais soldados morreram de hipotermia (113 mil) do que de ferimentos.

E enquanto os invasores suportavam temperaturas extremamente baixas, os russos estavam passando secretamente reforços e tanques pelos lagos congelados em preparação para uma ofensiva na primavera. Eles estavam se preparando para impelir os alemães de volta à Linha Stalin, e, felizmente, a distâncias tão longínquas como sua Pátria. Entre as reservas russas, havia 40 divisões do *front* siberiano, que estavam entre as tropas mais bem treinadas do mundo. Eles

Localizados bem no interior do território inimigo, Walter von Brauchitsch e sua equipe examinam um mapa.

também tinham roupas e equipamentos para uma campanha de inverno. Stalin as havia mantido na retaguarda prevendo um ataque dos japoneses, mas quando Tóquio declarou guerra aos Estados Unidos, em dezembro de 1941, elas estavam livres para serem redistribuídas contra os alemães.

Normalmente, Hitler culpava seus generais pela derrota – particularmente Brauchitsch, a quem chamava de um inútil "covardemente miserável".

Quando os comandantes escutaram com os próprios ouvidos o desprezo com que o *Führer* falava de seu ex-chefe de Estado-Maior, eles começaram a perder a fé em sua infalibilidade.

STALINGRADO

Com o degelo da primavera, os alemães renovaram sua ofensiva. Seus principais alvos eram Stalingrado, um centro industrial importante, e os campos petrolíferos no Cáucaso. O progresso em ambos os objetivos inicialmente foi estimulador, mas logo o avanço até os campos petrolíferos foi detido por uma contraofensiva soviética enquanto o ataque a Stalingrado foi interrompido quando o 6º Exército encontrou uma feroz resistência no norte e no sul da cidade. Quando Halder, chefe do Alto Comando do Exército, ousou sugerir uma retirada tática, ele foi substituído pelo tenente-general Zeitzler.

"O que precisamos agora não é habilidade profissional, mas sim o ardor nacional-socialista", Hitler disse a seu estafe.

Hitler ignorou a notícia de que os soviéticos marchavam com um milhão de homens para um avanço de todos os meios e reforçar os defensores, e descreveu a informação sobre o aumento da produção soviética de tanques como *nonsense*. No entanto, não era apenas Hitler que estava desmentindo tudo, mas sim toda a liderança nazista. Naquele inverno, os alemães se reuniam em torno dos rádios para ouvir uma transmissão natalina dos fiéis defensores de Stalingrado, sem saber que ela estava sendo transmitida de um estúdio em Berlim.

As linhas de comunicação com o 6º Exército na cidade sitiada tinham sido cortadas semanas antes. Mas ainda que os oficiais do Ministério da Propaganda tivessem contado a verdade, poucas pessoas teriam acreditado neles, pois escutaram tantas mentiras por tanto tempo que ninguém sabia mais no que acreditar.

Além disso, era inconcebível que os soldados do exército vitorioso de 1940 estivessem morrendo de frio nas margens do rio Volga, sem roupas de inverno, com pouca munição e, sem dúvida, pela primeira vez, praguejando contra o regime que os abandonara à própria sorte.

Eles não obteriam a ajuda de Hitler, cujo comportamento estava se tornando cada vez mais errático. Sua rotina irregular de sono tinha se desenvolvido em insônia, e a dieta de anfetaminas do dr. Morell pesava em sua saúde e temperamento.

Quando von Paulus solicitou autorização para deixar a cidade sitiada em janeiro de 1943, o *Führer* respondeu com um ultimato.

"O 6º Exército cumprirá sua missão histórica em Stalingrado até o último homem", declarou ele.

Quando Paulus se deu conta da situação desesperadora de sua posição – ele estava cercado por três Grupos do Exército Soviético –, não viu nenhuma virtude em sacrificar seus homens pelo ideal

Longe do conforto de casa: membros do "Exército Invencível" de Hitler se aconchegam para se aquecerem após serem capturados pelo Exército Vermelho em 1942. Muitos deles jamais retornariam para a Alemanha.

nazista, e se rendeu. Dos 240 mil soldados mortos ou capturados, somente uma pequena fração veria a Pátria novamente.

A reação de Hitler foi previsível. Ele teve um de seus terríveis ataques de raiva e censurou o oficial que há pouco promovera a marechal de campo como um modo de aliviar sua resolução.

"Não consigo entender por que não seria melhor que um homem como Paulus morresse. O heroísmo de dezenas de milhares de soldados, oficiais e generais é anulado, pois um homem como esse que não tem o caráter, quando chega a hora, de fazer o que uma frágil mulher faria", vociferou ele.

Era evidente para todos que presenciaram essa explosão de raiva que Hitler estava perdendo o controle. À medida que as informações sobre mais derrotas no *front* russo e no Norte da África, em que Rommel havia sido superado por Montgomery em El Alamein, chegavam à Toca do Lobo, o *Führer* tornava-se cada vez mais isolado. Ele se retirou para sua casamata subterrânea, onde a noite e o dia se confundiam, e lá usava sua suíte com três ambientes pequenos com paredes de concreto e móveis simples de madeira.

Embora ele examinasse atentamente mapas e relatórios que deixavam claro que seu império estava encolhendo dia a dia, Hitler não conseguia aceitar os fatos, pois eles conflitavam com sua fantasia.

Sua fúria inicial contra von Paulus havia sido suplantada pela convicção de que a culpa era dos recrutas romenos e húngaros e não da Wehrmacht. Seus aliados o decepcionaram, e ele não poderia confiar em ninguém.

Sua escapada para baixo da terra não era para protegê-lo de ataques aéreos, que eram raros, e sim da realidade.

Ele, teimosamente, recusava-se a ver a devastação infringida às cidades alemãs pelos bombardeios dos Aliados, que estavam penetrando muito no Reich e tornando-se mais intensivos. Em seu novo posto como ministro dos Armamentos, Speer teria de viajar para vê-lo. O mesmo acontecia com os outros líderes nazistas. Isso era algo que eles frequentemente se lamentavam, pois o *Führer* era de modo geral brusco e não disposto a ouvir más notícias. Não tendo visto o *Führer* por determinado tempo, foi praticamente um choque ver como ele havia envelhecido naqueles meses. Ele tinha pouco equilíbrio nas pernas e era preciso segurar seu braço esquerdo para que parasse de tremer. Todas as atividades lhe exigiam um grande esforço. Quando ele falava, era com o esforço de um doente em recuperação. Speer culpava a dieta com antidepressivos e outros narcóticos domésticos, ministrados pelo dr. Morell, pela mudança radical de seu líder.

Hitler agora fazia as refeições sozinho, emergindo do clarão de sua luz artificial somente uma ou duas vezes ao dia para levar Blondi, seu cão alsaciano, para passear, e para conferir os detalhes com Goering, Himmler e Ribbentrop, que montaram seus quartéis-generais em localidades próximas. Goering, no entanto, não contava mais com sua generosidade. Hitler jamais o perdoara por perder a Batalha da Grã-Bretanha e por sua empáfia vazia, afirmando que a Alemanha jamais seria bombardeada. Agora o *Führer* o criticava abertamente por deixar de abastecer os sobreviventes sitiados em Stalingrado.

Mas o Reich resistiria. Hitler declarou que 1943 seria o ano de "cerrar os dentes". Ele faria apenas mais dois discursos públicos importantes antes de morrer, e em nenhum deles expressou compaixão pela situação difícil do povo alemão. O propósito era tranquiliza-los de que ele ainda estava no comando, e esperava que eles continuassem na luta.

> **"CAMARADA,
> MATE O SEU ALEMÃO".**
> *Slogan do Exército Vermelho*

Hitler deixou para Goebbels a missão de melhorar o ânimo do povo e desviar a culpa pela desastrosa derrota em Stalingrado. Em um discurso inflamado diante de veteranos convidados e simpatizantes do partido na Sportpalast de Berlim, ele advertiu o público que a exigência dos Aliados de uma rendição incondicional significava a vitória ou a destruição para a Alemanha. Não haveria rendição honrosa. Ele clamava por uma guerra total, e foi acolhido por aplausos tumultuados e gritos roucos de "Sieg Heil!" (Viva a vitória!). Foi a última reunião nazista significativa da guerra.

DERROTAS

No *front* russo, não era mais uma questão da extensão do território tomado, mas que parcela dele poderia ser mantida e por quanto tempo. Não haveria mais vitórias, apenas ações estabilizadoras, retiradas estratégicas e, muito raramente, contra-ataques, como a milagrosa retomada de Kharkov por Manstein, em fevereiro de 1943 – pela qual Hitler recebeu todo o crédito.

As celebrações, no entanto, eram breves. Em maio, a Tunísia estava em mãos dos Aliados, e pouco depois as Forças do Eixo rendiam-se no Norte da África.

Em julho, os Aliados desembarcavam na Sicília, o ponto mais fraco da Europa, e em setembro começaram a marchar na direção de Roma, que iria cair com a rendição italiana e a morte de Mussolini, em 1945.

Naquele verão, a guerra na Europa iria se voltar contra os alemães após Hitler rejeitar as recomendações de seus generais e lançar uma última ofensiva de grandes proporções na Rússia.

Mas mesmo os 500 mil soldados de suas tropas mais aguerridas e 17 divisões Panzer não conseguiram romper a linha soviética ao longo do *front* central. Os russos, que agora superavam os inimigos na proporção de 7:1, contra-atacaram. Eles forçaram os exaustos alemães a refazer todo o percurso de volta à fronteira

Dia D, 6 de junho de 1944: Tropas americanas de combate desembarcaram na praia da Normandia sob o fogo pesado de metralhadoras. Nos primeiros dias, não era certo que a invasão seria bem-sucedida.

polonesa, a partir da qual haviam lançado a infeliz invasão há dois anos.

Na hora em que os Aliados desembarcavam na Normandia em 6 de junho de 1944, o Dia D, Hitler dava ordens para unidades que já não existiam mais.

Até mesmo Rommel e Rundstedt ignoravam suas ordens, reclamou Hitler. Eles estavam não apenas forçando-o a autorizar retiradas, mas também conspirando contra ele. Na casamata em Rastenburg, seu estafe negou essas declarações bombásticas como as desilusões de um líder de guerra sob tremenda tensão. Mas, pelo menos uma vez, a paranoia de Hitler se baseava em fatos.

TENTATIVAS DE ASSASSINATO

Já em julho de 1944, era claro para todos, ao menos para os nazistas mais ardentes, que a guerra estava perdida, e que Hitler lutaria até o amargo fim, destruindo a Alemanha no processo. Dia após dia, os Aliados obtinham uma posição mais firme no continente. No leste, o Exército Vermelho estava recuperando terreno, porém a um custo terrível. A determinação das tropas de expulsar a escória nazista de sua pátria fora intensificada com a descoberta de novas atrocidades cometidas pela SS contra soldados capturados e civis inocentes. Não era mais uma guerra de conquista, mas sim de punição.

Certos membros do alto escalão do corpo de oficiais da Alemanha, no entanto, acreditavam que se Hitler pudesse ser substituído haveria a chance de uma paz negociada, de modo que os soviéticos pudessem ser parados nas fronteiras do Reich. Senão, o Exército Vermelho não se deteria até tomar Berlim. Finalmente, chegara a hora de um golpe, pois o único modo seguro de derrubar um ditador é decapitando-o. Hitler teria de ser assassinado, mas eles teriam de agir rapidamente.

Houve atentados anteriores contra a vida de Hitler. Em setembro de 1938, havia sido arquitetada uma conspiração por oficiais militares seniores, incluindo o almirante Canaris e o tenente-general Beck, chefe do Alto Comando do Exército, que estavam preparados para agir a fim de evitar a invasão da Tchecoslováquia. No entanto, Neville Chamberlain cedeu às exigências do ditador e a República Tcheca se rendeu sem que fosse preciso dar um único tiro.

Após um ano, em novembro de 1939, um assassino solitário plantara uma bomba-relógio atrás do pódio do orador na Bürgerbräukeller, em Munique, que explodiu 13 minutos depois de Hitler ter deixado o salão. Ele havia interrompido seu discurso anual do Alte Kämpfer (os "Velhos Combatentes", primeiros camaradas do Partido Nazista) do Putsch da Cervejaria, pois havia ficado perturbado com a sensação de que tinha de retornar para Berlim, embora soubesse que não haveria nada de importante que o esperasse nessa cidade. Nove pessoas foram mortas com a explosão, e 60 ficaram feridas. Hitler atribuiu sua afortunada saída à mão do destino, que o havia salvado mais uma vez.

Em 1943, após a rendição alemã em Stalingrado, dissidentes do corpo de oficiais conspiraram para explodir o avião de Hitler enquanto ele estivesse viajando. Eles pretendiam utilizar explosivo plástico capturado dos partisans. Um pacote foi levado a bordo com o entendimento de que se tratava do presente para um oficial que servia no quartel general do *Führer*, o qual precisou ser discretamente recuperado quando o avião aterrissou com segurança no destino.

Embora os detonadores tivessem descarregado, aparentemente o ar frio em altas altitudes evitara a ignição do explosivo. Hitler escapara da morte novamente. Após uma semana, os conspiradores tiveram uma segunda oportunidade. Estava agendado que Hitler visitaria uma exibição em Berlim de armas soviéticas capturadas, que daria aos conspiradores a oportunidade de explodir uma bomba à sua volta. Mas, novamente, o *Führer* alterou seus planos e caminhou pela mostra sem parar para ver as peças exibidas. Os conspiradores subsequentemente foram colocados em suspeição, e embora a investigação da Gestapo não encontrasse evidências de uma trama, todos os rumores de um golpe cessaram por um período.

OPERAÇÃO VALQUÍRIA

Quando o coronel Claus von Stauffenberg foi recrutado para a causa deles no outono de 1943, os conspiradores tiveram uma nova esperança. Ele era um aristocrata e notável oficial do Exército que havia sido gravemente ferido no Norte da África, onde perdera um olho, o braço direito e dois dedos da mão esquerda. Ele recebeu a atribuição de planejar o assassinato, mas sua primeira ideia, que envolvia montar uma bomba durante uma demonstração de novos equipamentos militares, foi frustrada. O equipamento foi destruído em um ataque aéreo dos Aliados.

Uma outra tentativa foi abortada antes de começar. Em março de 1944, Stauffenberg encontrou um assassino disposto, o capitão Breitenbuch, que estava preparado para atirar em Hitler à queima-roupa durante uma reunião do Grupo de Exército Centro. Mas, na manhã do evento, Breitenbuch foi abordado por um guarda da SS quando ele tentava seguir Hitler até a sala de conferência. Breitenbuch foi informado de que ele

Claus von Stauffenberg foi executado em Berlim em 1944, depois que seu complô para assassinar Hitler fracassou.

não tinha autorização para participar daquele particular encontro.

Então, em junho, Stauffenberg foi promovido. Ele passou a ser chefe do estafe do general Fromm, que deu ao coronel acesso direto ao *Führer*. Ciente da urgência da situação, ele obteve dois pacotes de explosivos e um fusível que colocou dentro de uma maleta comum. Esse tipo de fusível, de queima lenta, possibilitaria que ele ativasse o dispositivo e ainda tivesse 10 minutos para escapar antes da explosão.

Em 11 de junho, ele teve a sua primeira oportunidade quando foi convidado para participar de uma reunião no Berghof, na qual Himmler e Goering também estariam presentes. Seria a oportunidade perfeita para exterminar os líderes de uma só vez. Os dois oficiais, no entanto, cancelaram a presença. Decepcionado, Stauffenberg entregou seu relatório e partiu.

A próxima tentativa foi executada em 15 de julho na Toca do Lobo, mas novamente Himmler não compareceu, e o tenente deixou o composto com os explosivos em sua maleta. Todos esses adiamentos estavam colocando uma pressão insuportável no veterano de 35 anos, que ainda se recuperava de seus ferimentos. Mas a notícia da prisão de um dos conspiradores-chave, Julius Leber, deu ao complô uma nova urgência. Foi decidido que na próxima vez em que Stauffenberg tivesse acesso ao *Führer*, ele acionaria a bomba, ainda que não estivessem presentes outros membros da hierarquia nazista. Hitler era o alvo principal. Sua morte liberaria os conspiradores para negociar um armistício com os britânicos e os americanos antes de a Rússia invadir a Alemanha. A Operação Valquíria, o assassinato do *Führer* e a tomada do governo nazista, foi reprogramada para 20 de junho, data da próxima reunião planejada na Toca do Lobo.

Nessa etapa, o marechal de campo Rommel havia relutantemente dado seu apoio ao complô. Ele inicialmente apressara os conspiradores a prender Hitler e colocá-lo sob julgamento para que o povo alemão pudesse saber como ele havia traído sua confiança. Mas quando seus apelos para negociar com os Aliados foram totalmente rejeitados, Rommel entendeu que não poderia agir racionalmente com Hitler.

Na madrugada de 20 de julho, Stauffenberg e seu ajudante, tenente von Haeften, pegaram um avião na Berlin Tempelhof para um voo de quase 500 quilômetros até Rastenburg. Stauffenberg carregava sua maleta habitual contendo seus documentos, enquanto Haeften portava uma maleta idêntica cheia de explosivos. No campo de aviação da Prússia Oriental, eles se encontrariam com um motorista, que não sabia do plano, para serem levados de carro ao complexo fortemente vigiado para a primeira de uma série de reuniões que culminaria com a presença do *Führer* às 12h30.

Às 12h20, Stauffenberg se desculpou com o pretexto de que trocaria de camisa. Em seguida, ele e Haeften entraram na sala de reunião e, apressadamente, ativaram a bomba, enquanto os outros oficiais esperavam impacientemente do lado de fora. Era um dia quente e úmido, de fato tão quente que foram abertas as persianas de aço da sala, assim como as janelas.

Stauffenberg precisava armar os detonadores rompendo a capsula de ácido com um alicate que ele havia feito especialmente para a sua mão machucada. Ele apenas tinha alguns minutos para fazer isso no interior da sala. Mas antes de ele conseguir armar o segundo pacote, um sargento do estafe entrou na sala e lhe lembrou que o *Führer* estava esperando. O sargento não viu o que eles estavam fazendo, pois os dois estavam de costas para ele, mas essa interrupção forçou-os a abandonar o plano de ativar o segundo pacote. Haeften levou o pacote consigo e esperou no carro enquanto que Stauffenberg juntou-se aos outros oficiais na sala. Ele estava apenas carregando metade dos explosivos que planejara usar.

Eles viram o *Führer* sentado em uma banqueta, absorto nos mapas abertos à sua frente em uma longa mesa de madeira. Hitler olhou para cima por um instante quando Stauffenberg entrou, mas depois continuou escutando o breve relato dado pelo tenente-general Heusinger. Stauffenberg tinha menos de cinco minutos para plantar a bomba e ficar a uma distância segura do edifício, mas ele manteve sua compostura. Calmamente pediu a um ajudante que o deixasse sentar-se ao lado de Heusinger, pois não estava ouvindo direito. Isso o posicionou a centímetros de seu alvo. Sem ser notado, ele deslizou a maleta sob a mesa e inclinou-se contra o espesso suporte de concreto antes de encontrar uma desculpa para sair. Vendo uma ponta da maleta saliente por debaixo da mesa, ele apenas empurrou-a ainda mais com seu pé.

Passados alguns minutos, Stauffenberg estava em uma distância segura, esperando ansiosamente pelo carro com

Abalado e agitado, Hitler jura vingança contra aqueles que executaram a tentativa de assassinato. Atrás dele, à sua direita, está Martin Blommer e, à sua esquerda, a figura do general Alfred Jodl, com uma bandagem na cabeça.

Heusinger. Eram 12h45. No instante seguinte, uma terrível explosão sacudiu a floresta e a sala de reunião ficou envolta em fumaça e chamas. Certamente, ninguém conseguiria sobreviver ao incidente. Sem esperar para ver se havia sobreviventes, os dois homens que haviam plantado a bomba pularam rapidamente no carro e mandaram o motorista seguir rapidamente para o campo de aviação. Eles lançaram o segundo pacote de explosivos no meio do arvoredo à medida que o carro "voava" pela estrada e após um momento extremamente tenso, em uma barreira de verificação, conseguiram chegar ao destino e pegar um avião de volta para Berlim.

Hitler, no entanto, sobrevivera. O suporte de concreto da mesa havia desviado a força da explosão, que foi ainda reduzida pelas janelas abertas. Se Stauffenberg tivesse conseguido armar o segundo pacote de explosivo, a tentativa de assassinato talvez pudesse ter sido bem-sucedida.

Hitler saiu caminhando dos destroços sem ferimentos. Seu rosto estava escurecido, seu cabelo chamuscado e suas roupas em frangalhos, mas ele estava vivo. Mas os que se encontravam ao seu redor não tiveram a mesma sorte. O coronel Brandt e mais três oficiais seniores morreram por causa dos ferimentos provocados pela explosão, enquanto outras vinte pessoas ficaram feridas.

CONSEQUÊNCIAS DA TRAMA DE JULHO

Estima-se que cerca de 5 mil pessoas também perderam suas vidas como resultado do fracasso da trama de julho. Algumas delas cometeram suicídio para evitar

Erwin Rommel inspeciona o Muro do Atlântico: Os Aliados invadiram mais cedo do que ele havia previsto.

os interrogatórios nas mãos da Gestapo, enquanto outras, como o marechal de campo Rommel, queriam proteger suas famílias de represálias.

Os principais conspiradores – Claus von Stauffenberg, Ludwig Beck e Carl Goerdeler – foram executados por um pelotão de fuzilamento assim que foram descobertas suas cumplicidades na trama. Quando Himmler soube de suas sentenças, ordenou que seus corpos fossem exumados, queimados e suas cinzas espalhadas. Os outros conspiradores não tiveram tanta sorte. Muitos deles foram torturados até a morte ou dependurados em ganchos de matadouro enquanto eram lentamente açoitados com corda de piano, e o espetáculo era filmado para perverso regozijo de Hitler.

Todos eles sabiam o risco que estavam correndo, mas como o general von Tresckow escreveu antes de tirar a própria vida no *front* russo em 21 de julho de 1944:

"O valor moral de um homem somente é percebido quando ele está preparado

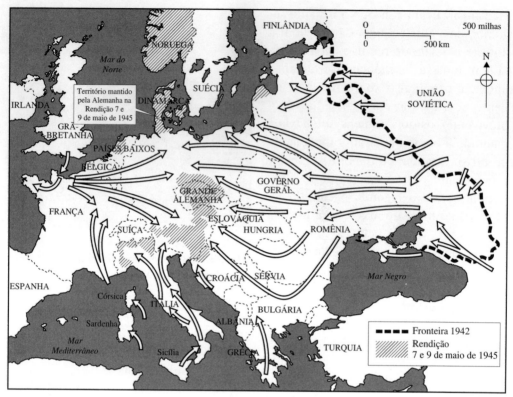

Atacado em quatro *frentes*, o império de Hitler estava fadado à destruição assim que os Aliados contra-atacassem. A linha do *front* de 1942 havia se deslocado centenas de milhas para o Oeste, rumo à periferia de Berlim.

para sacrificar sua vida por suas convicções."

Na posição de oficial da Wehrmacht, ele sabia que no fim da guerra seria condenado pelo mundo por sua participação em inúmeras atrocidades, mas que havia se redimido por esse gesto tardio de desafio.

"Agora, o mundo todo vai nos atacar e insultar. No entanto, estou plenamente convencido, como jamais estive, de que o que fiz estava correto.

"SE EFETIVAMENTE APRECIAMOS A GUERRA, A PAZ SERÁ HORROROSA".
Slogan popular na Alemanha, abril de 1945

Acredito que Hitler é o arqui-inimigo não apenas da Alemanha, mas de todo o mundo."

O conde Helmuth James von Moltke, que chegara a organizar uma reunião de antinazistas, foi preso em 1944, mas não foi julgado nem executado antes do ano seguinte. Ele também estava convencido de que tinha uma missão para derrubar o regime. Ele disse a seus filhos pouco antes de sua morte:

Um soldado soviético monta guarda sobre os topos dos telhados de uma cidade alemã não identificada, em 1945.

"Toda a minha vida, inclusive na época da escola, lutei contra o espírito de restrição e força, de arrogância, intolerância e lógica absoluta impiedosa, que é uma parte da cultura alemã, e que encontrou uma personificação no estado nacional-socialista."[32]

Mesmo se os conspiradores tivessem sucesso em destituir os líderes, eles teriam grandes dificuldades para convencer uma nação nazificada de que o afastamento de Hitler era de seus interesses e que era normalmente justificável como um meio de prevenir mais sofrimentos.

Pensando nisso, Beck esboçou um comunicado que seria enviado à imprensa e transmitido pelo rádio assim que a notícia sobre a morte de Hitler tivesse sido confirmada.

Isso serve como uma acusação maldita de seus próprios generais, e é uma recusa contundente àqueles historiadores para quem Hitler era um gênio estratégico.

"Atos monstruosos ocorreram sob nossos olhos nos últimos anos. Contra a assessoria de seus especialistas, Hitler sacrificou inescrupulosamente exércitos inteiros por seu desejo de glória, sua pretensão de poder, sua infame ilusão de ser o escolhido e inspirador instrumento do que ele denominava 'Providência'."

Não eleito pelo povo alemão, mas atingindo o poder supremo pela pior das intrigas, ele criou confusão por seus atos e mentiras diabólicas, e por seu incrível desperdício, que parecia trazer benefícios a todos, mas que, na realidade, colocou o povo alemão em uma tremenda dívida. Para manter o poder, ele estabeleceu um reino indomável de terror, destruindo a justiça, banindo a decência, zombando dos comandos divinos da humanidade pura, e destruindo a felicidade de milhões de pessoas.

"Com toda a certeza, esse desprezo insano por toda a humanidade finalmente tinha de resultar na catástrofe de nosso povo. Seu generalato autoconcessivo tinha de levar nossos bravos filhos, pais, maridos, irmãos ao desastre. Seu terror sangrento contra pessoas indefesas tinha de trazer desgraça ao nome alemão."[33]

BATALHA POR BERLIM

Hitler escapara ileso, mas a escala da conspiração o abalara. Ele agora considerava até mesmo os generais mais leais como suspeitos. Quando foi informado que o Exército Vermelho adensara uma massa compacta de homens ao longo de um amplo *front*, de Varsóvia até os Cárpatos, preparando-se para o último golpe que definitivamente o levaria até Berlim, Hitler deu de ombros aos avisos, considerando-os como o "maior blefe desde

Gengis Khan". Mas a presença de 2,2 milhões de soldados soviéticos, 6.400 tanques e 46 mil metralhadoras era um fato concreto, realista. As forças combinadas dos generais Zhukov e Konev superavam em muito os remanescentes das Forças Armadas alemãs. Eles tinham 11 vezes mais homens de infantaria, sete vezes mais tanques e um contingente 20 vezes maior na artilharia. Esse era o jogo final. O cálculo derradeiro.

A Alemanha estava sendo bombardeada pelos britânicos à noite e pelos americanos de dia. Os dois agressores não eram molestados pela Luftwaffe, que evaporara meses antes durante a malfadada ofensiva das Ardenas, conhecida como Batalha do Bulge. Hitler havia desperdiçado 100 mil homens, 800 tanques, mil aviões e 50 vagões de carga com munições naquele último gesto de desespero em dezembro de 1944, mas ele apenas servira para apressar o fim. Todas as reservas alemãs foram gastas em vez de serem usadas na defesa do Reno. Até Rundstedt havia condenado a ofensiva como "uma segunda Stalingrado".

Não havia mais homens com experiência em combates para defender as cidades alemãs, somente os veteranos da *Volkssturm* (Exército Territorial) e os garotos da Juventude Hitlerista.

E esses soldados remanescentes da virilidade alemã lutavam essencialmente por medo e não por fanatismo, pois nas esquinas das ruas corpos de desertores jaziam pendurados em postes de iluminação com letreiros em torno dos pescoços – uma advertência para aqueles que se recusavam a cumprir suas tarefas.

Dresden, Colônia, Hamburgo e dezenas mais de principais centros da Alemanha não passavam de ruinas carbonizadas que ardiam lentamente, e seus cidadãos foram reduzidos a catadores de lixo. O fornecimentos de água, eletricidade e gás havia sido interrompido meses atrás e o sistema de esgoto não operava mais.

Todas as principais estradas tinham marcas de crateras e estavam cobertas de destroços, e a rede ferroviária estava completamente desfigurada, com linhas viradas e composições abandonadas. Não havia locais para os amedrontados civis irem, a não ser para os porões de edifícios à prova de bombardeios ou para as estações subterrâneas, a exemplo do que os habitantes de Varsóvia, Belgrado e Londres tinham feito há quatro anos.

E agora, o *Führer* deles compartilhava seus destinos. Em janeiro de 1945, quando os Aliados apertaram o cerco, ele refugiou-se na casamata abaixo da Chancelaria em Berlim. Cercado por seu estafe, enquanto as bombas russas sacudiam o solo por cima deles, Hitler agora estava mental e fisicamente sitiado.

Uma garotinha se aconchega para espantar o frio ao lado de uma fogueira nas ruas de uma bombardeada Nuremberg.

Acompanhado por um grupo de oficiais, Hitler inspeciona os danos causados por bombardeios em 1944 em filme alemão capturado pelo Corpo de Sinaleiros do Exército norte-americano na Frente Ocidental, e usado como propaganda.

ATAQUE AO REICH

Em março de 1945, os Aliados atravessaram o Reno em Remagen, após os engenheiros alemães não conseguirem destruir a principal ponte ferroviária. Soldados da 9º Divisão americana removeram as cargas de dinamite sob o fogo dos alemães a fim de assegurar a rota de avanço para a Alemanha. Hitler respondeu afastando Rundstedt, além de ordenar a execução dos cinco oficiais responsáveis pela demolição da ponte.

Significativo como fora esse episódio, os comandantes aliados consideravam que a guerra poderia ter terminado há seis meses se o avanço das tropas não tivesse sido interrompido prematuramente.

Naquele ponto, o Reno estava defendido por uma divisão da SS dinamarquesa e por outras unidades integradas por homens mais velhos, as quais ficariam satisfeitas se pudessem se render. Mas a oportunidade foi desperdiçada pelos líderes aliados, que queriam conservar gasolina. Na hora em que foi dado sinal verde para avançar, a região do Reno havia sido reforçada.

No entanto, em vários outros locais, os alemães batiam em retirada. O Reich estava encolhendo a uma velocidade espantosa. Finlândia, Estônia, Letônia, e Lituânia foram libertadas dos invasores alemães. No sul, a Ucrânia estava nas mãos dos russos; a Romênia, fora da guerra e a Bulgária, livre.

No restante do continente, a Grécia havia sido libertada e os partisans de Tito controlavam a Iugoslávia.

Na noite de 23 de março, os Aliados lançaram uma última grande ofensiva de guerra. O evento foi observado com satisfação contida pelo primeiro-ministro Winston Churchill e seu marechal de campo Montgomery.

Mais de 3 mil canhões a oeste do Reno, em Wesel, abriram o ataque que havia

A bandeira com a foice e o martelo é hasteada sobre o Reichstag em Berlim, em 30 de abril de 1945. Abaixo é vista uma cena de completa desolação com edifícios atingidos por mísseis, bondes queimados e carros despedaçados entulhando as ruas.

sido precedido por semanas de bombardeios ao longo do Ruhr. Então, um milhão de homens foram despejados ao longo do Reno para entrar em combate contra o Grupo de Exército B do general Model. Na madrugada, Churchill insistiu em cruzar com as tropas, que seriam capazes de avançar 9,5 quilômetros em território inimigo antes de encontrar uma resistência séria, mas não lhe foi permitido. Quando obtiveram a vitória, em 18 de abril, os Aliados capturaram 317 mil prisioneiros, número maior do que os russos capturaram em Stalingrado.

> "SE O POVO ALEMÃO PERDER ESSA GUERRA, ENTÃO TERÁ MOSTRADO A SI MESMO QUE É INDIGNO DE MINHA PESSOA."
> *Adolf Hitler, 18 de abril de 1945*

Finalmente, em 25 de abril, os soldados do 1º Exército americano e os soldados soviéticos do 5º Exército de Guardas apertaram as mãos em Torgau, 112 quilômetros a sudoeste de Berlim. Nesse mesmo dia, um milhão de soldados russos faziam uma pausa antes de executar o ataque final à capital do Terceiro Reich.

A CASAMATA

"Se a guerra está perdida, o povo está perdido também. Não é preciso se preocupar acerca do que o povo precisará para sua sobrevivência básica. Ao contrário, é melhor para nós que destruamos inclusive essas coisas, pois essa nação provou ser a mais fraca..."

Adolf Hitler, 18 de março de 1945

Em 19 de março, Hitler ordenou a destruição da infraestrutura alemã, as fábricas e geradoras de eletricidade ainda de pé, sua rede de comunicações e de transporte, e outros recursos, de modo que nada de útil pudesse ser deixado para os Aliados ou para o povo alemão. Essa política de "terra devastada", conhecida por Decreto de Nero, era o modo de Hitler de punir o povo alemão por sua falha em atingir o ideal ariano.

Quando ele ouviu as notícias de que Goering e Himmler estavam tentando negociar uma paz separada para salvar suas peles, Hitler esbravejou que havia sido traído. Nesse ponto, ele finalmente admitiu que a guerra estava perdida. Logo após a meia-noite de 29 de abril, ele preparava sua escapada do mundo. Em uma tranquila cerimônia civil, ele se casou com sua amante, Eva Braun, que o havia informado que pretendia morrer ao seu lado, logo que ele estivesse pronto. Enquanto os confinados na casamata comemoravam com bolo e champanhe, em um clima surreal de alegria desesperadora, Hitler ordenou ao médico que testasse uma cápsula de cianureto em seu cachorro, Blondi. As cápsulas tinham sido dadas a ele por Himmler, de quem ele suspeitava que poderia ter trocado o veneno por um sedativo para que os soviéticos o capturassem com vida e o levassem a julgamento.

Quando a droga provou ser realmente fatal, Hitler presenteou cada uma de suas secretárias com uma caixinha contendo uma cápsula como lembrança do casamento. Nesse ponto, ele era um invólucro de seu antigo ser, com seu olhar penetrante insensibilizado pelas drogas, o rosto contraído e as mãos tremendo. Quando ele se movia, curvava-se como um idoso. Um guarda da SS comentou que Hitler parecia ter 70 anos, quando na realidade estava com 56.

Crepúsculo dos Deuses

Às 2 horas da madrugada de 29 de abril de 1945, Hitler sentou-se a uma mesa em seu quarto privado, e ditou seu testamento político para sua secretária, Gertrud Junge, enquanto o ataque da artilharia russa se intensificava sobre a casamata sitiada. Junge esperava que ele finalmente entendesse a razão para a guerra e por que ele prosseguira até esse fim inglório para o seu país. Mas, para sua decepção, Hitler repetia a mesma ladainha de anos a fio. Ele, cinicamente, culpava os judeus pela guerra que começara com a invasão da Polônia, guerra essa que era conduzida com tal brutalidade que os Aliados não tiveram outra opção a não ser exigir a rendição incondicional da Alemanha.

"Não é verdade que eu, ou qualquer outra pessoa na Alemanha, queria a guerra em 1939. Ela foi desejada e causada por ninguém mais que esses estadistas internacionais de origem judaica ou que estavam trabalhando para os interesses dos judeus...

Após uma luta de seis anos que, apesar de todos os contratempos, um dia será inscrita nas páginas da história como o tipo mais glorioso e corajoso de prova da determinação de uma nação para sobreviver, eu não posso deixar essa cidade que é a capital do Reich. Como nossas forças são muito pequenas para suportar o ataque do inimigo nesse particular ponto, como nossa resistência tem sido muito solapada por

criaturas cuja falta de caráter é comparável à sua insensatez, eu desejo permanecer nesta cidade para unir meu destino ao de milhões de outras pessoas que também aceitaram suas sortes. Além disso, não desejo cair nas mãos do inimigo que, para o jubilo de suas massas mal conduzidas, necessitam de outro espetáculo montado pelos judeus. Portanto, decidi ficar em Berlim e escolher a morte voluntariamente no momento em que devo sentir que a residência do *Führer* e do chanceler não mais poderá ser defendida...

Com os sacrifícios de nossos soldados, e de minha própria ligação com eles até a morte, de uma forma ou de outra, a semente germinará na história alemã e haverá um radiante renascimento do movimento Nacional-socialista..."

Ele concluiu anunciando um novo gabinete e a escolha de seu sucessor, o almirante Dönitz. Foi um daqueles momentos surreais, mas bem característico do estado mental do *Führer*.

SUICÍDIO

Hitler despertou às 6 horas da última manhã de sua vida após ter dormido irregularmente. As comemorações tinham terminado e a atmosfera na casamata era de conquista. Entre garrafas e pratos vazios, os últimos participantes da festa recuperavam-se da ressaca. Outros discutiam os métodos menos dolorosos e eficazes de cometer suicídio, com a indiferença clínica de pessoas que sabiam que o fim chegaria e que, no momento, estavam resignados com isso.

Ao meio-dia, Hitler deu sua última conferência, enquanto eram feitos preparativos para um funeral wagneriano. Mas

Retrato de Hitler tirado na casamata por um integrante de seu estafe.

Retrato de Eva Braun encontrado em seu álbum pessoal de fotografias no fim da Segunda Guerra Mundial.

a gasolina estava muito escassa, e o bombardeamento tornava impossível uma cerimônia elaborada.

Após um almoço simples com espaguete e salada, Hitler deu seu adeus final a Junge, Bormann, Goebbels e ao restante de seu círculo íntimo. Ele estava tão debilitado que suas palavras finais sussurradas eram perdidas com o barulho dos novos bombardeios.

Então, ele e sua noiva se retiraram para o seu quarto particular e fecharam a porta. No entanto, foi negada uma morte digna a Hitler. Momentos depois, Frau Goebbels histérica fez com que o pequeno grupo esperasse do lado de fora do corredor e suplicou em lágrimas que o *Führer* reconsiderasse sua decisão. Ela foi afastada do quarto e a porta foi fechada.

Momentos depois, o silêncio sufocante foi cortado por um tiro de pistola. Um dos filhos de Goebbels ouviu o disparo da escadaria em que ele estava brincando.

"Esse tiro foi na mosca", disse ele.

Ninguém chorou. Em vez disso, praticamente todos acenderam os cigarros, algo que Hitler proibia em sua presença, além de iniciar um discurso enraivecido e longo sobre os perigos do tabaco. Hitler estava morto, e a morte dele os libertava de sua presença massacrante.

Quando seu criado e dois guarda-costas da SS entraram no quarto, encontraram Hitler desabado desajeitadamente no lado esquerdo do sofá de veludo branco e azul com as mãos juntas em seu colo. Escorria um fino fio de sangue de sua têmpora direita, e sua pistola 7,65 mm estava ao seu lado. Aparentemente ele tomou o veneno e sua noiva, então, deu o tiro de misericórdia apenas para confirmar. Eva Braun jazia ao lado dele, com as pernas dobradas. Ela, também, havia ingerido cianureto.

> "SE NÃO CONSEGUIMOS CONQUISTAR, ARRASTAREMOS O MUNDO CONOSCO PARA A DESTRUIÇÃO."
> *Adolf Hitler*

Os corpos foram enrolados em um cobertor e carregados para o pavimento superior, onde foram estendidos numa cratera aberta por bomba próxima da entrada da casamata. Em seguida, derramaram gasolina sobre os corpos e fizeram sua ignição com uma vela e uma folha do caderno do criado. Não houve oração no funeral, tampouco a música solene de Wagner, mas somente o assobio das bombas e a monótona pancada das explosões, que agora estavam a poucos metros de distância. Mas havia ainda uma mentira final a ser contada. Quando o almirante Dönitz anunciou a morte de Hitler em uma transmissão radiofônica no dia seguinte, ele disse ao povo alemão que o *Führer* havia morrido lutando no comando de suas tropas.

No mesmo dia, 1º de maio de 1945, Goebbels e a esposa se mataram após envenenarem seus filhos, pois não podiam imaginar a vida em um mundo sem seu *Führer*. No entanto, a lealdade de Bormann evaporou com a morte de Hitler. Ele preferiu fugir quando os sobreviventes escaparam da casamata naquela noite e correram na direção do que esperavam ser as linhas americanas. Bormann não conseguiria. Seu corpo foi encontrado posteriormente em uma ponte ferroviária a uma milha ao norte da Chancelaria. Ele, aparentemente, havia engolido cianureto em vez de ser capturado pelos russos.

Em 23 de maio, Himmler, disfarçado como um soldado comum, foi capturado pelos britânicos em Bremen. Enquanto estava sendo examinado por um médico, ele mordeu uma cápsula de cianureto que havia ocultado na cavidade de um dos dentes, e morreu em questão de minutos.

Após algumas semanas, Goering se rendeu. Ele foi finalmente julgado no tribunal de Nuremberg junto de outros líderes nazistas, entre os quais o dr. Robert Ley, que se enforcou antes de começar o julgamento. Goering também se matou em sua cela, mas somente após ter sido condenado à pena de morte. Dos vinte acusados remanescentes, Ribbentrop, Keitel, Kaltenbrunner, Rosenberg, Frank, Frick, Streicher, Seyss-Inquart, Sauckel e Jodl foram enforcados no ginásio existente nos fundos do tribunal em 16 de outubro de 1946. Speer e von Schirach, o líder da Juventude Hitlerista, foram condenados a vinte anos de prisão enquanto Neurath recebeu 15 anos, e Dönitz, 10.

O oficial da Propaganda Hans Fritzsche, o economista Hjalmar Schacht e o ex-vice-chanceler von Paper foram absolvidos de todas as acusações. Rudolf Hess, que ficara nas mãos dos Aliados desde sua inexplicável viagem de avião para a Escócia em 1941, foi enviado para a Prisão de Spandau para cumprir a prisão perpétua. Ele morreu naquele complexo em 1986. O almirante Raeder e Walther Funk, sucessor de Schacht, também receberam a pena de prisão perpétua. Outros julgamentos se seguiram, com alguns presididos por juízes alemães.

Eles foram bem menos divulgados, mas não menos chocantes, não somente pela enormidade dos crimes que haviam sido desvendados, mas também pelas revelações sobre a natureza do homem que os cometera. Muitas dessas pessoas eram tão comuns, tão sem brilho, que deram origem à expressão "a banalidade do mal". Mas o público rapidamente se cansou de ouvir as informações sobre os horrores da guerra e os relatórios dos tribunais foram ficando mais escassos até que desapareceram das manchetes.

A GUERRA DE HITLER

A Segunda Guerra Mundial foi a guerra de Hitler. Com a invasão da Polônia em setembro de 1939, Hitler instigou o conflito mais devastador da história – conflito esse que se alastrou por seis longos anos por 27 países e que estimativamente custou a vida 64 milhões de pessoas, das quais 40 milhões eram civis.

Seis milhões das vítimas eram judeus, que foram sistematicamente exterminados em campos de concentração cujos nomes hoje são sinônimo de um sofrimento inimaginável. Centenas de milhares mais deles trabalharam até a morte em campos de trabalho forçado ou morreram de fome e doenças como resultado direto da política nazista de genocídio.

A esses números devem ser adicionados números incontáveis de "indesejáveis" – homossexuais, rivais políticos, deficientes, pessoas a par dos segredos potencialmente constrangedores sobre o passado do *Führer*, bem como sectários e combatentes da resistência executados sem julgamento, além de centenas de milhares de homens, mulheres e crianças inocentes nos países ocupados que foram sumariamente assassinados como vingança a supostos atos de resistência.

Na Europa Ocidental, comunidades inteiras foram dizimadas em um único dia quando o açoite dos esquadrões da morte de Hitler impôs sua avidez por sangue em cenas de selvageria jamais vistas desde a Idade Média.

E, certamente, milhões de civis alemães morreram em consequência dos combates no *front* doméstico e nos bombardeios dos Aliados, que deixaram seu país em ruínas. Na sequência, as duas superpotências, os Estados Unidos e a União Soviética, brigavam ao longo de uma Europa dividida por cercas de arame farpado e campos de mineração em uma Guerra Fria que ameaçou o Armageddon nuclear durante mais de quatro décadas. Esse foi o legado deixado por Adolf Hitler.

Campo de Auschwitz 2, em que ao menos 900 mil judeus, 75 mil poloneses e 19 mil ciganos foram mortos.

CONCLUSÃO

Adolf Hitler tem exercido um fascínio mórbido durante gerações sucessivas e, sem dúvida, continuará a cativar muito mais, essencialmente devido à sua ascensão e queda – e da nação que liderou – ser uma questão de mito. Ele tinha pouco ensino formal, mostrava pequena promessa de "grandeza" e não possuía dons artísticos – e, no entanto, ascendeu para governar uma nação afeita à cultura que havia produzido uma série de gênios artistas e intelectuais.

Com a exceção de um ato de coragem, pelo qual recebeu a Cruz de Ferro, ele não teve um histórico fantástico na Primeira Guerra Mundial. De fato, lhe foi negada promoção, permanecendo com a baixa graduação de cabo. Todavia, tornou-se comandante supremo das Forças Armadas Alemãs e conquistou grande parte da Europa, utilizando táticas que, de modo geral, eram consideradas temerárias por seus próprios generais.

Muito embora ele proibisse suas tropas de bater em retirada quando o mais prudente exigia a sua retirada para combater no dia seguinte, uma geração de jovens alemãs ainda morreu acreditando em seu *Führer*.

Como podemos explicar esse fenômeno? Ele não era atraente, chegava a ser cômico, além de não ter singularmente encanto pessoal, senso de humor ou calor humano, e, no entanto, era idolatrado por milhões de pessoas – admirado por alemães, venerado pelos jovens e adorado por suas seguidoras. Uma nação inteira vivia sob o seu desejo indomável, mas as pessoas não devem ser vistas como vítimas inocentes. Ao contrário, os alemães queriam ser colaboradores na Nova Ordem.

Hitler apelava para o inflado senso de orgulho nacional e a vaidade dos alemães. Ele explorava a amargura que eles tinham em relação aos rígidos termos que lhes eram impostos pelo Tratado de Versalhes, bem como vocalizava suas suspeitas do povo judeu, que lhe proporcionava um bode expiatório conveniente para todos os seus problemas.

Ele tem sido retratado como uma figura diabólica que hipnotizava e aterrorizava milhões de pessoas após tomar o poder graças a uma combinação de violência e intimidação e, depois, traía a confiança das massas, mas o fato é que o povo alemão votou nele para assumir o poder, endossou suas políticas e não protestou quando ele retirou os direitos de seus vizinhos judeus, suas propriedades e, finalmente, suas vidas.

> "POR QUE NÃO POSSO CHAMAR HITLER DE MEU AMIGO? O QUE FALTA? FALTA TUDO. JAMAIS EM MINHA VIDA CONHECI UMA PESSOA QUE TÃO RARAMENTE REVELOU SEUS SENTIMENTOS, E SE ELE O FEZ, INSTANTANEAMENTE TRANCAVA-OS OUTRA VEZ."
>
> *Albert Speer*

Hitler não tinha justificativas para o seu ódio contra os judeus, nenhuma vingança pessoal para cometer, mas ele vociferava sua repulsa contra uma raça que, poder-se-ia dizer, tinha mais direitos à cidadania alemã do que ele próprio, sendo um austríaco, um "estrangeiro".

Seu antissemitismo era um caso clássico de transferência – ele acusava uma raça inteira de tudo o que ele detestava em si mesmo, e utilizava-a para justificar sua psicose. Ele acusava os judeus de desejarem dominar o mundo de modo a destruí-lo, mas essa não passava de uma de suas ambições. Ele era o típico sub-humano que alegava desprezar, o bruto mal-educado destituído de consciência ou moralidade atormentado por suas próprias inadequações. Ele era o monstro no espelho – nosso primitivo "eu" despojado de alma que nos faz humanos e nos dá esperança.

Essa trágica, mas totalmente irremediável figura tem inspirado mais biografias do que praticamente qualquer outra personalidade na história – mais do que aqueles cujas vidas, ideias e feitos foram dignos de registro – pelo simples, porém desagradável, fato de que ele personificava o lado hilário da personalidade humana. Hitler não era um monstro ou um louco, e sim um ser humano a quem faltava muita compaixão e humanidade.

Em 1942, foi publicado um panfleto da SS para ajudar seus membros a reconhecer o inimigo típico do povo alemão, o *untermensch*, ou sub-humano, que fora descrito como "*mera projeção de um homem... Seu 'eu' mais íntimo é o caos cruel de paixões desenfreadas, selvagens – uma determinação desmedida, os desejos mais primitivos, uma indisfarçada torpeza... O Sub-humano... detesta o trabalho dos outros. Ele se enraivece contra isso, secretamente, como um ladrão; e publicamente como um caluniador, um assassino. Os iguais se encontram. A besta atraia a besta. O sub-humano jamais promove a paz, pois ele precisa da semiescuridão, do caos. Ele apaga a luz do progresso cultural. Para sua autopreservação, ele necessita do pântano, do inferno...*"

Seria difícil encontrar um retrato mais acurado de Adolf Hitler.

Dias sombrios para o Reich: Bormann, Goering, Hitler e Himmler estampam o fracasso no rosto, 1944.

LINHA DO TEMPO

1889

20 de abril de 1889
Adolf Hitler nasce em uma localidade próxima de Linz, na Áustria.

11 de novembro de 1918
A Primeira Guerra Mundial termina, e a Alemanha é derrotada. Armistício na Frente Ocidental.

28 de junho de 1919
Assinatura do Tratado de Versalhes.

29 de julho de 1921
Adolf Hitler é eleito líder do partido Nacional-Socialista dos Trabalhadores Alemães.

9 de novembro de 1923
Fracassa o Putsch da Cervejaria de Munique, e Hitler é preso

18 de julho de 1925
Mein Kampft é publicado.

29 de outubro de 1929
O colapso do mercado de ações de Wall Street evolui até a Grande Depressão, resultando no aumento da inflação e em altos índices de desemprego nos EUA e na Europa

14 de setembro de 1930
O Partido Nazista se torna o segundo maior partido político da Alemanha.

30 de janeiro de 1933
Adolf Hitler passa a ser o chanceler alemão.

24 de março de 1933
Como resultado do incêndio do Parlamento de 27 de fevereiro, Hitler invoca poderes emergenciais.

1º de abril de 1933
Os nazistas estimulam o boicote de empresas comandadas por judeus.

10 de maio de 1933
Ritual de queima de livros em cidades alemãs.

14 de julho de 1933
Os nazistas banem os partidos de oposição.

30 de junho de 1934
"A Noite dos Longos Punhais"

25 de julho de 1934
Os nazistas assassinam o chanceler austríaco Dollfuss.

2 de agosto de 1934
Morte do presidente alemão von Hindenburg.

19 de agosto de 1934
Adolf Hitler é confirmado como Führer.

15 de setembro de 1935
As leis raciais de Nuremberg negam direitos iguais aos judeus.

7 de março de 1936
As tropas alemãs ocupam a região do Reno sem oposição.

18 de julho de 1936
Guerra Civil Espanhola; os fascistas de Franco recebem ajuda militar da Alemanha.

1º de agosto de 1936
Abertura dos Jogos Olímpicos de Berlim

11 de junho de 1937
O Exército Soviético é severamente enfraquecido e desmoralizado após Stalin instigar a expulsão de seus oficiais mais antigos.

15 de outubro de 1938
As tropas alemãs ocupam a Sudetolândia.

30 de setembro de 1938
O primeiro-ministro britânico Neville Chamberlain firma o Acordo de Munique assegurando que a Grã-Bretanha e seus aliados não intervirão se Hitler reivindicar a região dos Sudetos. Chamberlain alega que garantiu a "paz em seu tempo", ao agradar Hitler e evitar uma guerra europeia.

9 de novembro de 1938
Kristallnacht (A Noite dos Cristais Quebrados). Em várias cidades alemãs, assassinos nazistas e seus apoiadores destroem as vitrines de lojas de judeus e ateiam fogo em sinagogas.

1938

LINHA DO TEMPO 221

1939

15 de março de 1939
Os nazistas conquistam a Tchecoslováquia.

28 de março de 1939
Fim da Guerra Civil espanhola. Os fascistas de Franco tomam o poder.

22 de maio de 1939
Os nazistas assinam o "Pacto de Aço" com a Itália.

21 de agosto de 1939
Os nazistas e soviéticos assinam um Pacto de não-Agressão, deixando a Alemanha livre para atacar a parte ocidental sem medo de ser aberto um segundo *front* no oriente.

25 de agosto de 1939
Em resposta, a Grã-Bretanha e a Polônia assinam um Tratado de Assistência Mútua.

3 de setembro de 1939
Grã-Bretanha, França, Austrália e Nova Zelândia declaram guerra à Alemanha.

1º de setembro de 1939
Os nazistas invadem a Polônia.

17 de setembro de 1939
O Exército soviético invade a Polônia. Após 10 dias, a Polônia se rende.

29 de setembro de 1939
Os nazistas e os soviéticos dividem a Polônia ao meio.

8 de novembro de 1939
Fracassa a tentativa de assassinato de Hitler.

outubro de 1939
Os nazistas implementam a política da eutanásia. Os doentes e deficientes são exterminados.

30 de novembro de 1939
O Exército Soviético invade a Finlândia, e em 12 de março a Finlândia assina um tratado de paz.

9 de abril de 1940
Os nazistas invadem a Dinamarca e a Noruega.

15 de maio de 1940
A Holanda se rende. A Bélgica capitula em 28 de maio.

10 de maio de 1940
Blitzkrieg (Guerra-relâmpago). Os nazistas invadem a França, Bélgica, Luxemburgo e Holanda. Winston Churchill é nomeado primeiro-ministro britânico.

26 de maio de 1940
Evacuação das tropas aliadas de Dunquerque. Término em 3 de junho

10 de junho de 1940
A Noruega se rende; a Itália declara guerra à Grã-Bretanha e à França.

14 de junho de 1940
As tropas alemãs entram em Paris.

16 de junho de 1940
O marechal Pétain torna-se primeiro-ministro francês.

22 de junho de 1940
Hitler humilha a França, forçando seus líderes a assinar um armistício no mesmo vagão ferroviário em que a Alemanha assinara a rendição em 1918.

18 de junho de 1940
Hitler e Mussolini formam uma aliança; os soviéticos ocupam os países bálticos.

1º de julho de 1940
A campanha alemã dos submarinos (U-Boats) começa no Atlântico, atacando os navios mercantes que transportam itens vitais para as Ilhas Britânicas.

28 de junho de 1940
A Grã-Bretanha reconhece o general exilado Charles de Gaulle como o líder do movimento "França Livre". Na França, o governo "marionete" de Vichy colabora com os nazistas.

13 de setembro de 1940
Os italianos invadem o Egito

10 de julho de 1940
Começa a batalha da Grã-Bretanha. Ao longo de agosto, os aviões de bombardeio atacam campos de aviação e fábricas britânicas. Os britânicos respondem bombardeando Berlim – o primeiro ataque de longo alcance da guerra.

15 de setembro de 1940
Os ataques aéreos alemães estendem-se para Southampton, Bristol, Cardiff, Liverpool e Manchester.

27 de setembro de 1940
É formado o Eixo quando Alemanha, Itália e Japão assinam o Pacto Tripartite.

7 de outubro de 1940
As tropas alemãs invadem a Romênia.

12 de outubro de 1940
Os alemães cancelam a Operação Leão-Marinho.

28 de outubro de 1940
O Exército italiano invade a Grécia.

20 de novembro de 1940
A Hungria adere ao Eixo, e depois de três dias é seguida pela Romênia.

9 de dezembro de 1940
Começa a campanha britânica no Norte da África contra os italianos.

1940

UMA NOVA HISTÓRIA DE HITLER E DOS NAZISTAS

1941

22 de janeiro de 1941
Os britânicos e os australianos tomam o estratégico e vital porto de Tobruk no Norte da África, que trocará de mãos diversas vezes após o Afrika Korps de Rommel entrar em ação no deserto em 12 de fevereiro.

27 de março de 1941
Um golpe na Iugoslávia derruba o governo pró-Eixo.

10 de maio de 1941
O *Führer* substituto, Rudolf Hess, viaja de avião até a Escócia e é preso.

6 de abril de 1941
Os nazistas invadem a Grécia e a Iugoslávia. A última se rende em 17 de abril e a Grécia, dez dias depois.

junho de 1941
O Einsatzgruppen da SS nazista começa o programa de extermínio em massa na Letônia.

27 de maio de 1941
O navio nazista Bismarck é afundado pela Marinha britânica.

22 de junho de 1941
A invasão alemã da União Soviética, com o codinome de Barbarossa.

3 de julho de 1941
Stalin instala a política da "terra arrasada", em face do avanço dos alemães.

12 de julho de 1941
Britânicos e soviéticos assinam um Acordo de Assistência Mútua.

31 de julho de 1941
Goering instrui Heydrich a instigar a Solução Final – o extermínio em massa dos judeus na Alemanha.

1º de setembro de 1941
Os nazistas obrigam os judeus a usar estrelas amarelas.

3 de setembro de 1941
Primeiro uso experimental de câmaras de gás em Auschwitz.

2 de outubro de 1941
Começa a Operação Tufão (o avanço alemão rumo a Moscou). A retirada começa em 5 de dezembro; Quatro dias depois, os soviéticos lançam uma importante contraofensiva em torno de Moscou, e começa a retirada alemã.

7 de dezembro de 1941
Os japoneses bombardeiam Pearl Harbour.

19 de dezembro de 1941
Hitler assume o comando completo do Exército alemão.

20 de janeiro de 1942
O líder da SS Heydrich realiza a Conferência de Wannsee para coordenar a "Solução Final".

30 de maio de 1942
Primeiro ataque com mil bombardeiros britânicos (contra Colônia).

Junho de 1942
Começa o assassinato em massa de judeus em Auschwitz.

4 de junho de 1942
Heydrich morre após tentativa de assassinato em Praga. Os nazistas liquidam a cidade de Lidice em represália.

11 de junho de 1942
Himmler ordena a destruição dos guetos judaicos na Polônia.

1 a 30 de julho de 1942
Primeira Batalha de El Alamein.

Setembro de 1942
Começa a Batalha de Stalingrado.

14 a 24 de janeiro de 1943
Na Casablanca, Churchill e Roosevelt exigem a rendição incondicional da Alemanha.

27 de janeiro de 1943
Primeiro bombardeio da Alemanha pelos americanos

2 de fevereiro de 1943
Os alemães cercados se rendem em Stalingrado.

18 de fevereiro de 1943
Os nazistas prendem os líderes do movimento Rosa Branca em Munique.

19 de abril de 1943
As Waffen SS lançam um ataque no grupo judaico de resistência no Gueto de Varsóvia. A resistência é mantida até 16 de maio.

13 de maio de 1943
As tropas alemã e italiana se rendem no Norte da África.

9 a 10 de julho de 1943
Os Aliados desembarcam na Sicília.

25 a 26 de julho
Mussolini é preso e substituído pelo marechal Badoglio. Ele é resgatado seis semanas depois pelos alemães.

1º de outubro de 1943
Os Aliados entram em Nápoles, Itália.

1943

LINHA DO TEMPO 223

1944

22 de janeiro de 1944
Os Aliados desembarcam em Anzio.

27 de janeiro de 1944
O cerco de Leningrado é suspenso após 900 dias.

15 a 18 de fevereiro de 1944
Os Aliados bombardeiam o monastério do Monte Cassino.

4 de março de 1944
Primeiro forte bombardeio diurno dos Aliados sobre Berlim.

5 de junho de 1944
Os Aliados entram em Roma.

13 de junho de 1944
Primeiro ataque alemão com foguetes V1 sobre a Grã--Bretanha.

6 de junho de 1944
Primeiros desembarques do Dia D.

22 de junho de 1944
A ofensiva de verão soviética inicia na fuga dos invasores alemães.

3 de julho de 1944
"Batalha dos Hedgerows"na Normandia. Após uma semana, Caen é libertada.

20 de julho de 1944
Hitler sobrevive à tentativa de assassinato no QG "Toca do Lobo".

24 de julho de 1944
As tropas soviéticas libertam o primeiro campo de concentração em Majdanek.

25 de agosto de 1944
Paris é libertada.

13 de setembro de 1944
As tropas americanas atingem a Linha Siegfried.

17 de setembro de 1944
Começa a Operação Market-Garden (Ataque aerotransportado à Holanda)

16 de dezembro de 1944
Batalha do Bulge nas Ardenas. Forças da SS em retirada matam 81 POWs americanos em Malmedy.

26 de dezembro de 1944
Os "Bastardos Combatentes de Bastogne" aliviados pelo general Patton. Os alemães fogem das Ardenas ao longo de janeiro. Fracassou a última aposta de Hitler.

26 de janeiro de 1945
Os soviéticos libertam Auschwitz.

4 a 11 de fevereiro de 1945
Roosevelt, Churchill e Stalin se reúnem em Yalta e planejam a divisão da Alemanha pós-guerra.

13 a 14 de fevereiro de 1945
Dresden é destruída por uma série de incêndios após bombardeios dos Aliados.

abril de 1945
Os Aliados recuperam obras de arte roubadas pelos nazistas escondidas em minas.

1º de abril de 1945
Tropas americanas cercam remanescentes do Exército alemão no Ruhr. Eles se rendem em 18 de abril.

12 de abril de 1945
Os Aliados revelam os horrores da "Solução Final" nos campos de concentração de Buchenwaden e Belsen. O presidente Roosevelt morre, e Truman passa a ser o presidente.

21 de abril de 1945
Os soviéticos entram em Berlim.

29 de abril de 1945
O 1º Exército liberta Dachau.

28 de abril de 1945
Mussolini é enforcado por partisans italianos.

7 de maio de 1945
É assinada a rendição incondicional da Alemanha.

30 de abril de 1945
Adolf Hitler comete suicídio em sua casamata berlinense, e é seguido pelo suicídio de Goebbels. Os corpos são queimados.

9 de maio de 1945
Hermann Goering se rende para o 7º Exército americano.

8 de maio de 1945
Dia VE (Vitória na Europa)

5 de junho de 1945
Os Aliados dividem a Alemanha, e Berlim é dividida em seções. Começa a Guerra Fria.

23 de maio de 1945
Himmler, o líder da SS, comete suicídio.

20 de novembro de 1945
Começam os julgamentos dos crimes de guerra em Nuremberg. Goering cometerá suicídio praticamente um ano depois, duas horas antes da execução de sua pena de morte.

1945

REFERÊNCIAS

Block, Dr., *em The Psychoanalytic Quarterly*, 1947

Das kleine ABC des Nationalsozialisten, panfleto do partido Nazista,1922

Das Reich, novembro de 1941

Deutsche Wehr, revista oficial do Exército alemão, 1925

Die Vollmacht des Gessiwens (Munique 1956)

Dietrich, Otto, *12 Years With Hitler* (Munique 1955)

Fest, Joachim, *Hitler: A Biography* (Harcourt 1973)

Flaherty Thomas, *Centre of the Web* (TimeLife 2004)

Frank, Hans, *Im Angesicht des Galgens* (Alfred Beck 1953)

Goering, *Aufbau einer Nation*,1934

Halder,general, chefe do Estado-Maior do Exército, diário de

Heiden, Konrad, *Der Führer* (Houghton-Mifflin 1944)

Hitler, Adolf, *Mein Kampf* (Boston 1943)

Hoover Institute, arquivo Abel

Documento do MIT (Instituto de Tecnologia de Massachussets), 1919-PS, XXIX

Jetzinger Franz, *Hitler's Youth* (Hutchinson, Londres 1958)

Kleist, Peter, *The European Tragedy* (Time Press 1965)

Kohler, Pauline livro-fonte da OSS 1936

Krüger, Horst, *A Crack In the Wall* (Fromm International 1966)

Kubizeck, August, *The Young Hitler I Knew* (Boston 1955)

Langer, Walter, livro-fonte da OSS 1936

Lloyd-Georg, David, Daily Express, *"I Talked to Hitler"*, 17 de novembro de 1936

Ludecke, Kurt, *I Knew Hitler*, 1938

Moltke, Helmuth James von, *Letzte Briefe aus dem Gefängnis Tegel* (Berlim 1963)

Musmanno, Michael, *Ten Days to Die* (Nova York 1950)

Neuhäusler, Kreuz and Hakenkreuz (Munique 1946)

OSS, livro-fonte 1943

Pechel, Rudolf, *Deutscher Widerstand* (Erlenbach-Zurique 1947)

Rauschning, *The Voice of Destruction* (Nova York 1940)

Remak, Joachim, *The Nazi Years* (Prentice Hall, NJ 1969)

Shirer, William L., *The Rise and Fall of the Third Reich* (Mandarin 1991)

Soggnaes & Strom, "The Odontological Identification of Adolf Hitler: Definitive Documentation by X-Rays, Interrogations and Autopsy Findings", 1973 *Acta Odontologica Scandinavica* 31

Speer, Albert, *Inside the Third Reich* (Bonanza, Nova York 1982)

Strasser, Otto, *The Gangsters Around Hitler* (Londres 1942)

Vierteljahreshefte fur Zeitgeschichte, VI

Völkischer Beobachter, 1921

Völkischer Beobachter, 3 de março de 1932

Waite, Robert G L, *The Psychopatic God* (Basic Books 1977)

AGRADECIMENTOS

O autor deseja agradecer às seguintes fontes básicas de informações históricas e citações:
Flaherty Thomas, *Centre of the Web* (TimeLife 2004)
Remak, Joachim, *The Nazi Years* (Prentice Hall, NJ 1969)

Shirer, William L., *The Rise and Fall of the Third Reich* (Mandarin 1991)
Speer, Albert, *Inside the Third Reich* (Bonanza, Nova York 1982)
Waite, Robert G L, *The Psychopatic God* (Basic Books 1977)

NOTAS

1 *Hitler: A Biography*, Joachim Fest
2 Walter Langer, Relatório de Estudos Estratégicos de Departamento Americano
3 Im *Angesicht des Galgens*, Dr. Hans Frank
4 "The Odontological Identification of Adolf Hitler: Definitive Documentation by X-Rays, Interrogations and Autopsy Findings", Soggnaes & Strom
Nota: O monorquidismo de Hitler foi descoberto durante uma autópsia soviética nos despojos carbonizados do *Führer* conduzidos em 1945. Embora a identidade do corpo encontrado no terreno da Chancelaria do Reich tenha sido disputada, ele foi subsequentemente identificado formalmente como sendo o de Adolf Hitler por uma equipe independente norueguesa e por experts norte-americanos em arcada dentária.
5 Entrevista com Pauline Kohler, livro-fonte de OSS norte-americana.
6 *The Psychoanalytic Quarterly*
7 *Ten Days to Die*, Michael Musmanno
8 *The Voice of Destruction*, Hermann Rauschning
9 *Mein Kampf*
10 Nota: Edward Grey foi um estadista britânico
11 O programa foi esboçado essencialmente com base no discurso de Hitler daquele dia, 24 de fevereiro de 1920

12 *Völkischer Beobachter* 1921
13 *Der Führer*, Konrad Heiden
14 Panfleto do partido Nazista *Das kleine ABC des Nationalsozialisten*
15 *The Gangsters Around Hitler*, Otto Strasser
16 *Völkischer Beobachter*, 3 de março de 1932
17 Ernst Röhm para Kurt Ludecke, junho de 1933 (citado em *I Knew Hitler*, de Ludecke)
18 Livro-fonte de OSS norte-americana 1943
19 *"I Talked to Hitler"*, The Daily Express
20 *The European Tragedy*, Kleist
21 *Aufbau einer Nation*, Hermann Goering
22 Hitler em uma conversa informal, 22 de fevereiro de 1942
23 *Kreuz and Hakenkreuz*, Joannes Neuhäusler
24 *Emmi Bonhoeffer: Essay, Gespräch, Erinnerung*, 2004
25 *Das Reich*, novembro de 1941
26 Documento do MIT 1919-PS, XXIX
27 Arquivo Abel, Hoover Institute
28 *Vierteljhreshefte fur Zeitgeschichte*
29 *12 Years With Hitler*, Otto Dietricht
30 *Die Vollmacht des Gewissens*
31 Extrato do diário de Hans Frank
32 *Letzte Briefe aus dem Gefängnis Tegel*, Helmuth James Graf von Moltke, Berlim 1945
33 *Deutscher Widerstand*, Rudolf Pechel

ÍNDICE REMISSIVO

Academia de Belas Artes de Viena, 35, 40

Acordo de Munique, 167

Alemanha,
Adolf Hitler torna-se chefe de Estado, 94-97
e República de Weimar, 56-58, 63, 81, 82-83
e Tratado de Versalhes, 54-56
expansão das Forças Armadas, 157-60
os judeus fogem da, 127-39
pacto de não agressão com a União Soviética, 172-73
queda do desemprego sob o governo nazista, 126
região do Saar retorna à, 157-58
tentativas nazistas para tornar uma sociedade sem classes, 142-143
vida doméstica registrada por Horst Krüger, 147-51

Amann, Max 78, 116

antissemitismo
Kristallnacht, 135-36
origens do antissemitismo de Adolf Hitler, 40-47
primeiras perseguições dos judeus alemães, 134-37

Assembleias de Nuremberg, 105-07

Áustria
anexação da, 161-62
antissemitismo na, 40

Baden, príncipe Max von, 56

Batalha da Grã-Bretanha, 185-88

Baur, Hans, 119

Baviera, 56

Beck, Josef, 170, 171, 203

Benes, Edvard, 163, 167, 168

Berghof, 110, 115, 205

Berlim
Batalha por Berlim, 209-10
construção da Chancelaria, 107-08
planos de Adolf Hitler para, 107

Bernhardt, Gerda, 131

Bernhardt, Manfred, 131

Bielenberg, Christabel, 137

Blumentritt, Günther, 171

Bohm, almirante, 173

Bonhoeffer, Emmi, 136

Bonnet, George, 163

Bormann, Martin, 108-11, 215-16

Brauchitsch, general von, 96

Braun, Eva, 130, 213

Braune, pastor, 132

Bredow, general von, 99

Breitenbuch, capitão, 204

Brueckner, Wilhelm, 72

Brüning, Heinrich, 92

Canaris, almirante, 204

censura, 144-47

centros de educação infantil *Lebensborn*, 130

Chamberlain, Neville, 164-65, 167, 168, 169, 181

Chancelaria, A 107-08

Churchill, Winston, 168, 181, 186, 188

Corpos Voluntários (*Freikorps*), 56-58

Crack In The Wall, A (Krüger), 147

Creta, invasão de 190-91

Czerny, Josef, 78

Daladier, Édouard, 168

Decreto de Autorização, 95

Decreto de Nero, 213-14

Dollfuss, Engelbert, 155, 161

Donitz, Admiral 214

dr. Block, 18, 36, 40

Drexler, Anton, 59, 69, 71

Ebermayer, Erich, 138

Ebert, Friedrich, 56, 57

Eckhart, Dietrich, 59

Eduardo VII, Rei, 114
escrito na Prisão de Landesberg, 77-80

eugenia, teoria da, 130-32

eutanásia, uso da, 131-33

evacuação de Dunquerque, 184

Finlândia, invasão da, 180

Forças Armadas, expansão das, 157-59, 167

228 UMA NOVA HISTÓRIA DE HITLER E DOS NAZISTAS

França
  apoio à Polônia, 171, 173
  declara guerra à Alemanha, 177-78
  e a reocupação da Renânia, 159-60
  evita conflito com a Alemanha, 156-58
  ocupação da, 184
Frente Trabalhista Alemã, 126, 129
Fritsch, Theodor, 45, 98
Galen, bispo, 132
general von Blomberg, 96, 98, 101
Glassl, Anna, 15-17
Goebbels, Paul Joseph, 65-66, 88, 89-91
Goering, Hermann, 65, 75, 99, 105-07, 116-17, 121, 168-9, 185-86, 205-06, 213, 216
Golpe na Cervejaria, 56-58, 71-76
Grã-Bretanha
  apoio à Polônia, 171
  declara guerra à Alemanha, 177
  e a Batalha da Grã-Bretanha, 185-88
  e a invasão da Noruega, 180-82
Guderian, tenente-general, 177-78, 197
Guilherme II, Kaiser, 56
Guse, vice-almirante, 164
Hacha, Emil,168
Haeften, tenente, 206
Halder, general, 183
Harrer, Karl, 58-60
Haushofer, Karl 80-81
Heiden, Konrad 82
Henderson, Sir Neville, 118
Henlein, Konrad, 163, 164
Hess Hudolf, 63-65, 75-76, 78, 115, 119, 216
Heyst, Axel, 33
Himmler, Heinrich, 66-67, 76, 83, 99, 101, 128, 139, 202, 207, 216
Hindenburg, Paul von, 55, 58, 91-92, 93, 94, 98
Hitler, Adolf
  amizade com August Kubizek, 30, 33, 34-37
  ancestrais maternos, 15, 18
  ancestrais paternos, 14-17
  assume o comando das Forças Armadas, 179-80

  casa-se com Eva Braun, 213-14
  comete suicídio, 216
  dita o testamento político, 213-16
  dom para a oratória, 30, 32-33
  e a anexação da Áustria, 161-62
  e a Noite dos Longos Punhais, 95-101
  e a Operação Barbarossa, 196-97, 199
  e a Primeira Guerra Mundial, 52-56
  e a SA, 67-69
  e Albert Speer, 104
  é indicado chanceler da Alemanha, 91-93
  e Martin Bormann, 108-11
  e o cerco de Stalingrado, 200-201
  e o *Lebensraum* (Espaço Vital), 154-171
  e o Putsch da Cervejaria, 71-77
  e preparações para a guerra no Ocidente, 181-83
  e Richard Wagner, 46-47
  e Rudolf Hess, 64-66
  escreve *Mein Kampf* na Prisão de Landsberg, 77-80
  filia-se ao Partido Operário Alemão, 57-58, 60
  fuga da realidade, 201-02
  habilidade de desprezar os outros, 118-19
  habilidades militares de, 183-84
  incapacidade de lidar com desacordos, 119-120, 155
  infância, 18, 22
  inflexibilidade de, 121
  monórquido, 25-27
  muda a imagem pessoal, 80-81
  muda para Munique, 47
  nascimento de, 17
  olhar fixo penetrante de, 27
  ordena o bombardeamento de Londres, 187
  origens de seu antissemitismo, 40-47
  personalidade de, 9-11, 25-27, 114-16
  planos para a invasão da Polônia, 170-71
  preso como um desertor, 47

primeiros anos em Viena 34-37

relacionamento com a mãe, 17-18, 27, 35-37, 155

relacionamento com Geli Raubal, 81-81, 84

relacionamento com o pai, 18, 21-22, 155

reuniões com Neville Chamberlain, 164-166, 167, 168

sobre o papel da mulher, 129-130

tentativas de assassinato em, 203-09

torna-se chefe de Estado, 94-96

torna-se líder do partido Nacional--Socialista dos Trabalhadores Alemães, 69-71

utilização de abusos, 117-18

vida em Linz, 30

vida escolar, 21-23

Hitler, Alois (meio-irmão de Adolf Hitler), 15-17

Hitler, Alois (pai de Adolf Hitler), 14, 15, 17, 18-22, 34

Hitler, Angela (meio-irmã de Adolf Hitler), 15-17, 21-22

Hitler, Edmund (irmão de Adolf Hitler), 22

Hitler, Gustav (irmão de Adolf Hitler), 17-18

Hitler, Klara (mãe de Adolf Hitler), 15-18, 22, 22-23, 27, 30, 36-37

Hitler, Paula (irmã de Adolf Hitler), 14-15, 34-35, 36

Hitler, Walpurga (tia-avó de Adolf Hitler), 34-35

Hofmann, Heinrich, 82

Huemer, professor, 23

Hugenberg, Alfred, 91

Immelman, Aubrey, 10

Incêndio do Reichstag, 93-94

Iugoslávia, invasão da, 188-90

Jetzinger, Franz, 36

Junge, Gertrud, 214

Juventude Hitlerista (Jetzinger), 36

Kahr, Gustav von, 72, 74, 99

Kapp, Wolfang, 57

Keitel, general, 172

Klausener, Erich, 100

Kleist, Peter, 119

Kluge, marechal de campo von, 197

Kriechbaum, Edward, 15

Kristallnacht, 135-36

Krüger, Horst, 147-48

Krupp, Gustav, 96

Kubizek, August, 27, 30, 32, 35-36, 42, 47

Lang, Fritz, 145

Lebensraum, 154

Lei contra a Formação de Partidos, 94

Lei da Prevenção de Filhos com Doenças Hereditárias, 131

Lei para a Proteção da Saúde Hereditária do Povo Alemão, 131

Leis de Nuremberg, 135

Lenard, Philipp, 145-46

Ley, Robert, 116, 126, 128-29, 216

Liebenfels, Lanz von, 42-45

Liga Antissemita Austríaca, 47

List, Guido von, 42-45

Lloyd-George, David, 114

Losson, Otto von, 72, 74-5

Lubbe, Marinus van der, 94-95

Ludecke, Kurt, 67-68

Ludendorff, general von, 74-75, 76

Luttwitz, general von, 57-58

Mann, Thomas, 145-46

Manstein, general von, 171

Matzelberger, Alois e Franziska, 15

Mein Kampf

e o Partido Operário Alemão, 59

e os judeus, 41

escrito na Prisão de Landsberg, 77-80

Molotov, Vyacheslav Mikhailovich, 173

Moltke, Helmuth James von, 207-08

Morell, dr., 169, 200

mulheres segundo os nazistas, 129-30

Müller, Ludwig, 133

Mussolini, Benito, 71, 160-61

Niemöller Martin, 133-34

Ninho da Águia, 110-11, 114

Noruega, invasão da 180-81

O Corredor Polonês, 170-71

Operação Barbarossa, 191-93, 196-200
Osterkamp, Theo, 187-88
Papen, Franz von, 91-94, 100
Partido Nacionalista Alemão, 90
Partido Nacional-Socialista dos Trabalhadores Alemães (Partido Nazista)
Adolf Hitler torna-se líder do, 59-70
antissemitismo, 134-39
aprova a Lei contra a Formação de Partidos, 94
aprova a Lei da Autorização, 94-95
arte segundo o, 145-46
aumento da popularidade, 71-72
censura sob o, 144-47
ciência sob o, 144-45, 146-47
criação do, 61
declínio da popularidade, 80-81
e Horst Krüger, 147-51
e tentativa de criar uma sociedade sem classes, 142-43
e teoria da eugenia, 130-32
funde-se com o partido Nacionalista Alemão, 91
natureza dos membros da elite, 116-17
Noite dos Longos Punhais, 95-101
resistência da Igreja ao, 133-34
suástica adotada como símbolo do, 61-63
uso da propaganda, 143, 144
visa aos eleitores da classe média e das regiões rurais, 88-90
Partido Operário Alemão, 61
Paulus, general von, 200
Pfeffer, Franz von, 129
Polônia
apoio à França, 171, 173
apoio à Grã-Bretanha
invasão da, 176-80
relações com a Alemanha nazista, 169-73
Primeira Guerra Mundial, 52-56
propaganda, 143-44
Psychopathic God, The (Waite), 117
Raeder, almirante, 98, 216

Raubal, Geli (sobrinha de Adolf Hitler), 80-81, 99
região do Saar, 157, 158
região dos Sudetos (Sudetolândia), 163-64, 168
Reocupação da Renânia, 159-60
República de Weimar, 56-57, 63, 81, 82-83
resistência da Igreja aos nazistas, 133-39
Ribbentrop, Joachim von, 105, 117, 119, 156
Röhm, Ernst, 67-69, 71, 96
Rommel, Erwin 189-90, 201
Rosenberg, Alfred 67, 133
Runciman, lorde 163
Rupprecht, príncipe coroado, 72
Rydz-Âmigly, marechal, 178
SA, A (Sturmabteilung), 68-69, 71-72, 96
Schacht, Hjalmar, 80, 118
Schicklgruber, Maria Anna (avó de Adolf Hitler), 14
Schleicher, Kurt von, 92, 93, 99
Schmidt, Edward (primo de Adolf Hitler) 15
Schmundt, Rudolf, 171
Schnur, Johann, 143
Schonerer, Georg, 40
Schroeder, Christa, 42
Schulz, Walther, 75
Schuschnigg, Kurt von, 161
Segunda Guerra Mundial
Batalha da Grã-Bretanha, 186-88
Batalha por Berlim, 209-210
Desembarques do Dia D, 202
e cerco de Stalingrado, 200-01
invasão da Europa Ocidental, 182-84
invasão da Iugoslávia, 188-89
invasão da Noruega, 180-82
invasão da Polônia, 176-78
invasão de Creta, 190-91
no norte da África, 189-90
Operação Barbarossa, 191-93, 196-200
vitórias dos Aliados, 202-04
Seisser, Hans von, 72, 75
Shirer, William L, 88
Simpson, Wallace, 114
Smith, Truman, 71

ÍNDICE REMISSIVO   231

sobre o partido Operário Alemão, 58-59

sobre os judeus, 41-42

Speer, Albert, 104-08, 119, 120, 121, 139, 201, 216, 218

Staempfle, Bernhard, 78, 82

Stalin, Joseph, 196, 197

Stalingrado, cerco de, 200, 201

Stauffenberg, Claus von, 204-06, 207

Strasser, Gregor, 66, 99

Streicher, Julius 69

Stresemann, Gustav, 85

suástica, 45, 61-62

Syrovy, Jan, 167

Tchecoslováquia, anexação da, 163-69

tentativas de assassinar Adolf Hitler, 203-09

Toca do Lobo, 197, 205-06

Tratado de Versalhes, 55

União Soviética

e cerco de Stalingrado, 200-01

e Operação Barbarossa, 191-93, 196-200

invasão da Finlândia, 180

invasão da Polônia, 178-80

pacto de não agressão com a Alemanha, 172-73

Viena

Wagner, Richard, 46-47

Waite, Robert G. L. , 116, 119

Young Hitler I Knew, The (Kubizek), 27

CRÉDITOS DAS IMAGENS

Corbis: página 9, 10, 15, 16, 19, 34, 41, 44, 55, 57, 64 (2), 67, 68, 70, 73, 74, 79, 84, 88, 91, 92, 97, 108, 120, 127, 128, 130, 133, 136, 142, 145, 156, 159, 161, 163, 165, 167, 170, 172, 178, 181, 187, 189, 191, 196, 199, 201, 205, 206, 207, 209, 210, 215 (superior à direita)

Getty: 11, 20, 24, 83, 146, 151

Mary Evans: 26, 32, 48, 54, 60, 65, 66 (inferior à esquerda), 76, 77, 106, 116, 119, 122, 129, 131, 134, 149, 155, 162, 168

Arquivos Nacionais dos Estados Unidos/Joe McCary: 31, 53, 94, 160, 169, 203, 211

topfoto: 42, 55, 63, 95, 98, 100, 109, 115, 135, 147, 193, 197, 212, 215 (superior à esquerda), 219

Scala Archives: 43

Akg: 81, 90, 104

Shutterstock: 139, 217

David Woodrofe: mapas nas páginas 182, 184, 191, 198, 208

Imagem da Capa: Corbis